Les Smartphones Android pour les nuls

7e édition

Les Smartphones Android pour les nuls

7e édition

Dan Gookin

FIRST
INTERACTIVE

Les Smartphones android pour les Nuls (7e édition)

Titre de l'édition originale : *Android Phones For Dummies®, 7th Edition*

Collection dirigée par Jean-Pierre Cano
Traduction : Philip Escartin
Mise en page : maged

Edition française publiée en accord avec Wiley Publishing, Inc.

Éditions First, un département d'Édi8
92, avenue de France
75013 Paris
Tél. : 01 44 16 09 00
Fax : 01 44 16 09 01
E-mail : firstinfo@efirst.com
Web : www.editionsfirst.fr
ISBN : 978-2-412-05322-5
Dépôt légal : 1er trimestre 2020

Imprimé en France

Sommaire

Introduction

OK ! C'est peut-être un smartphone, c'est-à-dire un téléphone intelligent, il n'en demeure pas moins complexe à utiliser. Un téléphone ? Oui, mais pas seulement. Aujourd'hui les appareils haut de gamme de ce type sont des photophones, véritables petits bijoux électroniques qui prennent des photos presque aussi bonnes que des reflex numériques coûtant plusieurs milliers d'euros. Que voulez-vous, c'est la loi des nouvelles technologies : toujours plus haut, toujours plus fort, toujours plus loin, mais les ingénieurs ont tendance à oublier que ces petits joujoux technologiques sont destinés à des êtres humains. Pas de panique ! Vous venez d'acquérir le livre qu'il faut pour nager dans un smartphone Android comme un poisson dans un bocal. (Toutefois, je vous déconseille vivement de tenter l'expérience, car ces petits bijoux sont aussi à l'aise dans l'eau qu'une otarie dans une baignoire.)

Ce livre va transformer votre vie d'humanoïde, ou du moins celle de l'utilisateur que vous incarnez dans ce monde radicalement axé sur la communication en tout genre. Vous allez apprendre à maîtriser votre smartphone avec humour, justesse, et sérieux.

À propos de cet ouvrage

De grâce ! Ne lisez pas ce livre du début à la fin. Comme il s'agit d'un ouvrage de référence, consultez directement les sujets qui vous posent problème. Vous les trouverez sans aucun souci dans la table des matières ou l'index.

Chaque chapitre est indépendant des autres. Il couvre un sujet spécifique à votre téléphone Android. Les chapitres sont divisés en sections qui expliquent un certain nombre de tâches que vous pouvez exécuter avec votre téléphone. Ainsi, vous apprendrez à :

- » Taper sur votre téléphone (finalement, il l'a bien mérité).

- Téléphoner à quelqu'un (c'est la moindre des choses).
- Dicter des choses à Google.
- Télécharger une image.
- Récupérer de la musique sur votre ordinateur.
- Créer un point d'accès mobile.
- Faire des photos.
- Économiser votre batterie.

Chaque section approfondit un sujet particulier sans embarrasser votre esprit de termes techniques. Nous supposons que le lecteur débute avec son smartphone, et qu'il a besoin de ressources et de références pour en tirer le meilleur parti. Nous partons du principe que vous avez une tête bien faite et non pas bien pleine. Donc, loin de nous l'idée de la remplir davantage. Par conséquent, considérez ce livre comme un assistant destiné à vous guider dans l'utilisation d'un des outils de communication les plus utilisés au monde.

Comment utiliser ce livre ?

Ce livre respecte un certain nombre de conventions nécessaires à une bonne utilisation d'un téléphone. Ainsi, la première technique d'interaction avec un smartphone Android consiste à utiliser son *écran tactile*. De quoi s'agit-il ? De la surface vitrée qui vous fait face lorsque vous regardez votre appareil. Ajoutez à cela quelques boutons qui embellissent votre téléphone et dont les fonctions sont expliquées dans la première partie de ce livre.

Les différentes manières de toucher l'écran de votre smartphone sont décrites au Chapitre 3.

Le Chapitre 4 explique la saisie de texte sur un téléphone Android en utilisant un matériel très particulier qui répond au nom de *clavier virtuel*. Il est également possible de connecter un clavier physique à votre smartphone, et plus fort encore, lorsque vous êtes fatigué de saisir du texte avec vos jolis petits doigts, dictez-lui votre prose.

Ce livre est également un ouvrage de procédures qui vous présente un certain nombre d'étapes à suivre pour accomplir une ou plusieurs tâches particulières. Ainsi, lorsque vous lirez :

3. **Choisissez Téléchargements.**

Vous comprendrez qu'il faut toucher du doigt le texte ou l'élément qui s'affiche à l'écran sous le nom de Téléchargements. Toutefois, je suis tout à fait capable de dire ceci :

3. **Touchez Téléchargements.**

Comme ce livre couvre la grande famille des smartphones, certaines commandes alternatives peuvent être utilisées. Autant que faire se peut, j'essaie d'appliquer une terminologie qui illustre le plus précisément possible ce que vous voyez :

3. **Touchez la commande Mes téléchargements ou la commande Téléchargements.**

Parfois, je mentionne un texte affiché sur votre téléphone. Il prend alors l'apparence suivante : `je suis un texte affiché par mon téléphone.`

Sur ce type de téléphone, de nombreuses options peuvent être activées ou désactivées. Ainsi, l'état de désélection d'un élément est identifié par une case carrée vide, alors que son état de sélection est représenté par une coche bleue comme celle illustrée ci-contre.

De même, l'activation d'une certaine fonction se réalise en faisant glisser vers la droite un petit curseur qui prend alors une couleur bleutée ou verte selon le cas, comme sur l'illustration en marge. En faisant glisser ce curseur vers la gauche, il se grise, ce qui indique que la fonction est désactivée.

Quelques présomptions légitimes

Bien que vous puissiez consulter ce livre sans aucune connaissance préalable en matière de smartphone, je me permets de faire quelques suppositions.

Tout d'abord, je suppose que vous lisez les introductions des livres que vous achetez. Parfait ! Ensuite, je présume que vous possédez un téléphone Android, ou au pire que vous envisagez d'en acheter un. Comme Android est un système d'exploitation à l'instar de Windows pour PC, les techniques d'exécution des actions sur un modèle particulier de smartphone sont sensiblement les mêmes sur un autre.

Ce livre traite de la version 9.0 (et plus), du système d'exploitation Android. Vérifiez qu'elle est installée sur votre téléphone en vous conformant aux étapes suivantes :

1. **Localisez l'icône Paramètres, puis appuyez dessus.**
2. **Choisissez Système, puis À propos du téléphone.**
3. **Regardez l'élément intitulé Version d'Android.**

A priori, le numéro de version devrait ressembler à 9.*x*, *x* remplaçant ici un autre numéro.

Si vous ne comprenez pas ces étapes, consultez la première partie du livre, puis revenez ici.

Je suppose également que vous possédez un ordinateur. Il peut s'agir d'un PC, d'un Macintosh, voire d'une machine fonctionnant sous Linux. Comme je ne fais aucune distinction entre toutes ces stations de travail, j'appellerai votre ordinateur : « votre ordinateur ». En revanche, je précise si des instructions spécifiques sont destinées à l'environnement Windows ou macOS.

Les programmes qui fonctionnent sous un Android sont appelés des *applications*. (Pour faire jeune, vous pouvez dire des *apps*.)

Enfin, ce livre suppose que vous possédez un compte Google. Si ce n'est pas le cas, le Chapitre 2 explique comment en créer un. Un compte Google permet d'accéder à des fonctions très utiles, des informations, et des programmes qui améliorent la productivité de votre smartphone.

Organisation de ce livre

Ce livre se compose de six parties qui s'intéressent chacune à un aspect particulier de votre téléphone Android.

Première partie : Robot or not robot

Cette partie est une introduction à votre smartphone Android. Ses chapitres traitent de sa configuration pour mieux se familiariser avec son fonctionnement. Je conseille la lecture préliminaire de cette partie lorsque vous débutez radicalement avec un téléphone de cette catégorie.

Deuxième partie : Téléphonie party

Bien que les téléphones mobiles sachent faire beaucoup de choses, leur principale fonction reste tout de même de pouvoir passer des coups de fil. Eh bien, sachez que votre smartphone en est tout à fait capable ! Non seulement il sait envoyer des appels téléphoniques, mais il sait également en recevoir. Il est d'ailleurs suffisamment intelligent pour traiter les appels que vous manquez. Il saura gérer les noms de vos contacts, et même ceux des personnes dont vous ne souhaitez pas entendre parler en les bannissant purement et simplement.

Troisième partie : Les communications mobiles

Les smartphones sont bien plus que des téléphones servant à la communication orale entre deux individus. Cette troisième partie explore les autres moyens de communication qu'ils mettent à votre service. Il s'agit de la navigation sur Internet, de la consultation de votre messagerie électronique, de l'accès aux réseaux sociaux, de l'utilisation des SMS et des MMS, des discussions vidéo, et bien d'autres choses encore.

Quatrième partie : L'incroyable Android

Cette partie explore toutes les actions non téléphoniques que votre smartphone est capable d'accomplir. Par exemple, vous pouvez localiser un lieu sur une carte, donner des instructions verbales, prendre des photos, filmer, écouter de la musique, jouer, et bien d'autres choses aussi surprenantes que parfois déconcertantes.

Cinquième partie : Des trucs et des machins

Les chapitres de cette partie traitent de sujets très intéressants comme la connexion de votre téléphone à un ordinateur, l'utilisation d'un réseau Wi-Fi et Bluetooth, les appels téléphoniques internationaux, ainsi que la personnalisation de votre téléphone.

Les icônes utilisées dans ce livre

Cette icône attire l'attention sur une astuce, ou un raccourci.

Lorsque vous rencontrez cette icône, essayez de mémoriser son contenu.

Un danger vous guette ! Lisez attentivement le contenu du paragraphe précédé de cette icône pour éviter de commettre des erreurs irréparables.

Cette icône identifie un paragraphe au contenu technique. Sa lecture est facultative. (En prendre connaissance permettra simplement de gagner une ou deux parts de camembert au Trivial Pursuit.)

Et maintenant, que dois-je faire ?

Tout d'abord, merci d'avoir lu cette introduction, car peu de personnes prennent le temps de lui accorder un peu d'attention. Maintenant, vous devez lire le reste du livre, mais selon un ordre qui convient à vos besoins d'utilisation de votre smartphone Android. Consultez l'index et la table des matières pour trouver un sujet qui vous intéresse plus particulièrement. Enfin, si vous ne savez pas par où commencer, suivez l'ordre logique des choses en lisant le premier chapitre.

Robot or not robot ?

DANS CETTE PARTIE...

L'ère robotique est-elle pour demain ? Allons-nous bientôt être confrontés aux paradoxes qu'Isaac Asimov met en évidence *via* les trois lois de la robotique édictées dans son extraordinaire roman *Les robots* ? Ou bien serons-nous aux prises avec les robots belliqueux créés par Philip K. Dick dans *Les androïdes rêvent-ils de moutons électriques ?* plus connu au cinéma sous le titre *Blade Runner* ? Ou bien encore, allons-nous être confrontés à la détermination de HAL, l'ordinateur insurgé de *2001, l'Odyssée de l'espace* ? Ce n'est pas pour tout de suite, mais force est de constater que la robotique avance à pas de géant.

Qu'en est-il du petit Android qui fait fonctionner votre smartphone ? Peut-il prendre le pouvoir sur votre vie ? Non, bien entendu ! Enfin, d'une certaine manière si, car bon nombre d'utilisateurs sont devenus accros de leur téléphone mobile au point de considérer qu'il contient toute leur vie : liste de contacts, photographies, musiques, agenda, listes de courses, j'en passe et des meilleurs (ou des pires). Quiconque se fait aujourd'hui dérober son smartphone se fait dérober son intimité. Soucieux de vous assister dans votre vie quotidienne, le smartphone n'a pas (encore) pour dessein de détruire votre existence. Cependant, vous lui communiquez un nombre colossal d'informations qui rend, d'une certaine manière, votre vie vulnérable. Donc, avant de vous méfier de votre smartphone Android, méfiez-vous de vous-même et de ce que vous en faites.

Chapitre 1

Mettre en route l'Android

DANS CE CHAPITRE :

- » **Déballer le téléphone**
- » **Installer des éléments dans le téléphone**
- » **Charger la batterie**
- » **Découvrir le téléphone**
- » **Acheter des accessoires optionnels**
- » **Emporter le téléphone avec soi**
- » **Ranger le téléphone dans un lieu sûr**

Quelle que soit la marque du smartphone que vous avez acheté, il fonctionne sous le système d'exploitation Android. Mais avant de rentrer dans les détails de son utilisation, vous devez réaliser quelques actions indispensables, comme sortir l'appareil de sa boîte, et le mettre en confiance.

Des smartphones Android, il en existe des tas de différentes marques, et, pour chaque marque, de différents modèles. Tous ont en commun le système d'exploitation Android. Mais tous ne sont ni identiques, ni égaux, et tous ne disposent pas de la même version d'Android. Il est donc parfaitement possible que l'interface du vôtre diffère plus ou moins de celle présentée dans ce livre. De même, votre appareil peut avoir une configuration matérielle plus ou moins évoluée ou encore des capacités d'extension plus ou moins étendues. Bien sûr, il n'est pas possible d'explorer toutes les configurations. C'est pourquoi la consultation du manuel (généralement électronique) qui accompagne votre smartphone reste indispensable.

Préparation et configuration

Croyez-le ou non, un téléphone fonctionne beaucoup mieux en dehors de son emballage. (J'ai essayé, sans succès, de téléphoner et d'envoyer des SMS en touchant l'écran visible sur la boîte du smartphone. Donc je sais de quoi je parle !) Mon mode opératoire en la matière différera peut-être du vôtre. Personnellement, je préfère sortir le téléphone de sa boîte en prenant quelques précautions afin de ne pas l'abîmer. Pourquoi ? Parce que votre téléphone a beau être très compact, il n'en demeure pas moins assez (voire très) onéreux ! Il serait dommage de le détériorer avant même de l'utiliser.

L'emballage d'un téléphone Android contient quelques éléments particulièrement utiles. Certains doivent être installés immédiatement, tandis que la mise en œuvre d'autres accessoires peut être différée dans le temps. Alors, si vous avez retourné la boîte de votre smartphone sur la table de votre salon, prenez le temps d'identifier les éléments spécifiques suivants :

» Le téléphone lui-même, qui peut (ou non) se composer de plusieurs parties faciles à réunir.

» Des papiers, des instructions, une garantie, et peut-être même un petit opus très utile portant le nom de *démarrage rapide*.

» La batterie du téléphone qui, dans bien des cas, est déjà installée dans l'appareil.

» Le câble du chargeur et d'échange de données, de type USB.

» Le chargeur qui se branche sur une prise secteur murale et qui accueille le câble de mise en charge et d'échange des données.

» Éventuellement d'autres éléments, comme un support de cartes SIM ou de cartes Micro SD (mais généralement, il s'agit simplement de sortes de tiroirs qu'il vous faudra remplir), une sorte de petit trombone métallique qui sert à ouvrir les tiroirs susmentionnés, ou quelques gadgets électroniques.

Le téléphone est parfois enveloppé dans un sachet en plastique. Son écran (son dos aussi d'ailleurs) est généralement protégé par une fine pellicule transparente. Certaines informations peuvent y être imprimées telles que des explications sur l'installation de la batterie. Bien entendu, vous pouvez immédiatement retirer le sachet en plastique et la pellicule de protection de l'écran.

Dans le carton d'emballage de votre smartphone, vous trouverez peut-être les accessoires suivants :

- un étui revolver pratique ;
- un chargeur de voiture ;
- un support de pare-brise ;
- un casque ;
- des protections d'écran ;
- une housse ;
- une station d'accueil ;
- des documents complémentaires en tous genres.

De tous ces éléments, le plus important reste votre smartphone. Avant de l'utiliser, vous devrez sans doute en assembler différentes parties.

Je suggère de conserver *ad vitam aeternam* le carton d'emballage, le manuel d'utilisation, et les instructions de montage. Vous utiliserez la boîte du smartphone pour y stocker l'ensemble de ces documents. La boîte n'étant pas volumineuse, vous pourrez facilement la ranger dans un tiroir de commode.

S'il manque des éléments ou si le smartphone est endommagé, contactez immédiatement le revendeur du téléphone.

- L'emballage du téléphone contient tout ce dont vous avez besoin pour utiliser votre appareil. Par conséquent, tout ce que vous achèterez ultérieurement étendra ses possibilités.

- Consultez la section « Ajouter des accessoires » pour connaître les différents gadgets des smartphones Android.
- Si le petit fascicule *Démarrage rapide* ou *Guide de prise en main* est en anglais, tournez les pages pour localiser la version française.

Assemblage du téléphone

Pour être utilisés, les smartphones nécessitent quelques opérations de montage. Bien entendu, vous ne venez pas d'acheter un téléphone en kit. Par conséquent, il est inutile de vous équiper d'un tournevis et d'un fer à souder. Généralement, le seul assemblage qui vous incombe est la mise en place de la batterie dans son logement et de la carte SIM. Seuls les smartphones à batterie incorporée ne nécessitent pas ce montage préalable. Vous souhaiterez peut-être insérer dans le téléphone la carte mémoire Micro SD qui a été livrée avec votre appareil. Cependant, il est excessivement rare que les constructeurs fassent un tel cadeau. Il semble alors plus vraisemblable que vous aurez acheté une telle carte séparément.

Avant d'acheter une carte Micro SD, renseignez-vous sur la capacité maximale gérée par votre smartphone, disons par exemple 64 ou 128 Go.

Enfin, pour que votre téléphone Android fonctionne correctement, vous devez y insérer votre carte SIM (au format micro, voire nano).

Ouvrir le téléphone

Vous n'ouvrirez pas aussi fréquemment votre mobile qu'un réfrigérateur pour boire un verre de soda frais, ou vous concocter un sandwich maison. Toutefois, vous serez amené à l'ouvrir pour remplacer sa batterie ou accéder à sa carte Micro SD.

Si vous venez de recevoir votre téléphone, il se peut que son couvercle ne soit pas en place. Dans ce cas, passez à la section suivante pour apprendre comment installer la batterie.

Bien que cela puisse paraître ridicule à certains d'entre vous, sachez que je connais un bon nombre d'utilisateurs qui hésitent à retirer le couvercle du téléphone par peur de l'endommager. Comment procéder ? Eh bien, un téléphone peut s'ouvrir de deux manières :

» Placez votre pouce sur le couvercle, pressez légèrement dessus, et glissez-le vers le bas.

» Introduisez votre ongle dans une petite encoche située dans la partie supérieure ou inférieure du téléphone, et soulevez légèrement pour déclipser le couvercle.

Lorsque vous retirez le couvercle, l'écran du téléphone ne vous fait pas face. Une fois le couvercle retiré, posez-le à côté de vous pour ne pas l'égarer ou l'endommager. Vous pouvez alors ajouter ou retirer certains éléments à l'intérieur de votre téléphone.

» Consultez la section « Fermer le téléphone » pour plus d'informations sur la remise en place du couvercle.

» Lorsque le couvercle du téléphone n'est pas installé, mettez en place la batterie et d'autres composants, puis fermez le téléphone avec le couvercle.

» Il est normal que vous entendiez des clics ou des pops lorsque vous retirez un couvercle qui ne se glisse pas.

Tous les smartphones Android ne sont pas équipés d'un dos amovible. Parfois, la carte Micro ou nano SIM s'insère dans un tiroir qui se trouve sur un côté du téléphone. Dans ce cas, l'appareil est fourni avec une sorte de trombone plat dont vous devez enfoncer l'embout dans une petite fente ou un petit trou, sur le côté du tiroir. Celui-ci est alors éjecté comme le plateau d'un lecteur de DVD. Retirez-le délicatement, placez votre carte SIM dans le bon sens (il y a des repères pour éviter de se tromper, d'où le nom de « détrompeur »). Il vous suffit alors d'insérer le tiroir ainsi garni et de le pousser jusqu'au bout.

Installer la batterie

La batterie est l'élément incontournable d'un téléphone Android. Elle est généralement fournie dans un emballage indépendant, sauf si votre revendeur l'a installée à votre place.

Avant d'installer la batterie, vérifiez que vous ne devez pas mettre en place d'autres éléments. Par exemple, certains téléphones nécessitent l'installation préalable de la carte SIM, voire d'une carte Micro SD (facultative, mais vivement conseillée).

Pour installer la batterie de votre téléphone mobile :

1. **Si nécessaire, sortez la batterie de son sachet en plastique.**
2. **Retirez le couvercle de l'appareil comme expliqué à la précédente section.**
3. **Orientez la batterie dans la bonne position.**

   La batterie ne peut se positionner que dans un seul sens. Par conséquent, si elle résiste, c'est que vous la montez à l'envers.

   En règle générale, une flèche située à l'intérieur du téléphone indique la direction d'installation de la batterie.
4. **Insérez la batterie dans le téléphone de telle sorte que ses contacteurs s'ajustent sur ceux du téléphone.**

   La Figure 1.1 donne un exemple d'insertion d'une batterie dans un téléphone Android
5. **Insérez complètement la batterie dans le logement situé à l'intérieur du couvercle.**

   Quand la batterie est correctement installée, vous ne pouvez pas l'enlever du couvercle en tirant simplement dessus.

Pas de batterie dans la boîte du smartphone ? Alors pas de panique. Cela signifie que la batterie est déjà en place, et bien souvent que vous n'y avez pas accès. Il faudra passer par un technicien le jour où la batterie sera usée et ne tiendra plus la charge.

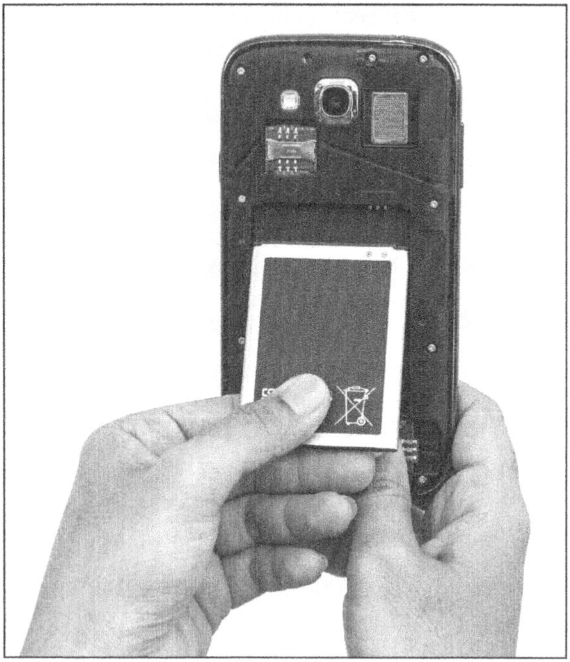

FIGURE 1.1 Installation de la batterie dans le téléphone.

Maintenant que la batterie est installée, vous devez la mettre en charge. Pour cela, consultez la section « Charger la batterie », plus loin dans ce chapitre. Toutefois, n'oubliez pas que des éléments supplémentaires doivent parfois être installés avant de refermer le couvercle, ou avant même d'installer la batterie.

Retirer la batterie

Bien que cela ne soit pas usuel, vous retirerez la batterie pour en installer une de meilleure qualité, ou pour accéder à des composants qu'elle dissimule à l'intérieur du téléphone.

Voici comment retirer la batterie :

1. **Enlevez le couvercle du téléphone et placez-le dans un endroit sûr à côté de vous.**

2. **Localisez le petit onglet qui va permettre de soulever légèrement la batterie pour la retirer de son logement.**

3. **Soulevez la batterie, dégagez-la de son réceptacle, et sortez-la du téléphone.**

   Le retrait de la batterie doit n'offrir aucune résistance. Par conséquent, ne la brutalisez pas.

Si vous remplacez la batterie, stockez l'originale dans une boîte non métallique, à l'abri de l'humidité. En revanche, ne jetez jamais une batterie à la poubelle. Rapportez-la chez un revendeur informatique, ou déposez-la dans un container prévu à cet effet.

Insérer la carte SIM

Une *carte SIM* permet d'identifier votre téléphone, donc votre ligne, sur un réseau cellulaire numérique. Sans cette carte, votre téléphone ne peut pas fonctionner.

Voici comment installer la carte SIM si votre revendeur n'y a pas procédé à votre place :

1. **Si nécessaire, retirez le couvercle du téléphone et éventuellement la batterie.**

2. **Retirez la carte SIM de son emballage.**

   Les cartes SIM sont généralement « accrochées » à une carte plus grande au format d'une carte de crédit (voir Figure 1.2). Il suffit de casser les petits picots pour libérer la carte SIM.

3. **Insérez la carte SIM dans le petit logement prévu à cet effet.**

   Ce logement est situé soit sur un des bords du téléphone, soit à l'intérieur de ce dernier, sous la batterie (voir Figure 1.3).

   La carte SIM ne peut s'installer que dans un sens. Un détrompeur permet de l'insérer correctement. Si la carte résiste, changez de sens. Elle doit en effet prendre place sans se faire prier.

FIGURE 1.2 Une carte SIM prête à être détachée de son support.

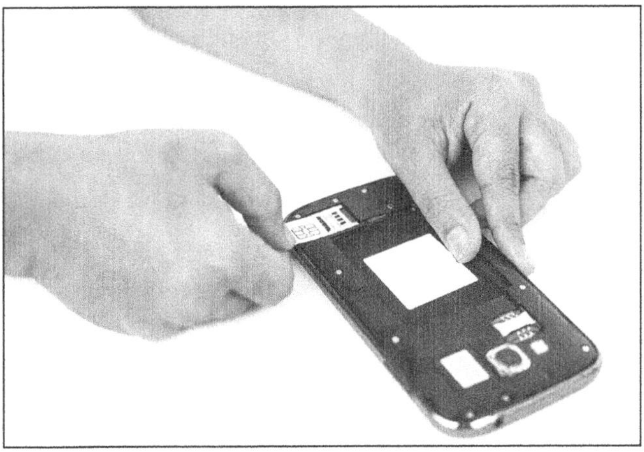

FIGURE 1.3 Insérez la carte SIM dans son logement.

Sur certains téléphones, les cartes SIM sont de petites dimensions. Il est donc facile de les faire tomber et de ne pas les retrouver sur la moquette. Manipulez-les avec soin. Généralement, et en fonction de la marque et du modèle de votre smartphone, les Nano SIM ne se glissent pas dans une fente, mais se posent sur un support illustré sur la Figure 1.4, que vous insérez ensuite dans le téléphone.

4. **Replacez la batterie.**

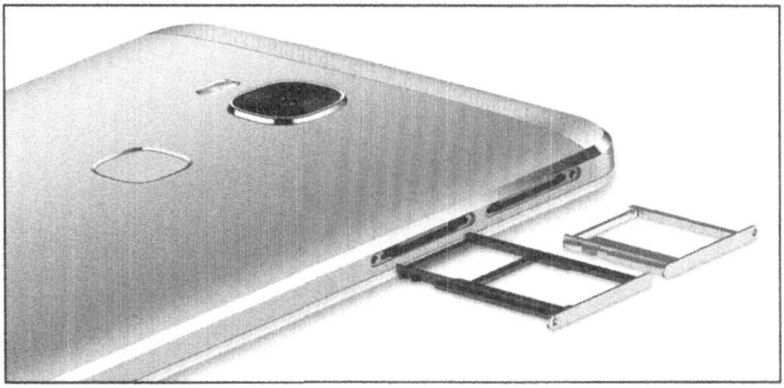

FIGURE 1.4 Support pour carte SIM et carte SD.

source figure : https://www.hihonor.com/global/products/smartphone/honor5x/

Et voilà, le tour est joué !

Bien entendu, quand la batterie est déjà installée dans votre smartphone et que vous ne pouvez donc pas y accéder, la carte s'insère sur un support qui se glisse ensuite dans le téléphone (Figure 1.4).

Si vous devez installer une carte Micro ou Nano SD, faites-le avant l'Étape 4.

- SIM est l'acronyme de *Subscriber Identity Module*.
- Il est rare que vous soyez obligé de retirer votre carte SIM.
- La carte SIM peut stocker des informations comme vos SMS, et les coordonnées de vos contacts. Le Chapitre 8 explique comment enregistrer ce type de données sur un téléphone Android.
- Vous remplacez généralement une carte SIM quand elle ne fonctionne plus ou lorsque vous changez d'opérateur ou de forfait téléphonique.

En fait, l'immense majorité des cartes utilisées dans les smartphones sont au format Micro SIM. Si vous changez de téléphone et que votre précédent appareil utilisait une carte SIM, demandez-en une nouvelle à votre opérateur. Le plus simple, si vous le pouvez, est de vous rendre dans une boutique *ad hoc*. Le changement est généralement immédiat et gratuit.

Installer une carte Micro (ou Nano) SD

La majorité des téléphones Android supportent deux types de stockage : interne et amovible. Ce dernier prend la forme d'une carte Micro SD.

Toutefois, tous les téléphones n'utilisent pas une carte Micro SD. En revanche, si le vôtre dispose d'un port Micro SD, vous avez la possibilité d'utiliser ce type de carte. Voici comment procéder :

1. **Si nécessaire, enlevez le couvercle de votre téléphone.**
2. **Localisez le réceptacle (ou slot) Micro SD.**

   Généralement, il se situe sur le côté de la batterie ou de la carte Micro SIM, voire au-dessus de celle-ci.
3. **Insérez la carte Micro SD dans son support (voir Figure 1.5).**

FIGURE 1.5 Insérez la carte Micro SD dans son logement.

   La carte ne peut s'installer que dans un sens. Parfois, un petit schéma indique l'orientation appropriée.

   Un petit clic atteste que la carte est correctement insérée.
4. **Réinstallez la batterie (si vous l'aviez retirée), et remontez le couvercle.**

Sur certains téléphones, la carte SD partage le même support que la carte SIM. Profitez donc de l'installation de la carte SIM pour installer la carte SD. Cela vous évitera de répéter cette opération ultérieurement.

Pour retirer la carte, suivez la procédure inverse. Ensuite, poussez légèrement la carte Micro SD pour la faire glisser de son logement. Dès qu'elle commence à sortir, poussez-la complètement en dehors du téléphone.

» Les cartes Micro SD sont très petites. Les Nano encore plus ! Quand elles ne sont pas utilisées dans le smartphone (rien ne vous empêche par exemple d'en avoir plusieurs pour jongler entre fichiers, musiques, photos et films), rangez-les dans un lieu sûr sous peine de ne jamais les retrouver.

» Certains adaptateurs Micro SD permettent de connecter la carte à un ordinateur *via* un port SD standard ou un port USB.

» Si vous évoluez vers un smartphone Android, retirez la carte Micro SD de votre ancien téléphone mobile, et insérez-la dans le nouveau. Cette technique permet de transférer des images, de la musique, et des vidéos d'un téléphone à un autre.

» Les cartes Micro SD existent en plusieurs capacités de stockage comme 8, 16, 32 ou encore 64 Go, voire même bien plus. Attention, car tous les smartphones ne sont pas compatibles avec toutes les capacités disponibles. Par conséquent, vérifiez la capacité prise en charge par votre smartphone avant d'investir dans une carte Micro ou Nano SIM.

» Si votre téléphone n'accepte que les cartes Nano, ne demandez pas à votre opérateur une carte Micro. Elle n'entrera pas dans le support SIM du smartphone. En revanche, avec certains adaptateurs, une carte Nano SIM peut être utilisée dans un téléphone n'acceptant que les Micro SIM. Toutefois, il est conseillé de bien lire le manuel d'utilisation de votre téléphone pour vous assurer que la carte Nano sera reconnue en lieu et place d'une Micro *via* cet adaptateur.

Fermer le téléphone

Lorsqu'un téléphone a été ainsi opéré à cœur ouvert, vous devez le refermer. Toutefois, il est inutile de lui infliger des points de suture. Je pense en effet qu'il ne supporterait pas la douleur engendrée. Donc, une fois que vous avez installé la batterie, et les cartes SIM ainsi que Micro SD, remettez le couvercle en place. En fonction du système de fixation :

- » Glissez le couvercle avec votre pouce jusqu'à ce que son encoche s'enclenche dans celle du téléphone.
- » Posez-le directement sur le dos du téléphone et exercez une douce pression jusqu'à ce qu'il s'enclenche sur les bords du smartphone.

Le couvercle est correctement enclenché lorsqu'aucun espace n'est visible sur son contour, ou qu'aucun de ses bords ne dépasse de l'appareil. Si le couvercle ne paraît pas bien en place, retirez-le et recommencez l'opération. Ne forcez jamais !

Charger la batterie

En général, la batterie d'un smartphone neuf est partiellement chargée. Toutefois, un jour ou l'autre (et même plus souvent que cela), vous serez bien obligé de la recharger. Voici donc la procédure à suivre :

1. **Branchez le câble USB fourni avec l'appareil (voir Figure 1.6) sur le chargeur.**

   Vous pouvez bien entendu le brancher aussi sur une prise USB de votre ordinateur. Mais cette méthode n'est pas à conseiller ici : l'ordinateur, c'est très bien pour transférer des fichiers, mais beaucoup moins efficace pour alimenter la batterie du smartphone.

2. **Une fois le chargeur assemblé, branchez-le à une prise secteur murale.**

   Ces prises sont présentes un peu partout dans votre habitation. Il s'agit en effet des prises de courant auxquelles

FIGURE 1.6 Le câble USB fourni avec le smartphone.

vous branchez des éclairages, votre fer à repasser, ou bien encore votre téléviseur.

3. **Raccordez le câble USB à votre téléphone.**

   Dès lors, le chargement de la batterie peut commencer. L'électricité arrive dans l'adaptateur (ou si vous préférez le chargeur), et délivre le courant à la batterie *via* le câble USB.

Pour de nombreux modèles, un témoin lumineux permet de suivre l'évolution de la procédure de chargement. La couleur de ce témoin peut varier d'un téléphone à l'autre. Il peut par exemple être rouge, orange, ou vert clignotant. Vous savez que la charge est terminée lorsque le témoin orange passe au vert, ou lorsque le témoin vert ne clignote plus. Une fois la batterie chargée, consultez le Chapitre 2 pour savoir ce que vous pouvez maintenant faire avec votre smartphone.

Pour les smartphones qui se rechargent directement à une prise secteur murale, le témoin de charge s'affiche dans la barre d'état de l'écran tactile, sous la forme d'une animation montrant une jauge qui se remplit. Quand la jauge est pleine, la batterie est chargée.

» Je conseille de recharger complètement la batterie avant d'utiliser le téléphone.

- Un téléphone Android est généralement chargé lorsque le témoin vert du chargeur est fixe.
- Tous les chargeurs ou téléphones Android n'ont pas un indicateur lumineux de notification de la charge. Dans ce cas, il est possible qu'un signal sonore vous avertisse de l'autonomie de votre batterie. Ou pas.
- Certains modèles utilisent trois couleurs : ambre pour le chargement court, vert pour le chargement terminé, et rouge pour vous prévenir que la batterie est faible. Attention, car tous les téléphones Android n'utilisent pas ce même jeu de couleurs.
- Vous pouvez utiliser le téléphone pendant son chargement.
- Vous pouvez charger le téléphone dans votre voiture en branchant le chargeur sur l'allume-cigare. Vous devrez pour cela vous procurer une prise adéquate (autrement dit, un chargeur allume-cigare USB).
- Vous pouvez également charger votre téléphone en le branchant directement sur un port USB de votre ordinateur. Bien entendu, l'ordinateur doit être allumé pour recharger votre smartphone. Mais ce n'est pas l'idéal, car la puissance transférée est assez faible.
- En résumé, les téléphones mobiles se rechargent beaucoup plus rapidement *via* une prise secteur que par un port USB ou un allume-cigare.

Un grand nombre de smartphones Android utilisent un connecteur micro USB. Il s'agit d'une prise plate de forme trapézoïdale qui la différencie d'une prise mini USB qui est légèrement plus grande. Les modèles les plus récents optent généralement pour une prise dite USB-C, qui a notamment l'avantage d'être réversible. En attendant une future généralisation de ce type de prise dans de nouvelles générations d'appareils connectés en tous genres, le format USB-C reste « propriétaire », ce qui implique que vous devrez peut-être acheter un câble assurant la conversion vers des connecteurs plus traditionnels.

Ce que vous trouverez sur votre smartphone Android

Sans aucun doute, votre smartphone Android est une nouveauté dans votre vie quotidienne. Il est donc important de savoir ce que contient ce nouvel appareil. Plutôt que de vous embrouiller avec des explications trop théoriques, je vous invite à examiner votre téléphone pendant quelques minutes pour localiser ses plus importantes fonctions.

Il s'agit là d'une présentation générique qui ne se base ni sur une marque de smartphones particulière, ni sur un modèle spécifique. Qu'il soit sophistiqué ou pas, votre téléphone disposera certainement des éléments présentés dans les prochaines sections.

Identifier les éléments du téléphone

Une image vaut mieux qu'un long discours, d'autant que si vous ne connaissez pas les différentes parties d'un smartphone, l'évocation de ses éléments ne vous en apprendra pas davantage. Donc, regardez la Figure 1.7 qui illustre un téléphone Android générique.

Les légendes de la Figure 1.7 reprennent les termes utilisés dans ce livre et dans la plupart des documentations fournies avec les smartphones Android.

Sur votre propre smartphone, les divers composants peuvent parfaitement se trouver à des emplacements différents du schéma générique de la Figure 1.7. Mais vous devriez pouvoir facilement les localiser. De plus, votre modèle ne comporte pas forcément *tout* ce qui est indiqué ici. Par exemple, les connecteurs HDMI (ou mini HDMI) se rencontrent rarement. De plus, les boutons sensibles peuvent être soit physiques soit virtuels, c'est-à-dire apparaissant uniquement sur l'écran tactile lorsque celui-ci est allumé.

Typiquement, les smartphones Android n'ont pas de clavier physique (à l'exception notable de quelques modèles de la marque BlackBerry). Ils se servent à la place d'un clavier vir-

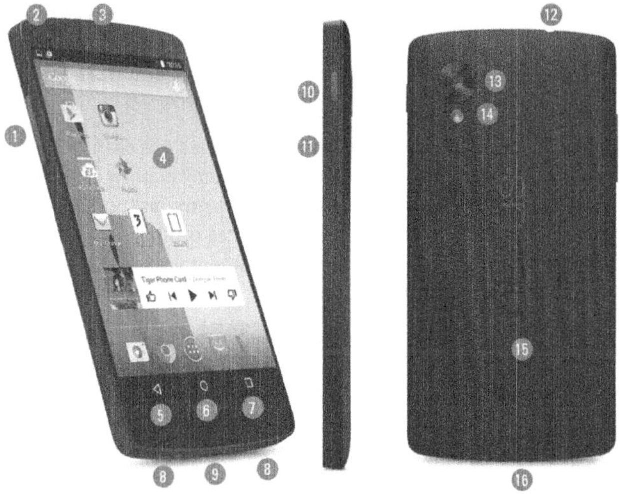

FIGURE 1.7 Votre téléphone sous différents angles.

1 Bouton de volume
2 Capteur de luminosité/voyant de notifications
3 Appareil photo frontal
4 Écran tactile
5 Bouton sensible Retour
6 Bouton sensible Accueil
7 Bouton sensible Aperçu
8 Haut-parleur
9 Connecteur
10 Bouton de démarrage
11 Tiroir de la carte mémoire
12 Prise audio
13 Appareil photo arrière
14 Flash
15 Logement de la batterie
16 Microphone

tuel qui apparaît uniquement quand vous en avez besoin. Nous y reviendrons au Chapitre 4.

» Le bouton de mise sous tension et de verrouillage se situe généralement dans la partie supérieure du téléphone ou sur l'un de ses côtés.

» La partie principale du téléphone est son *écran tactile*. Il permet de contrôler du bout des doigts votre smartphone.

» Tous les téléphones Android modernes *devraient* posséder un appareil photo frontal.

» Des *boutons sensibles* sont disponibles sous l'écran tactile, ou en bas de celui-ci. Leur nombre peut certes varier en fonction de votre téléphone, mais ils sont typiquement au nombre de trois. Pour plus d'informations à ce sujet, consultez le Chapitre 3. Sur de nombreux modèles, ces boutons ne sont pas physiques. Ils apparaissent alors sous forme d'icônes en bas de l'écran tactile.

» Le connecteur USB accueille le câble USB de votre smartphone. Vous pouvez l'utiliser pour charger le téléphone ou pour établir une communication entre votre smartphone Android et votre ordinateur. Vous trouverez des explications complémentaires sur le partage de fichiers au Chapitre 19.

» Tous les téléphones Android ne sont (hélas !) pas équipés d'un connecteur HDMI. Il permet de raccorder votre téléphone à un moniteur ou à une télévision équipée de ce type de prise. Pour plus d'informations à ce sujet, consultez le Chapitre 19.

» Le micro principal se situe dans la partie inférieure du téléphone. Pour qu'il fonctionne correctement, vous devez parler avec clarté.

» Le volume du téléphone peut être réglé avec les boutons situés sur le côté gauche ou droit de votre appareil. En fait, il s'agit le plus souvent d'un seul grand bouton qui fonctionne comme une bascule : un appui sur le haut augment le son, un appui sur le bas le diminue (ou le coupe carrément).

» Le bouton de réglage du volume peut parfois être utilisé pour zoomer lorsque vous activez la fonction appareil photo de votre smartphone. Pour plus de détails à ce sujet, reportez-vous au Chapitre 14.

Utiliser des écouteurs

Les écouteurs ne sont pas indispensables à l'utilisation d'un téléphone Android. Toutefois, ils peuvent vous aider dans certaines circonstances. Parfois, des écouteurs sont fournis avec l'appareil ou bien vous sont donnés en cadeau par un revendeur.

Les écouteurs les plus répandus en téléphonie mobile sont de type *auriculaire*. Ils s'enfoncent délicatement dans votre oreille, ce qui vous permet de les utiliser en toute discrétion (voir Figure 1.8).

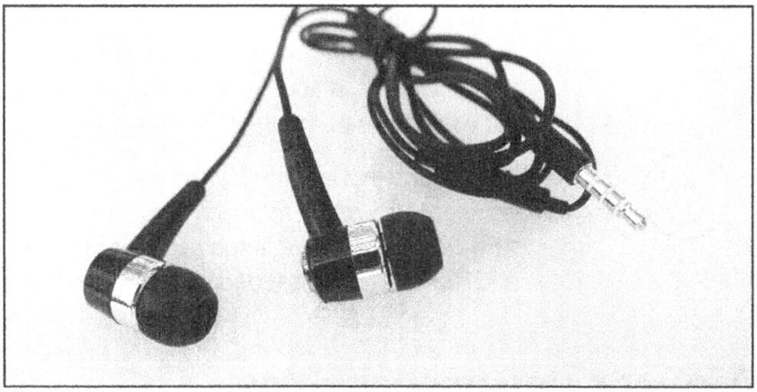

FIGURE 1.8 Des écouteurs pour votre smartphone.

Le câble de ce type d'écouteurs est généralement équipé d'un bouton qui permet de contrôler le volume ou de couper le son.

Parfois, ce bouton présente un petit trou qui sert de microphone. Vous pouvez ainsi parler tout en ayant les mains libres.

- N'importe quel type de casque peut être utilisé sur votre téléphone. Vérifiez simplement que ce casque ou ces écouteurs possèdent un microphone pour que vous puissiez à la fois parler et entendre. C'est ce que l'on appelle un kit mains libres.
- Certains écouteurs sont équipés de boutons supplémentaires qui exécutent certaines tâches particulières.
- Les écouteurs peuvent être respectivement libellés R et L. L'écouteur R est destiné à l'oreille droite et l'écouteur L à l'oreille gauche.
- Pour plus d'informations sur l'utilisation d'un smartphone Android comme lecteur de musique portable, consultez le Chapitre 15.
- Poussez à fond la prise des écouteurs dans le connecteur de votre téléphone. En cas de mauvaise insertion, votre correspondant ne vous entendra pas parler (et vous n'entendrez pas non plus votre musique).

» Vous pouvez également utiliser des écouteurs Bluetooth dont le fonctionnement est expliqué au Chapitre 18.

» Rangez vos écouteurs quand vous ne les utilisez pas. Pour ne pas emmêler le câble, tenez les écouteurs dans votre main gauche, et enroulez le câble autour de votre main droite. Ensuite, placez les écouteurs dans votre poche ou sur votre bureau.

» Pour écouter la musique, vous pouvez également utiliser les écouteurs du kit main libre qui permet de téléphoner sans tenir l'appareil à la main. Souvent fourni avec le smartphone, ce kit est décrit dans la prochaine section.

Ajouter des accessoires

Vous trouverez sur Internet et dans les boutiques spécialisées de nombreux accessoires destinés aux smartphones Android. Les sections suivantes présentent les accessoires les plus communément utilisés par les possesseurs de smartphones.

Kit main libre

Le kit main libre peut être avec ou sans fil. Avec fil, il ressemble à une paire d'écouteurs auriculaires mais équipés d'un micro qui vous permet de téléphoner en gardant votre smartphone dans votre poche. Sans fil, ce kit est alors de type Bluetooth et prend souvent la forme d'une oreillette avec micro que vous placez sur une de vos oreilles.

Il existe des variantes pour smartphone, comme des kits main libre Bluetooth pour voiture. Il s'agit d'une sorte de petite enceinte équipée d'un micro que vous installez généralement au niveau du pare-soleil conducteur.

Station d'accueil

Il s'agit d'une base solide et stable sur laquelle vous pouvez installer votre téléphone. En règle générale, votre smartphone y est positionné verticalement, ce qui le rend très accessible. Personnellement, j'utilise une station d'accueil pour poser mon téléphone sur ma table de nuit. Ainsi, mon smartphone joue le rôle de réveil (voir le Chapitre 16.) Les stations d'accueil les plus sophistiquées sont équipées d'une sortie HDMI, de connecteurs USB, et parfois même d'un écran et d'un clavier.

Bien entendu, le paragraphe ci-dessus n'a de sens et d'intérêt que si le constructeur de votre smartphone propose ce type d'accessoire.

Support de voiture

Si vous envisagez d'utiliser votre téléphone en conduisant, installez-le sur un support de voiture. L'avantage est qu'il peut être équipé d'un câble permettant à votre téléphone de se recharger sur l'allume-cigare. Ainsi, votre téléphone sera accessible et vous permettra de passer des appels sans y toucher, d'écouter de la musique, de l'utiliser comme un GPS, et, pourquoi pas, d'écouter la radio.

La plupart des véhicules actuels sont dotés d'une connexion Bluetooth qui permet d'associer un smartphone à l'autoradio afin de respecter la législation en cours.

Chargeur à induction

Voici une technologie qui semble tout droit sortie de Star Trek. Elle permet de recharger votre téléphone sans le raccorder à un chargeur. En d'autres termes, cela revient à recharger votre téléphone sans fil. Attention, car tous les constructeurs de téléphones Android ne proposent pas ce genre d'option.

Câble HDMI

Ce câble HDMI est nécessaire pour profiter du connecteur idoine de votre téléphone Android (s'il en est pourvu bien sûr). Ainsi, il pourra diffuser des images et des sons sur un écran informatique ou de télévision. Imaginez toute votre famille pouvant profiter des photographies ou des séquences vidéo que vous aurez enregistrées avec votre téléphone !

Certains appareils, bien qu'étant dépourvus de connecteur HDMI, peuvent tout de même être reliés à un téléviseur ou un système de *Home Cinema via* un câble spécial dit MHL. Lisez le guide fourni avec votre smartphone pour savoir s'il est compatible MHL (avec alimentation sur le secteur) ou MHL 2.0/3.0 (sans alimentation).

Un repos bien mérité

Bien souvent, les smartphones sont laissés au hasard d'une table, d'un bureau, et d'autres endroits peu sécurisés. Pourquoi ? Parce que nous voulons utiliser ces petits périphériques de communication le plus rapidement possible, et depuis n'importe quelle pièce de la maison. Or, il est important de prendre soin d'un téléphone coûteux pour en assurer la pérennité.

Trimbaler partout son Android

La compacité d'un téléphone mobile moderne permet de le ranger facilement dans sa poche ou dans un sac à main sans craindre de passer accidentellement des coups de fil. Un certain nombre de fonctionnalités permettent de désactiver des boutons ou encore l'écran tactile pour éviter une utilisation du smartphone lorsque vous ne le tenez pas dans votre main.

- » Quand vous téléphonez, faites attention de ne pas toucher le bouton de mise sous tension et de verrouillage de votre smartphone. En effet, vous risqueriez d'activer temporairement l'écran tactile et d'exécuter des actions susceptibles de perturber la communication en cours.
- » Vous pouvez ranger votre téléphone dans une coque spécialement conçue pour le protéger lorsque vous ne l'utilisez pas.
- » La protection de votre smartphone sera parfaite avec une vitre blindée autocollante que vous ferez poser en magasin sur l'écran tactile.
- » N'oubliez pas votre téléphone dans la poche de votre manteau. Vous pourriez accidentellement vous asseoir dessus,

ou bien le faire tomber en enlevant votre vêtement. Mais, la pire chose qui puisse arriver à un téléphone mobile est de passer au lave-linge (pour le micro-ondes, il faudrait vraiment le faire exprès !).

À ce propos, il y a le vieux truc qui permet de savoir si un micro-ondes est bien protégé. Vous y placez votre smartphone et vous refermez la porte. Bien entendu, vous ne mettez pas l'appareil en marche ! Vous appelez alors votre numéro de portable. Si celui-ci ne sonne pas, tout va bien. S'il sonne, c'est que le four laisse passer les ondes. Danger !

Ranger le téléphone

Je vous conseille de trouver une place sécurisée pour votre téléphone comme votre bureau, un buffet, ou une table de nuit. Si vous rangez systématiquement votre téléphone au même endroit, vous ne paniquerez pas à l'idée de l'avoir perdu. La constance est la clé de la quiétude d'esprit et de la sécurité d'un smartphone.

Vous avez probablement une petite expérience de la téléphonie mobile. Par conséquent, combien de fois avez-vous cru que votre téléphone était perdu, et demandé à un ami ou un membre de votre famille de vous appeler pour le localiser ? En suivant mon conseil, ce genre de mésaventure ne vous arrivera plus.

» Une station d'accueil permet de ranger systématiquement votre smartphone au même endroit.

» Je pose toujours mon téléphone sur mon bureau à côté de mon ordinateur, et son chargeur y est toujours connecté. Dès que je n'utilise plus mon téléphone, je le branche au chargeur en question. Impossible d'ignorer où j'ai rangé mon smartphone.

» Ne rangez jamais un téléphone sur une table de salon. Il risque de disparaître sous des magazines et d'être écrasé par une personne peu soigneuse qui posera ses pieds dessus sans s'en apercevoir.

- N'exposez jamais votre téléphone à l'action directe des rayons du soleil.
- Ne rangez jamais votre téléphone dans la buanderie.

Chapitre 2

Réglage et configuration

DANS CE CHAPITRE :

- **Allumer le téléphone**
- **Configurer le smartphone Android**
- **Ajouter un compte Google**
- **Faire sonner le téléphone**
- **Éteindre le téléphone**

Aussi sophistiqué soit-il, un smartphone Android ne répond pas forcément à vos attentes dès que vous le sortez de son emballage. Par conséquent, configurez-le pour qu'il corresponde au mieux à vos besoins de communication (et autres). Comme vous débutez avec un smartphone, j'ai rédigé un chapitre qui va vous aider à régler et à configurer votre nouveau joujou high-tech.

Hello mister Smartphone !

Pour utiliser un téléphone mobile quel qu'il soit, et même s'il s'agit d'un Android, c'est-à-dire un téléphone intelligent par excellence, vous devez l'allumer en appuyant sur un bouton.

Premier démarrage du téléphone

Pour allumer votre téléphone, c'est-à-dire le mettre sous tension, appuyez pendant quelques secondes sur son bouton Marche/Arrêt. Vous verrez alors apparaître le logo du constructeur, la marque du téléphone, ou bien encore des images et des animations fantaisistes. Il est même possible qu'une petite musique se fasse entendre. Ces éléments sont destinés à vous faire patienter pendant la séquence de démarrage de votre téléphone.

Comme il s'agit du premier démarrage de votre smartphone, vous devez exécuter quelques tâches complémentaires. (Parfois, elles ont été réalisées à votre place par le revendeur de votre téléphone.) Ces tâches sont décrites par des instructions qui s'affichent sur l'écran tactile de l'appareil. Il s'agit en général d'activer votre mobile, et de créer un compte Google.

L'activation permet à votre téléphone Android de communiquer avec le réseau cellulaire. Vous pouvez alors passer et recevoir des appels, accéder à Internet, et utiliser de nombreux autres services numériques.

Pour profiter pleinement de votre téléphone Android, configurez un compte Google. Si vous en possédez un, vous n'avez pas grand-chose à faire. Dans le cas contraire, reportez-vous à la section « Créer un compte Google » un peu plus loin dans ce chapitre.

Grâce à un compte Google, vous allez pouvoir coordonner toutes vos informations Internet avec votre nouveau smartphone Android. Il s'agit de vos adresses de messagerie, de vos contacts Gmail, des rendez-vous définis dans l'agenda Google, ainsi que des informations et données disponibles dans d'autres applications Internet Google.

La procédure de configuration d'un compte Google nécessite la saisie du nom et du mot de passe d'accès à votre messagerie Gmail. Voici quelques conseils pour vous aider dans cette procédure :

- Touchez un champ de saisie pour afficher le clavier virtuel. Utilisez-le pour remplir le champ en question. Le Chapitre 4 explique comment utiliser le clavier de votre téléphone.
- Vous pouvez également utiliser le clavier physique de votre téléphone si, évidemment, il en possède un.
- Le texte saisi dans le champ du mot de passe apparaît brièvement, puis est rapidement remplacé par des points noirs. Ceux-ci évitent que des personnes mal intention-

nées mémorisent votre mot de passe pour utiliser frauduleusement votre compte.

- » Vous pouvez appuyer sur la touche Terminer, mais aussi sur la touche Retour pour masquer le clavier virtuel s'il cache certaines parties de l'écran.
- » Vérifiez que tous les services de localisation sont activés. Vous en aurez besoin pour mieux utiliser les fonctionnalités de localisation et de cartographie du smartphone.
- » Votre smartphone vous demande de définir le nom et le mot de passe de votre compte Gmail, et vous ne l'avez pas encore créé ? Passez outre. Vous allez apprendre comment corriger votre étourderie un peu plus loin.
- » Une fois la configuration initiale terminée, vous accédez à l'écran d'accueil de votre téléphone. Le Chapitre 3 donne des informations complémentaires sur cet écran que je vous conseille fortement de découvrir avant de jouer avec votre téléphone mobile, sous peine de le rendre incontrôlable.

Pourquoi lier votre smartphone Android à un compte Google, c'est-à-dire à une adresse de messagerie Gmail (ou autre) ? D'abord parce que le système d'exploitation Android est l'œuvre de Google. Ensuite parce que le fait d'associer votre téléphone à un tel compte vous offrira les services suivants :

- » Sauvegarder vos contacts.
- » Sauvegarder les données d'application de manière à restaurer leurs paramètres en cas de désinstallation et de réinstallation.
- » Sauvegarder l'historique des appels.
- » Sauvegarder les paramètres de l'appareil comme le fond d'écran, les mots de passe Wi-Fi, et les applications par défaut.
- » Sauvegarder et synchroniser les photos et les vidéos. En accédant à Google Photos, vous retrouverez sur le cloud les photos prises avec votre téléphone. Par la suite, les photos que vous supprimerez sur Google Photos le seront aussi sur votre smartphone.

Mettre en marche le téléphone

Comme il est rare que vous ayez besoin d'éteindre votre téléphone, vous aurez *de facto* rarement l'occasion de l'allumer. Cependant, la procédure de mise en marche de votre smartphone est identique à celle d'une première mise en activité. Il suffit de maintenir enfoncé le bouton Marche/Arrêt pendant quelques secondes. Une fois encore, des graphiques ou des animations s'afficheront sur l'écran d'accueil. Il se peut également que votre téléphone émette des signaux sonores, ou qu'il vibre.

FIGURE 2.1 Déverrouiller le smartphone.

La Figure 2.1 montre l'écran de déverrouillage d'un smartphone Android. Bien sûr, il peut varier en fonction de la marque et du modèle de votre appareil.

Pour déverrouiller l'écran, placez votre doigt sur l'élément de déverrouillage et faites-le glisser dans la direction indiquée. L'écran d'accueil apparaît. Des informations complémentaires vous sont données au Chapitre 3.

Sur certains appareils, comme celui de la Figure 2.1, vous pouvez déverrouiller avec votre empreinte digitale. Après une séance d'apprentissage qui permettra au smartphone de mémoriser l'empreinte, il suffira de placer le doigt sur un capteur situé à l'arrière de l'appareil, voire directement sur l'écran. Dans le même ordre d'idées, les smartphones haut de gamme proposent de déverrouiller l'écran avec une reconnaissance faciale. Attention, car cette technique n'est pas très fiable. Le téléphone peut se déverrouiller avec des visages qui possèdent quelques ressemblances.

- Il n'est pas nécessaire de déverrouiller le téléphone pour répondre à un appel. La réception des appels est détaillée au Chapitre 5.
- D'autres écrans de verrouillage sont disponibles pour votre téléphone Android. Le cas échéant, ils sont plus sophistiqués que ce que vous voyez par défaut. Pour plus d'informations sur les éléments de ces écrans de verrouillage, consultez le Chapitre 21.
- L'écran d'accueil peut afficher des bandeaux qui vous informent de certains événements, comme un appel manqué, l'arrivée de messages, et ainsi de suite. Faites simplement glisser ces notifications vers le bord de l'écran pour les faire disparaître.
- Après avoir déverrouillé le téléphone, vous pouvez entendre un signal sonore ou encore lire des notifications. Ces indicateurs vous informent du déroulement de certaines activités quand votre téléphone était verrouillé. Il s'agit par exemple de la réception de courriers électroniques, de l'heure d'un rendez-vous, de la mise à jour d'applications, et bien d'autres choses encore. Pour plus d'informations sur ces notifications, reportez-vous au Chapitre 3.
- Même si votre téléphone utilise un motif de sécurité, un code binaire, ou un mot de passe qui verrouille votre écran, il est souvent tout à fait possible de passer des appels d'urgence en touchant le bouton idoine, et sans déverrouiller le smartphone.
- L'apparence des écrans d'accueil des téléphones Android dépend de leurs *thèmes*. Ceux-ci définissent l'interface visuelle, les effets, et les animations spécifiques à un téléphone Android.

Promener son téléphone

Comme je l'ai déjà indiqué, il est rare que vous éteigniez votre téléphone. D'ailleurs, après un certain délai d'inactivité, il bascule en mode Veille.

Bien qu'il soit en veille, le téléphone continue à recevoir des appels. Il vous indique également l'arrivée de nouveaux e-mails, de SMS ou de MMS. En revanche, l'écran tactile est inaccessible. Le mode Veille et ses spécificités sont décrits au Chapitre 5.

L'arrivée de mails doit être configurée notamment en activant l'application de messagerie électronique, et en indiquant l'adresse mail et son mot de passe.

Quand le téléphone ne sonne pas, vous pouvez le sortir du mode Veille en appuyant sur le bouton Marche/Arrêt, en effectuant une reconnaissance de votre empreinte digitale, ou en soulevant le volet de protection de l'étui si vous en utilisez un. Dès cet instant, l'écran tactile redevient actif, et vous pouvez déverrouiller le téléphone, comme expliqué à la précédente section.

- » Toucher l'écran tactile ne sort pas votre téléphone du mode Veille, sauf si la reconnaissance d'empreinte digitale est possible sur toute la surface de l'écran.
- » Le bruit ne réveille pas un téléphone !
- » Le téléphone ne vibre pas quand il est en veille.
- » Lorsque votre téléphone diffuse de la musique alors qu'il est en veille, les informations sur la chanson en cours apparaissent sur l'écran verrouillé. Touchez-les pour afficher les icônes de contrôle de lecture, de mise en pause, et de passage à la chanson précédente ou suivante. Pour plus d'informations sur les fonctionnalités de lecteurs audio d'un téléphone Android, consultez le Chapitre 15.

Configurer un compte Google

Comme je l'ai déjà indiqué, pour profiter pleinement de votre téléphone Android, vous avez besoin d'un compte Google. Heureusement, la création, la configuration, et l'utilisation de ce compte sont entièrement gratuites.

La nécessité d'un compte Google s'explique par le fait que le système d'exploitation Android a été développé par Google. De ce fait, un grand nombre de services Google localisés sur Internet facilitent l'exploitation de votre smartphone (d'accord, ils aimeraient bien en plus que vous vous en serviez pour faire des achats sur Play Store !).

Je pense que la lecture de la troisième et de la quatrième partie de ce livre vous convaincra de la nécessité de créer et d'utiliser un compte Google sur votre smartphone. Si vous ne possédez pas de compte Google, suivez la procédure décrite dans les prochaines sections.

Créer un compte Google

Pour créer un compte Google, il vous suffit d'allumer un ordinateur puis de vous conformer aux étapes suivantes :

1. **Ouvrez le programme de navigation Web installé sur votre ordinateur.**
2. **Rendez-vous sur la page d'accueil Google à l'adresse** `accounts.google.com` **(ou** `www.google.fr`**).**
3. **Dans la page qui apparaît, cliquez sur le lien Créer un compte.**

   Un petit message vous demande de choisir de créer un compte Pour moi (c'est-à-dire vous, pas moi évidemment) ou Pour gérer mon entreprise. Cliquez sur la mention qui vous concerne.

   Vous accédez à la première étape de création d'un compte Google.

4. **Remplissez le formulaire d'ouverture du compte en fournissant les informations personnelles demandées. À la fin de chaque étape, cliquez sur le bouton Suivant.**

Une fois votre compte créé et configuré, je vous conseille de vous en déconnecter et de vous y reconnecter pour vérifier qu'il fonctionne correctement. Je vous conseille aussi de créer un signet pour accéder instantanément à la page d'accueil de votre compte Google. Pour synchroniser votre nouveau compte Google avec votre smartphone Android, lisez la prochaine section.

- » Un compte Google est gratuit. En effet, Google gagne de l'argent avec des publicités qui sollicitent régulièrement votre attention.
- » Un compte Google donne accès à de nombreux services gratuits et à des programmes en ligne. Parmi eux, notons la messagerie électronique Gmail, la fonction d'agenda qui permet de planifier vos rendez-vous, et un compte YouTube pour diffuser vos vidéos ou regarder celles des autres.
- » L'utilisation de divers programmes estampillés Google avec votre smartphone est traitée tout au long de ce livre.

Le compte Google que je souhaite associer à mon smartphone doit-il être obligatoirement un compte Gmail ? Sachez que lorsque vous créez un compte Google, une adresse Gmail est automatiquement créée. Cependant, vous pouvez parfaitement utiliser une autre adresse mail pour vous connecter, comme Yahoo!, Outlook.com et j'en passe. Associez alors cette adresse à votre compte. Dans ce cas, vous devez respecter les conditions suivantes :

- » Il ne doit pas s'agir d'une adresse Gmail.
- » Vous ne pouvez pas utiliser une adresse e-mail qui est déjà associée à un autre compte Google.
- » N'oubliez pas d'utiliser le mot de passe de votre compte Google lorsque vous vous connectez en utilisant cette adresse e-mail.

Configurer un compte Google sur le smartphone

Une fois votre compte Google créé, vous devez le configurer sur votre téléphone en respectant les étapes suivantes :

1. **Accédez à l'écran d'accueil.**

   Il s'agit de l'écran principal de votre téléphone. Vous y accéderez directement en appuyant sur le bouton sensible

Accueil situé en bas de l'écran tactile. Il est figuré classiquement par un cercle (et parfois par un symbole de maison).

2. **Si parmi les icônes de l'écran d'accueil, vous voyez Paramètres, touchez-la.**

   Si vous ne voyez pas cette icône, faites glisser le haut de votre écran vers le bas. Cette action ouvre une zone de recherche et affiche le clavier virtuel. Si vous y voyez Paramètres, touchez l'icône. Sinon tapez Paramètres dans le champ Rechercher. Touchez l'icône du même nom, comme sur la Figure 2.2.

   Cette icône permet d'accéder aux options internes, aux contrôles, et aux réglages de configuration de votre téléphone Android.

FIGURE 2.2
Rechercher Paramètres.

3. **Effleurez l'écran de bas en haut pour faire défiler les options. Choisissez Comptes & utilisateurs.**

   Le nom de cette option peut varier en fonction du modèle de votre téléphone.

4. **Tout en bas de cet écran, appuyez sur le bouton Ajouter un compte.**

   Une liste des types de comptes disponibles apparaît.

5. **Optez bien entendu pour l'option Google.**

6. **Conformez-vous aux instructions qui s'affichent à l'écran afin de configurer correctement l'accès à votre compte Google.**

Vous devez taper votre nom d'utilisateur et votre mot de passe Google.

Attendez que le téléphone se connecte à Internet et qu'il synchronise les informations de votre compte Google.

7. **Vérifiez que toutes les options de synchronisations sont cochées.**

   En cochant toutes les cases, vous êtes certain de synchroniser entièrement votre téléphone avec toutes les informations de votre compte Google. D'accord, si vous n'avez pas l'intention de louer des films ou d'acheter des livres, vous pouvez être plus sélectif. Mais cela ne modifiera pas fondamentalement le fonctionnement de votre smartphone !

8. **Touchez le bouton qui permet de terminer l'opération.**

Appuyez sur le bouton Accueil pour revenir à l'écran d'accueil.

» Si vous modifiez votre mot de passe Google et que vous oubliiez de l'indiquer à votre téléphone, une notification s'affichera. Glissez-la vers le bas, et choisissez Erreur de connexion (ou son équivalent) dans le panneau des notifications qui apparaît. Actualisez votre mot de passe Google en suivant les instructions qui s'affichent à l'écran.

  Une autre solution consiste à sélectionner le compte fautif, puis à le supprimer du smartphone. Pour cela, touchez la ligne Google sous la rubrique Utilisateurs et comptes dans l'application Paramètres, puis touchez le nom du compte à éliminer. Il vous reste à toucher le bouton Supprimer le compte puis à confirmer, et enfin à recréer le compte comme nous l'avons vu plus haut.

» Pour plus d'informations sur l'écran Accueil et la page Applications, consultez le Chapitre 3.

» Tout au long de ce livre, vous apprendrez à configurer d'autres comptes comme Facebook ou Twitter.

Allez ! Au lit !

Vous pouvez dire « bonne nuit » à votre téléphone Android de plusieurs manières. La plus populaire consiste à le mettre en veille, ou bien à l'éteindre purement et simplement.

Mettre le téléphone en veille

Pour basculer votre téléphone Android en mode Veille, appuyez et relâchez le bouton Marche/Arrêt. Quoi que vous fassiez, l'écran tactile se retrouve désactivé. En revanche, votre téléphone est toujours opérationnel. La veille lui permet simplement d'économiser la batterie.

- » Vous pouvez basculer votre téléphone en veille en cours de communication. Il suffit d'appuyer rapidement sur le bouton physique Marche/Arrêt. Dans ce cas, la communication se poursuit, mais l'affichage est désactivé.
- » Le mode Veille permet de parler alors que vous rangez le téléphone dans votre poche. Vous êtes ainsi certain de ne pas raccrocher accidentellement, ou d'activer par mégarde le mode Silencieux.
- » Votre téléphone Android passera le plus clair de son temps en mode Veille. Et c'est tant mieux pour la santé de votre batterie.
- » Le mode Veille n'éteint pas le téléphone. Par conséquent, vous continuez à recevoir des appels.
- » Toutes vos alarmes sont actives malgré le mode Veille, et vous pouvez continuer à écouter de la musique. Le réglage des alarmes est étudié au Chapitre 16, et l'utilisation du téléphone en tant que lecteur audio au Chapitre 15.

Les options du mode Veille

Inutile de basculer manuellement votre téléphone en veille, car il est programmé pour le faire automatiquement et ceci dans le but d'économiser la batterie mais aussi de le verrouiller. Ainsi, si vous le perdez ou si vous vous le faites voler, il faudra le déverrouiller pour pouvoir l'utiliser. Après un certain temps d'inactivité, le téléphone se met d'autorité en veille.

Voici comment configurer ce temps d'inactivité :

1. **Ouvrez l'application Paramètres comme expliqué ci-dessus.**
2. **Choisissez l'option Affichage.**
3. **Choisissez éventuellement l'option Paramètres avancés, puis Veille (ou Mise en veille, ou quelque chose de ce style).**

   Sinon, touchez directement Veille dans l'écran Affichage.
4. **Dans la liste qui apparaît, sélectionnez une durée d'inactivité.**

   Activer une durée la valide instantanément.

   Chaque modèle a sa propre idée du délai idéal pour la mise en veille.
5. **Appuyez de nouveau sur le bouton sensible Accueil pour revenir à l'écran principal.**

Si vous ne touchez pas l'écran et que vous n'utilisiez pas le téléphone, un chronomètre se déclenche à votre insu. Environ dix secondes avant le terme de la période d'inactivité (voir l'Étape 4), la luminosité de l'écran tactile diminue. Ensuite, le téléphone bascule automatiquement en mode Veille. Si vous touchez l'écran avant ce terme, le chronomètre de mise en veille est réinitialisé.

Éteindre le téléphone

Pour éteindre votre smartphone, maintenez le bouton Marche/Arrêt enfoncé. Dans le bandeau ou le menu qui apparaît sur l'écran ou sur le nouvel écran qui s'affiche, choisissez Éteindre (voir la Figure 2.3). Une petite animation peut se dérouler lors de l'extinction du téléphone. L'écran tactile peut aussi éventuellement devenir noir.

FIGURE 2.3 Il est l'heure d'aller te coucher !

Une fois éteint, le téléphone ne peut plus recevoir d'appels. Ceux-ci sont dirigés vers votre boîte vocale, dont le fonctionnement est expliqué au Chapitre 7.

Chapitre 3

À la découverte de votre Android

DANS CE CHAPITRE :

- » **Découvrir les boutons sensibles**
- » **Utiliser l'écran tactile**
- » **Régler le volume du téléphone**
- » **Passer en mode vibreur ou silencieux**
- » **Utiliser le téléphone horizontalement**
- » **Afficher les panneaux de l'écran d'accueil**
- » **Vérifier les notifications**
- » **Exécuter des applications et travailler avec des widgets**

Votre téléphone Android tire son nom de son système d'exploitation Android. À l'instar d'un PC ou d'un Macintosh, le système d'exploitation Android est un programme informatique. Il est conçu pour contrôler le téléphone et pour permettre à l'utilisateur de communiquer avec son prochain. Ces communications nécessitent l'exécution d'un certain nombre d'instructions qui apparaissent sur un écran. Vous voyez qu'il n'y a pas beaucoup de différences entre un ordinateur et un smartphone Android. Ce chapitre vous aide à comprendre et à utiliser ce système d'exploitation.

Dans ce chapitre, comme d'ailleurs dans tout ce livre, les procédures de base comme les copies d'écran, reposent sur l'utilisation d'un téléphone Huawei tournant sous Android 9. Android, comme nous l'avons déjà expliqué, est un système d'exploitation développé par Google. Bien entendu, votre propre smartphone d'une autre marque (ou d'un autre modèle) peut avoir ses particularités bien à lui. Chaque constructeur aime en effet apporter sa touche personnelle à ses modèles. Ainsi, les boutons de certains smartphones sont physiques alors qu'ils sont virtuels (à l'écran) chez Huawei ou sur les Google Pixel et bien d'autres. De plus, partant de la même version d'Android, chacun ajoute une surcouche logicielle qui le différencie des autres. Mais finalement, les règles du jeu restent fondamentalement les mêmes, ce qui évite d'être trop dépaysé quand on passe d'un smartphone Android à un autre.

Les opérations de base

Un téléphone Android exécutera un certain nombre de tâches différemment des autres téléphones que vous avez déjà possédés, voire de votre ordinateur. Cette section décrit les opérations et les procédures élémentaires permettant d'utiliser un téléphone Android standard.

Utiliser les boutons sensibles

Tout en bas de l'écran tactile de votre téléphone Android, vous trouverez principalement trois boutons identifiés par des icônes. Il s'agit de *boutons sensibles* qui exécutent des fonctions spécifiques, quelle que soit l'utilisation que vous faites de votre téléphone. Ces boutons sont Retour, Accueil et Aperçu (ou encore Multitâche) [voir Figure 3.1].

Sur certains smartphones, les icônes des boutons sensibles ne s'éclairent que si vous les touchez.

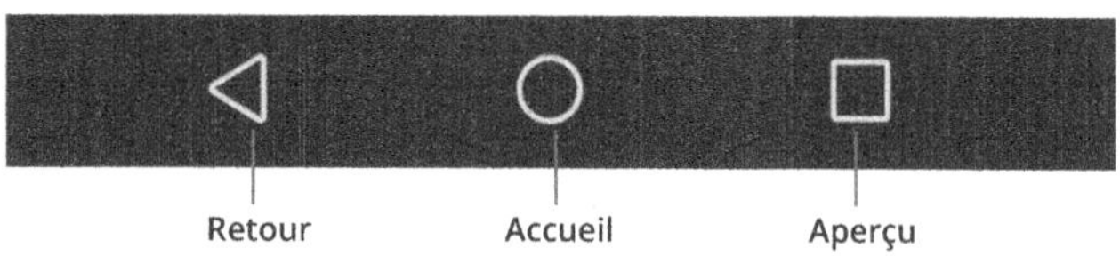

FIGURE 3.1 Les boutons sensibles de votre smartphone Android.

Retour

Ce bouton permet de revenir à l'écran précédemment affiché par rapport à celui en cours de consultation.

Accueil

Appuyez sur le bouton sensible Accueil pour accéder à l'écran d'accueil de votre téléphone et ceci où que vous soyez et quoi que vous fassiez sur votre téléphone. Il correspond un peu à la commande qui permet d'afficher directement le bureau d'un système d'exploitation. Par conséquent, il vous renvoie à la page courante de l'écran d'accueil, quelle que soit l'application en cours d'exécution.

Si vous consultiez simplement une page de l'écran d'accueil, le fait d'appuyer sur ce bouton vous renvoie à l'écran d'accueil principal.

Lorsque vous maintenez enfoncé le bouton Accueil, vous accédez au service de recherche de l'Assistant Google.

Cet assistant se met également en marche lorsque vous dites « OK Google » dans le micro de votre smartphone.

Aperçu

Lorsque vous appuyez sur ce bouton sensible, vous obtenez un écran avec des vignettes représentant les applications que vous avez récemment utilisées sur le smartphone. Faites-les défiler vers la gauche ou la droite, puis touchez l'une d'elles pour l'activer (donc la placer au premier plan). Touchez la croix située dans le coin supérieur droit d'une vignette pour la supprimer de la liste.

Si vous utilisez une ancienne version d'Android, ces applications seront probablement organisées verticalement et non pas horizontalement. Dans ce cas, faites-les défiler vers le haut ou le bas.

Ce bouton n'est pas proposé par tous les constructeurs de téléphones Android. Il peut dans ce cas être remplacé par un bouton Retour (voir ci-dessus) ou Menu permettant d'accéder à une liste d'options en rapport avec l'application affichée.

Manipuler l'écran tactile

L'écran tactile réagit à un ou deux doigts, parfois même trois. Mais c'est là un exercice assez vertigineux.

Utilisez les doigts de votre choix et, si vous êtes aventureux, pourquoi ne pas essayer le bout de votre nez ?! Voici comment utiliser un écran tactile :

- » **Toucher :** Comme le nom de cette action l'indique, vous touchez l'écran du bout des doigts (voir Figure 3.2). Il s'agit en général de toucher l'icône d'un programme ou un élément de contrôle comme un curseur que vous glissez pour modifier un réglage. Les synonymes de toucher sont *appuyer* et *cliquer*.

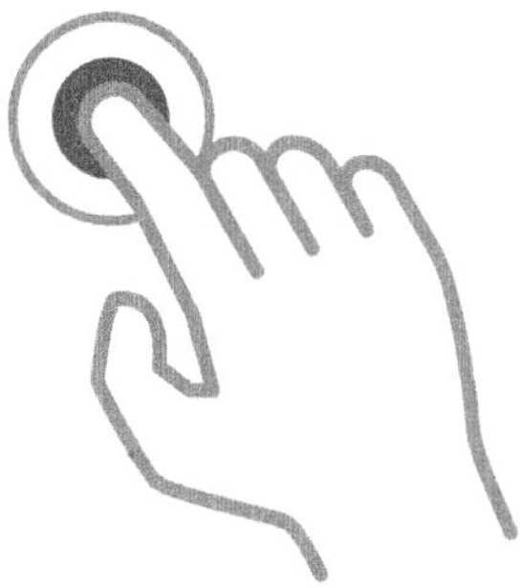

FIGURE 3.2 Toucher l'écran.

- » **Double-toucher :** Cette action consiste à toucher, ou taper, deux fois de suite au même endroit de l'écran (voir Figure 3.3). Cette forme de *double-clic* est par exemple utilisée pour effectuer un zoom avant et arrière sur une image ou une carte.
- » **Appui long :** Maintenez votre doigt appuyé sur une partie de l'écran (voir Figure 3.4). Certaines opérations, comme le déplacement d'une icône sur l'écran d'accueil, commencent par un appui prolongé. Bien entendu, l'icône d'un chronomètre n'apparaît pas à la base du bouton.

FIGURE 3.3 Double-toucher l'écran.

FIGURE 3.4 Effectuer un appui long.

Sur la Figure 3.4, elle n'est présente que pour vous indiquer qu'il faut appuyer longtemps sur le bouton.

» **Glisser :** Vous appuyez votre doigt à un endroit de l'écran, puis vous le glissez vers un autre endroit sans relâcher la pression (voir Figure 3.5). Le glissement peut être lent ou rapide.

» **Pincer :** Le pincement suppose que vos deux doigts sont éloignés l'un de l'autre et que vous les rapprochiez (voir Figure 3.6) pour exécuter une action comme un zoom arrière sur une image ou une carte.

» **Écarter :** C'est l'action opposée au pincement. Cette fois, les deux doigts sont côte à côte, et vous les éloignez (voir Figure 3.7) pour exécuter, par exemple, un zoom avant.

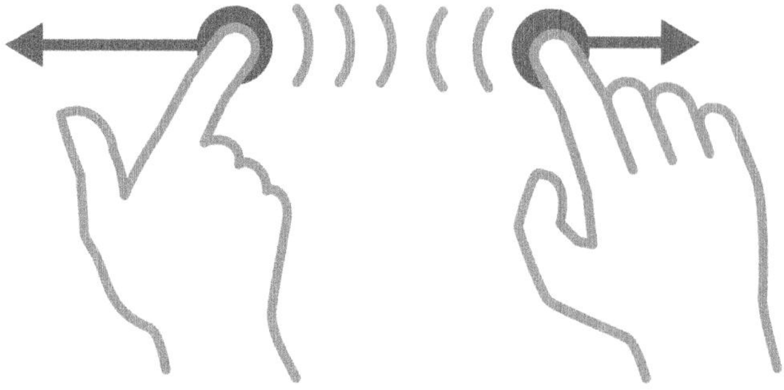

FIGURE 3.5
Glisser.

FIGURE 3.6
Pincer.

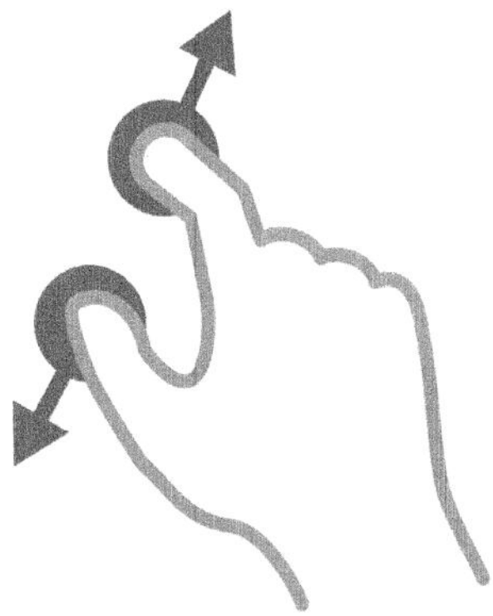

FIGURE 3.7
Écarter.

» **Pivoter :** Il s'agit d'une action de rotation des deux doigts autour d'un point central de l'écran tactile (voir Figure 3.8). Des objets à l'écran peuvent ainsi être pivotés.

Vous ne pouvez pas exécuter d'actions tactiles si vous portez des gants, sauf s'ils ont été spécialement conçus pour manipuler des écrans électroniques (comme ceux de Batman), ou si l'écran de votre smartphone est spécifiquement conçu pour cela.

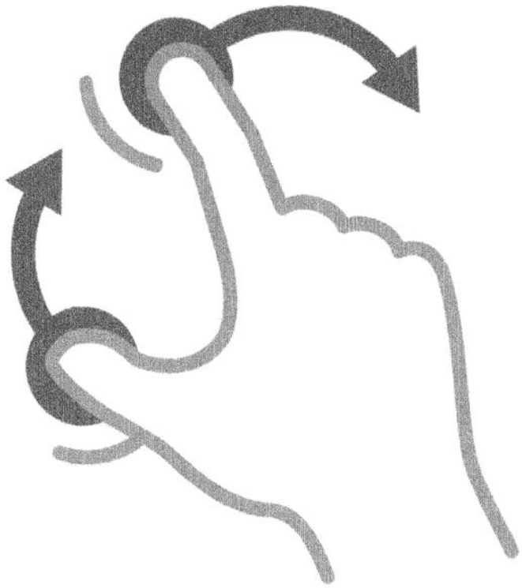

FIGURE 3.8
Pivoter.

Régler le volume

Le bouton de contrôle du volume est situé sur le côté de votre smartphone (voir Figure 3.9). Appuyez sur sa partie supérieure pour monter le son, et sur sa partie inférieure pour le baisser.

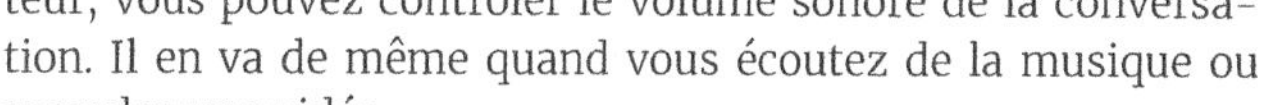

FIGURE 3.9
Le bouton du volume.

Le volume contrôle la puissance de sortie de tous les sons émis par votre téléphone. Ainsi, lorsque vous parlez à un interlocuteur, vous pouvez contrôler le volume sonore de la conversation. Il en va de même quand vous écoutez de la musique ou regardez une vidéo.

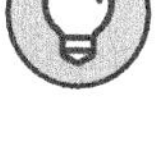

Cela signifie que le bouton de réglage du volume est contextuel. En effet, lorsque vous téléphonez et que vous agissez sur ce bouton, vous ne modifiez que le réglage du volume des appels, donc de la conversation. En revanche, lorsque vous écoutez de la musique ou regardez la TV ou des vidéos, vous ne modifiez que le réglage audio des médias. Enfin, lorsque aucune application ne nécessitant un réglage audio est en cours d'utilisation, agir sur ce bouton physique ne modifie que le volume de la sonnerie du téléphone.

LES ICÔNES STANDARD D'UN TÉLÉPHONE ANDROID

En plus des boutons sensibles, vous découvrirez un certain nombre de symboles que l'on retrouve sous une forme graphique ou sous une autre dans l'immense majorité des smartphones et des applications Android.

Le bouton Ajouter crée un nouvel élément ou ajoute une nouvelle entrée à une liste.

Le bouton Annuler stoppe une action ou vous fait sortir d'une opération en cours.

Le bouton Coche permet d'activer et de désactiver des options. Quand la coche est visible, l'option est activée. Touchez de nouveau ce bouton pour la décocher, donc pour la désactiver.

Le bouton Dictée apparaît chaque fois que vous pouvez entrer des données ou exécuter des commandes vocalement. Consultez le Chapitre 4.

L'icône Étoile identifie vos favoris, comme des pages Web (signets), ou vos contacts préférés.

L'icône Atteindre est utilisée pour terminer une action comme visiter un site Web ou lancer une recherche.

L'icône Paramètres apparaît lorsque vous pouvez régler les options d'une application.

Le bouton Partager est utilisé par plusieurs applications pour échanger des informations comme des photos et des vidéos sur Internet.

Le bouton Sync apparaît aussi parfois afin de demander à votre téléphone de se connecter à Internet pour effectuer une certaine mise à jour.

Le volume peut être préréglé pour le téléphone, son contenu multimédia, ses alarmes, et ses notifications.

Lorsque vous réglez le niveau du son, une incrustation s'affiche sur votre écran. Elle indique quel type de réglage vous effectuez, comme la sonnerie par exemple, et un curseur peut alors être actionné pour définir ce volume sonore. Si vous touchez l'icône de l'engrenage, vous accédez aux paramètres Sons du téléphone. Là, vous pouvez régler le volume des contenus multimédias, des alarmes, de la sonnerie, et des appels comme sur la Figure 3.10.

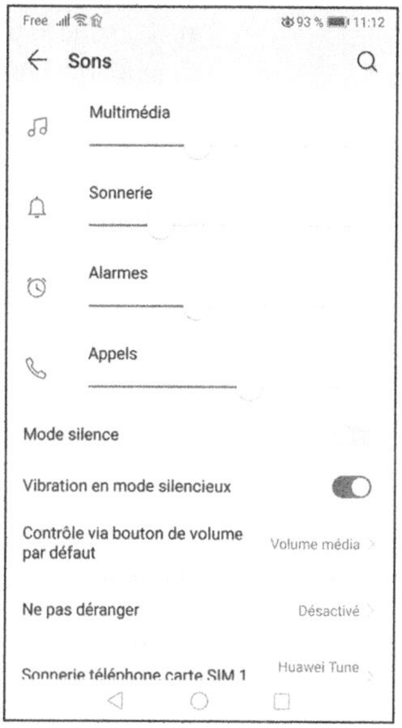

FIGURE 3.10 Configurer le volume sonore depuis l'écran d'accueil, ou l'écran de verrouillage.

Couper le son

La méthode la plus rapide pour réduire votre téléphone Android au silence consiste à appuyer sur le bouton de réduction du volume jusqu'à ce que vous sentiez le téléphone vibrer.

Le son de votre téléphone peut également être amplifié, baissé ou coupé d'un glissement de doigt selon la procédure suivante :

1. **Sortez éventuellement votre téléphone du mode Veille.**

   En effet, si votre téléphone est éteint, il n'a aucune raison de faire du bruit. En revanche, s'il est en veille, il ne manquera pas de faire savoir que quelqu'un cherche à vous contacter. Donc, appuyez sur le bouton Marche/Arrêt identifié sur la Figure 1.6 du Chapitre 1.

2. **Appuyez une fois sur le bouton du volume.**

3. **Dans l'incrustation qui apparaît, touchez l'icône de la cloche. Elle bascule en mode vibreur. Touchez l'icône vibreur, elle passe en mode son coupé.**

Une autre technique consiste à faire glisser vers le bas le haut de l'écran afin d'ouvrir le panneau des notifications. Là, touchez l'icône Son pour la basculer en mode vibreur puis en mode silencieux. Touchez-la de nouveau quand elle est en mode silencieux pour réactiver le son.

» Lorsque le téléphone est en mode Vibreur, l'icône idoine apparaît dans la barre d'état.

» Les icônes de votre téléphone peuvent être différentes de celles représentées ci-dessus.

» Pour sortir le téléphone du mode Silence, effectuez les opérations inverses de la précédente procédure.

» Le téléphone ne vibre pas si vous désactivez cette option, comme cela est expliqué au Chapitre 21.

Changer l'orientation

Les téléphones Android disposent d'un *accéléromètre* utilisé par diverses applications pour déterminer l'orientation de votre téléphone.

La méthode la plus simple pour tester cette fonctionnalité consiste à afficher une page Web sur votre téléphone puis de vous conformer aux étapes suivantes :

1. **Sur l'écran d'accueil, touchez l'icône de l'application dédiée au Web.**

   Sur bon nombre de smartphones, le navigateur Web par défaut est Chrome, l'enfant chéri de Google. Sur d'autres, il peut s'appeler Navigateur ou tout simplement Internet. En règle générale, cette icône se trouve par défaut en bas de l'écran d'accueil, dans la barre des favoris. Sinon, vous devriez le retrouver dans l'écran Applications (voir la section « Utiliser l'écran Applications (Applis) » de ce chapitre).

2. **Inclinez le téléphone sur la gauche (ou sur la droite, c'est comme vous voulez).**

   Comme le montre la Figure 3.11, la page Web change d'orientation en passant d'une disposition verticale à une disposition horizontale.

3. **Redressez le téléphone.**

   La page Web s'affiche de nouveau verticalement.

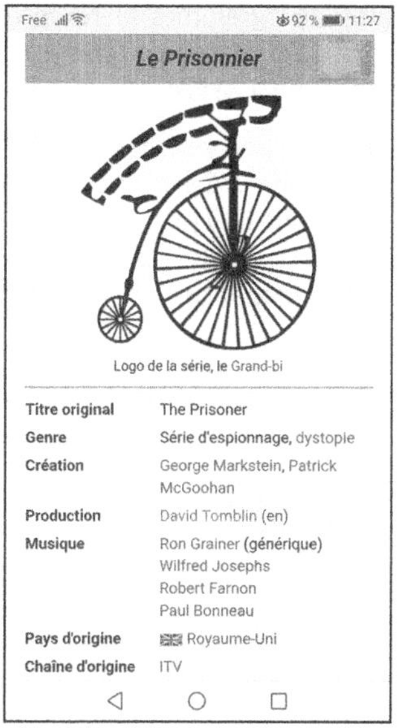

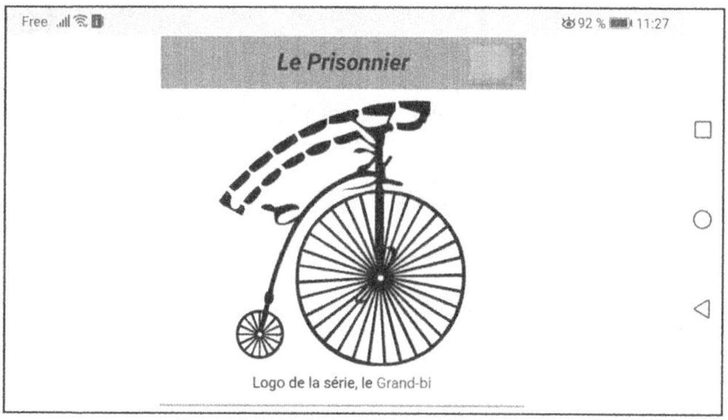

FIGURE 3.11 Orientation verticale et horizontale d'un smartphone.

» Pour plus d'informations sur l'utilisation de votre téléphone en tant que navigateur Web, reportez-vous au Chapitre 11.

» En général, l'écran d'accueil reste vertical, quelle que soit l'orientation du smartphone.

» La plupart des applications basculent leur affichage du mode Portrait au mode Paysage lorsque vous inclinez le téléphone. De rares programmes, en revanche, restent en orientation portrait. Enfin, la plupart des jeux ne s'affichent qu'en mode Portrait ou Paysage.

» Certains jeux utilisent à merveille l'efficacité de l'accéléromètre du smartphone. D'autres vous demandent de secouer ou d'agiter l'appareil pour effectuer certaines actions. Dans un jeu de conduite sportive, vous vous servez même du smartphone comme s'il s'agissait du volant d'une automobile. Vous trouverez ces jeux, et des tas d'autres encore, sur Play Store. Pour plus d'informations, consultez le Chapitre 17.

Admirer l'écran d'accueil

L'écran d'accueil est la première chose qui apparaît sur votre Android après l'avoir déverrouillé. Vous y revenez après avoir terminé un appel téléphonique, quitté une application, ou appuyé sur le bouton sensible Accueil. Comprendre le fonctionnement de cet écran permet de tirer le meilleur parti de votre téléphone.

FIGURE 3.12 L'écran d'accueil quelque peu personnalisé.

Regarder l'écran d'accueil

Un écran d'accueil Android standard (en l'occurrence, celui d'un smartphone Huawei) est illustré sur la Figure 3.12.

Barre des notifications : Elle se situe dans la partie supérieure de l'écran d'accueil. Elle contient les icônes de notification, les icônes d'état et l'heure, mais aussi le niveau de charge de la batterie. Vous révélez l'intégralité de son contenu en la faisant glisser vers le bas.

Notifications : Ces icônes vont et viennent en fonction des aléas de votre vie numérique. Par exemple, une nouvelle icône de notification apparaîtra lorsque vous recevrez un message électronique. La gestion des notifications est expliquée à la section « Consulter des notifications », plus loin dans ce chapitre.

État du téléphone : L'état du téléphone est identifié par des icônes affichées vers l'extrémité droite de la barre d'état. Vous y découvrez ainsi le type de réseau auquel vous êtes connecté, la puissance du signal, et le niveau de charge de la batterie. Ces icônes sont affichées en permanence.

Widgets : Ces petits programmes peuvent afficher des informations, contrôler le téléphone, manipuler des fonctions, accéder à un programme, et d'autres choses encore plus ludiques. Vous en saurez davantage sur les widgets au Chapitre 21.

Icône d'application : Ces icônes sont le nec plus ultra de l'écran d'accueil. Il suffit d'en toucher une pour exécuter l'application correspondante.

Dossier d'applications : Les icônes des applications peuvent être regroupées dans des dossiers afin de gagner de la place sur l'écran d'accueil. Nous y reviendrons en détail dans le Chapitre 21.

Barre des favoris : Située tout en bas de l'écran mais juste au-dessus des boutons sensitifs, elle reste affichée sur toutes les pages de l'écran d'accueil afin de vous permettre d'accéder rapidement aux applications les plus courantes. Sur la Figure 3.11, la barre des favoris contient des raccourcis vers le téléphone, les contacts, les SMS/MMS (version Google), l'appareil photo, et le navigateur Chrome.

Zone de recherche : Elle apparaît lorsque vous faites rapidement glisser l'écran vers le bas à partir d'une zone vide de toute icône. Un champ Rechercher apparaît, ainsi que des suggestions et le clavier virtuel, comme sur la Figure 3.13. Saisissez l'objet de votre recherche, comme le nom d'une application, puis touchez la suggestion qui correspond à cette recherche.

» L'écran d'accueil est entièrement personnalisable. Vous pouvez y ajouter et y supprimer des icônes, ajouter des widgets et des raccourcis, et même en changer le papier peint. Vous trouverez des informations complémentaires au Chapitre 21.

» Aucune action n'est exécutée si vous vous contentez de toucher un espace vide de l'écran d'accueil. En revanche, un appui long déclenche le processus de personnalisation de l'écran d'accueil. Cette fonction est expliquée en détail au Chapitre 21.

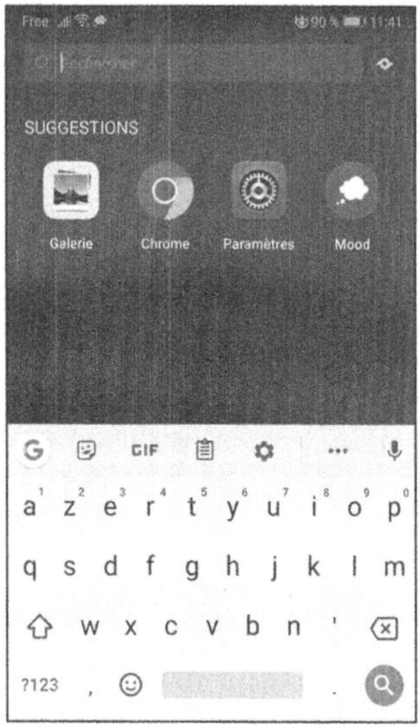

FIGURE 3.13
Rechercher sur Android.

Afficher toutes les pages de l'écran d'accueil

Voici un petit secret : l'écran d'accueil est bien plus large que ce qu'en montre votre téléphone. En effet, il s'étend dans un espace virtuel situé à gauche et à droite de l'appareil. *De facto*, il est peut-être trois, quatre, ou bien sept fois plus grand que vous ne le pensez. En réalité, la dimension de l'écran d'accueil, c'est-à-dire le nombre de pages, ou de panneaux, qu'il est capable de gérer, est limitée par le constructeur de votre téléphone.

L'écran d'accueil est donc composé de panneaux/pages dont un(e) seul(e) est visible à la fois. Cela donne l'opportunité à l'utilisateur de déplacer des icônes d'application et des widgets. Pour passer d'un panneau à l'autre, il suffit de glisser votre doigt sur l'écran tactile vers la gauche ou vers la droite. Chaque glissement fait apparaître un nouveau panneau.

- » Certains constructeurs limitent le nombre d'écrans à cinq ou à sept. D'autres semblent n'imposer aucune restriction.
- » L'écran d'accueil par défaut ne vous convient pas ? Vous voulez ajouter ou supprimer des pages ? Voyez le Chapitre 21.

Que puis-je faire depuis l'écran d'accueil ?

Je vous conseille d'apprendre à exécuter trois opérations élémentaires depuis votre écran d'accueil : consulter les notifications, exécuter un programme, et utiliser des widgets.

Consulter des notifications

Les *notifications* sont identifiées par des icônes qui s'affichent sur l'écran de verrouillage ou dans la zone dite de notification en haut à gauche de l'écran d'accueil, comme vous avez pu le voir sur la Figure 3.12. Vous pouvez en consulter le contenu de deux manières :

1. **Touchez deux fois les icônes de notification situées sur l'écran de verrouillage.**

Ou :

1. **Faites glisser votre doigt depuis le haut de l'écran d'accueil vers le bas.**
2. **Les notifications apparaissent sous la forme d'une liste plus ou moins détaillée (voir la Figure 3.14).**
3. **Touchez une notification pour la consulter. Elle s'ouvre dans l'application qui a permis de générer l'alerte.**
   Par exemple, en touchant la notification Gmail, vous affichez un message dans la boîte de réception.
4. **Refermez la liste en faisant glisser le panneau de contrôle vers le haut de l'écran, ou en appuyant sur le bouton sensible Retour ou Accueil.**

» L'icône d'une notification ne disparaît pas si vous vous contentez de refermer le panneau de contrôle. Par conséquent, les icônes peuvent continuer à s'empiler !

» Pour supprimer la plupart des notifications, il vous suffit de faire glisser le bandeau correspondant vers la droite ou vers la gauche.

» Dans certains cas, un bouton Effacer ou Supprimer peut être associé à plusieurs notifications. Touchez-le pour éliminer celles-ci.

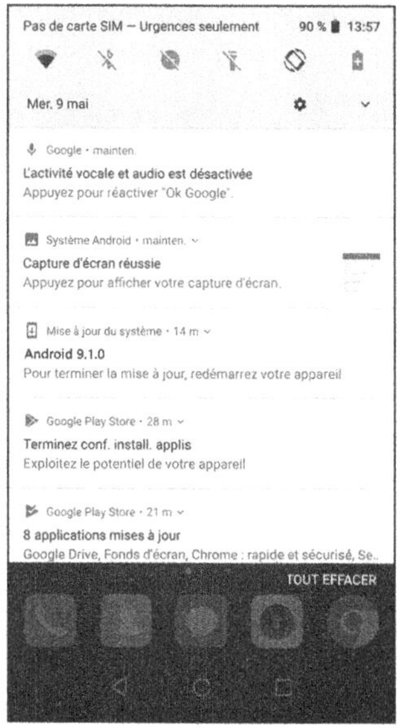

FIGURE 3.14 Liste des notifications sur un smartphone.

» La suppression de certaines notifications ne les empêche pas forcément de réapparaître ultérieurement. Cela peut concerner par exemple la mise à jour d'applications, ou encore les alertes de votre calendrier.

» L'étendue des notifications est vaste. Une notification peut vous permettre de répondre directement à un message, ou bien encore d'accéder à une platine d'écoute musicale, le tout sans avoir à rechercher l'application correspondante. Certaines applications vous proposent également de vous abonner à leur système de notification (généralement appelé *push*). C'est notamment le cas de nombreux sites d'information.

» Sur certains appareils, il est possible de rappeler un correspondant dont on a manqué l'appel ou de lui envoyer un SMS en faisant glisser le bandeau de la notification correspondante vers la droite ou vers la gauche.

- Certains services, en particulier des réseaux sociaux, n'affichent des notifications que si vous y êtes connecté. Pour plus d'informations sur les réseaux sociaux, consultez le Chapitre 12.
- Lorsque de nouvelles notifications sont disponibles, le témoin des notifications de votre téléphone clignote. Le Chapitre 1 explique comment localiser ce témoin.
- Les icônes des notifications apparaissent même lorsque votre téléphone est verrouillé. Vous pouvez les consulter directement sans être obligé d'ouvrir l'écran d'accueil.

Exécuter une application

Pour démarrer une application depuis l'écran d'accueil, touchez simplement son icône.

- Toutes les applications ne sont pas visibles sur l'écran d'accueil. En revanche, vous les trouverez toutes dans l'écran Applications. Consultez la section « Utiliser l'écran Applications (Applis) » plus loin dans ce chapitre.
- Chaque fois que vous fermez ou que vous quittez une application, vous revenez à l'écran d'accueil.
- L'abréviation *Appli* est souvent utilisée pour identifier une *application.*

Utiliser un widget

Un widget est un petit programme dont l'icône « flotte » sur l'écran d'accueil, comme le montre la Figure 3.12. Pour utiliser un widget, touchez-le ! Sa réaction dépendra de sa fonction.

Par exemple, le widget Horloge peut afficher l'heure sous forme analogique ou numérique. Ou encore, le widget de Google Play Musique jour indiquera le morceau de musique en cours de lecture.

Pour ajouter un widget à votre écran d'accueil :

1. **Trouvez un emplacement libre sur votre écran d'accueil, ou sur une autre page de celui-ci. Faites un appui long à cet endroit.**

2. **En bas de l'écran qui s'affiche, touchez l'icône Widgets (voir la Figure 3.15).**

3. **Faites défiler horizontalement la liste des widgets disponibles.**

4. **Lorsque vous avez localisé le widget que vous voulez ajouter à votre écran d'accueil (ou sur une autre page de votre smartphone) appuyez dessus et, sans relâcher la pression, faites glisser l'aperçu du widget sur une page existante, ou totalement vers la droite pour créer une nouvelle page.**

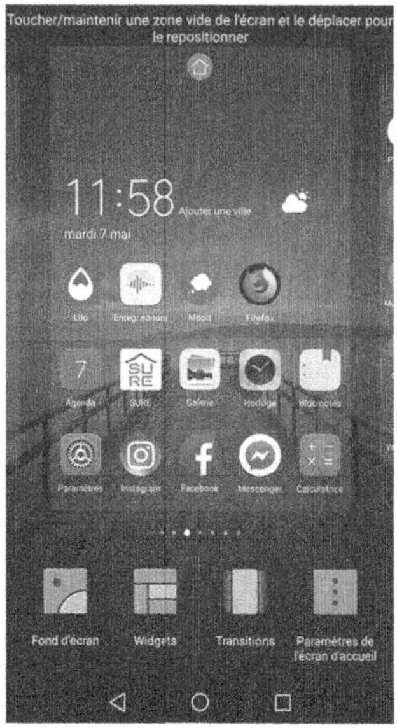

FIGURE 3.15 Accéder aux widgets.

5. **Lorsque vous avez atteint l'emplacement souhaité, relâchez la pression.**

6. **Le widget s'affiche désormais à l'emplacement choisi.**

Des informations sur les widgets sont communiquées un peu partout dans ce livre. Pour des informations complémentaires sur le fonctionnement des widgets, consultez le Chapitre 21.

Chapitre 4

Tout sur le texte

DANS CE CHAPITRE :

- » **Saisir du texte avec le clavier virtuel**
- » **Dessiner du texte**
- » **Insérer des caractères spéciaux**
- » **Utiliser les suggestions de mots**
- » **Sélectionner, couper, copier, et coller du texte**
- » **Dicter du texte**

Taper sur un téléphone sans lui faire trop de mal ! Sinon, il se plaindra auprès de « S.O.S smartphone battu ». Nous entendons, bien évidemment, saisir des caractères qui forment des mots qui forment des phrases. « Ah bon ? », diraient mes grands-parents, « tu parles pas dans ton téléphone ? ». Il est extraordinaire de penser que, plus les moyens de communication se sont développés rendant la téléphonie moins chère, et moins les utilisateurs téléphonent. Dans les années 70, quand le téléphone fixe s'est démocratisé, téléphoner localement coûtait déjà assez cher, et à distance je ne vous en parle même pas. Mais on téléphonait, c'est-à-dire qu'on parlait à des gens. Et vous savez quoi ? Eh bien ces gens vous répondaient aussi en vous parlant. Comment ? Ah oui, je vous l'accorde, un téléphone ne servait qu'à ça.

Aujourd'hui, la majorité des utilisateurs de smartphones envoient des SMS et des mails, ou dialoguent en direct sur des messageries instantanées, comme Messenger de Facebook. Nous tapons donc beaucoup de texte sur un téléphone Android.

Personnellement, en tant qu'auteur, et notamment de scénarios, j'utilise mon smartphone comme carnet de notes. Et pour ne pas perdre mes précieuses réflexions ou ébauches de dialogues, j'envoie immédiatement ces fichiers sur Google Drive (le cloud de Google) afin de les récupérer sur un de mes ordinateurs une fois rentré à la maison. Je peux alors les intégrer dans mes projets.

Votre smartphone Android possède un clavier virtuel. Autrement dit, un clavier qui n'existe pas physiquement (ce n'est plus à la mode sur les smartphones modernes qui veulent que l'affichage graphique occupe toute la place), mais qui apparaît en bas de l'écran lorsque vous en avez besoin. Virtuel, peut-être, mais finalement au moins aussi pratique que ces minuscules touches d'autres fois au milieu desquelles les doigts avaient souvent tendance à glisser.

Clavier mania

L'apprentissage de l'écriture sur un smartphone est relativement simple, puisqu'il reprend les grands principes de la saisie de texte sur un ordinateur. Ainsi, le clavier d'un téléphone est un clavier AZERTY dont les lettres sont disposées comme sur votre ordinateur. Pour taper un caractère, il suffit d'appuyer virtuellement sur la touche correspondante. Disons de toucher la bonne touche.

Le clavier principal d'un téléphone Android est un *clavier virtuel* qui s'affiche sur l'écran tactile. Globalement, les claviers de tous les téléphones Android se ressemblent. Pour être plus exact, ils ont tous des points communs, et certains possèdent en plus certaines fonctionnalités qui sont particulières à tel ou tel constructeur, et à tel ou tel modèle d'un constructeur donné.

» *AZERTY* se réfère à une disposition de caractères identique sur tous les claviers francophones. Cette dénomination correspond aux six lettres de la première rangée de caractères situés dans la partie supérieure du clavier, c'est-à-dire sous les chiffres.

» Les téléphones Android permettent de dicter le texte comme cela est expliqué à la section « Dicter du texte à la voix ».

» Vous pouvez aussi installer d'autres claviers que celui proposé par défaut par votre smartphone. Ainsi, le clavier Google appelé Gboard, que vous pouvez télécharger gratuitement depuis le Play Store, permet d'écrire non pas en tapant sur les caractères mais en faisant glisser votre index de lettre en lettre afin de former le mot correspondant. Rapidité inégalable une fois que l'on est bien habitué à ce dispositif.

Utiliser le clavier virtuel

Le clavier virtuel s'affiche automatiquement dès que vous utilisez une application qui exige la saisie d'un texte comme un SMS, un courrier électronique, l'entrée d'informations sur une page Web, ou la prise en note d'un mémo.

Il suffit de toucher la zone de saisie de l'application concernée pour que le clavier surgisse à l'écran, comme sur la Figure 4.1. En fonction de votre appareil, l'apparence du clavier pourra être différente de celle représentée ici. En revanche, la disposition des lettres sera la même.

FIGURE 4.1 Le clavier virtuel de votre smartphone Android.

Votre clavier sera peut-être différent de celui de mon smartphone illustré sur la Figure 4.1. En effet, ayant l'âge que j'ai, j'utilise le clavier Gboard de Google qui, avec sa technologie de glissement du doigt sur les caractères me permet de saisir beaucoup plus vite que si je devais taper avec mes pouces.

L'apparence des touches et leur fonction varient également en fonction de la nature de votre saisie. Par exemple, lorsque vous tapez une adresse de messagerie électronique, la touche qui se trouve à gauche de la barre d'espace propose le caractère @. Mais si vous voulez entrer l'adresse d'un site Web, elle affichera une barre oblique (/). Pour un SMS ou une note, ce sera une virgule, *etc.*

Dans le même ordre d'idées, la touche Entrée propose diverses alternatives selon les situations et les applications. Voici les fonctions des touches spéciales :

- **Entrée :** Fréquemment illustrée d'une flèche coudée, cette touche fonctionne comme la touche Entrée (Retour) de votre clavier d'ordinateur. Appuyez dessus pour créer un nouveau paragraphe.
- **Suivant/Précédent :** Cette touche apparaît lorsque vous saisissez des informations dans plusieurs champs. Il suffit d'appuyer dessus pour passer d'un champ à un autre. C'est le cas lorsque vous tapez un nom d'utilisateur et un mot de passe.
- **Terminer :** Elle peut apparaître lorsque vous venez de saisir des informations dans le dernier champ d'un formulaire.
- **Aller à/Accès :** Cette touche demande à l'application d'accepter une entrée ou d'accomplir une action particulière. C'est notamment la forme (fléchée) que prend la touche Entrée lorsque vous saisissez l'adresse d'un site Web dans le navigateur Chrome.
- **Rechercher :** Cette touche demande à l'application de lancer une recherche. En général, la touche affiche alors un symbole de loupe.

Sur la version classique (ou Google) du clavier virtuel, la rangée de touches située tout en haut comporte des petits chiffres. Pour saisir l'un d'entre eux, il suffit de maintenir la touche correspondante enfoncée. Au bout de quelques secondes, un petit menu contextuel apparaît avec plusieurs propositions, dont le chiffre en question, des caractères accentués ou en majuscules.

La Figure 4.2 illustre un cas typique d'appui long sur la touche *E*.

FIGURE 4.2 Accéder aux caractères accentués et à divers signes.

Ainsi, pour taper le chiffre 0, maintenez enfoncée la touche *p* jusqu'à ce qu'apparaisse le menu local en question. Ensuite, glissez votre doigt vers la droite pour sélectionner le chiffre. Retirez votre doigt pour écrire le chiffre. Dans le même ordre d'idées, et comme je viens de l'énoncer, il est possible de taper des caractères accentués. Par exemple pour taper la lettre « à », maintenez la touche « a » enfoncée puis, dès que le menu local apparaît, glissez votre doigt pour sélectionner la lettre « à » parmi tous les caractères accentués. Retirez votre doigt pour que la lettre s'inscrive dans votre texte.

Le passage des minuscules aux majuscules s'effectue en appuyant sur la touche Maj, celle qui montre une flèche pointant vers le haut, sur le bord du clavier. Un nouvel appui inverse la situation.

Pour verrouiller le clavier en mode Majuscule, c'est-à-dire que vous souhaitez que tous vos caractères apparaissent en majuscules, tapotez deux fois la touche Maj. Un petit trait apparaît en bas de la touche (généralement, elle change aussi de couleur). Si vous ne tapotez qu'une seule fois, seul le premier caractère saisi sera en majuscule, tous les autres seront en minuscules.

Bien entendu, la technique indiquée ci-dessus pour accéder aux lettres accentuées reste valable en mode Majuscule. La différence, c'est que vous obtiendrez par exemple un *É* au lieu d'un simple *é*...

Le clavier virtuel est bien sûr trop compact pour afficher tous les caractères alphanumériques disponibles sur le clavier d'un ordinateur. Par conséquent, dès que vous avez besoin d'insérer un symbole, appuyez sur la touche ?123 (voir Figure 4.3). Si le symbole que vous souhaitez utiliser n'est pas affiché sur ce nouveau clavier, appuyez sur la touche =\< pour passer à la deuxième page des symboles, et sur la touche 1234 située juste à gauche de la barre d'espace afin d'afficher uniquement les caractères nécessaires pour une opération mathématique (chiffres de 0 à 9, signes d'addition, de soustraction, de multiplication, de division, égal, de pourcentage).

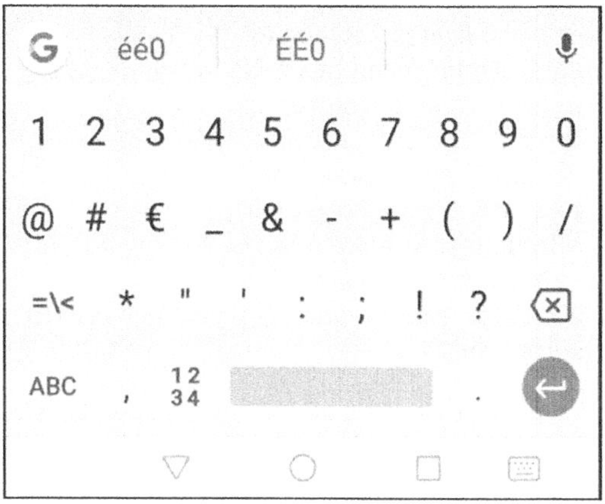

FIGURE 4.3 Des symboles, encore des symboles !

Certains smartphones Android aiment plus que d'autres les symboles. Ils en proposent donc plusieurs séries, accessibles par les touches ?123, 1/3, 2/3 et 3/3. On revient au clavier standard en appuyant sur la touche ABC.

» Certains claviers proposent plusieurs caractères sur une même touche, comme nous l'avons vu pour les chiffres et les caractères accentués. Le principe d'utilisation reste le même : maintenez le doigt enfoncé sur la touche en question jusqu'à ce qu'apparaisse un menu local de sélection des caractères.

» Nombre d'applications ont également un clavier virtuel lorsque le téléphone est orienté en mode Paysage. Il contient les mêmes caractères de base, mais dans une taille légèrement plus grande, ce qui facilite la saisie du texte. Dans certains cas, cette orientation permet même d'avoir accès à quelques touches supplémentaires.

» Pour plus d'informations sur le réglage de clavier virtuel, reportez-vous au Chapitre 21.

Écrire en dessinant

Cette fonction plutôt spectaculaire permet à ceux qui l'apprécient d'accélérer la saisie du texte. Mais pour cela vous devez utiliser un clavier qui offre cette technologie.

Plutôt que de taper sur chacune des touches les unes après les autres pour former un mot, il vous suffit en effet de glisser votre doigt de lettre en lettre sans jamais quitter la surface de l'écran tactile. On parle ici de « saisie gestuelle ». Un tracé vous suit afin de vous aider à bien repérer la succession des lettres (voir la Figure 4.4). Lorsque vous retirez votre doigt de l'écran, le mot que vous venez de dessiner apparaît dans le texte.

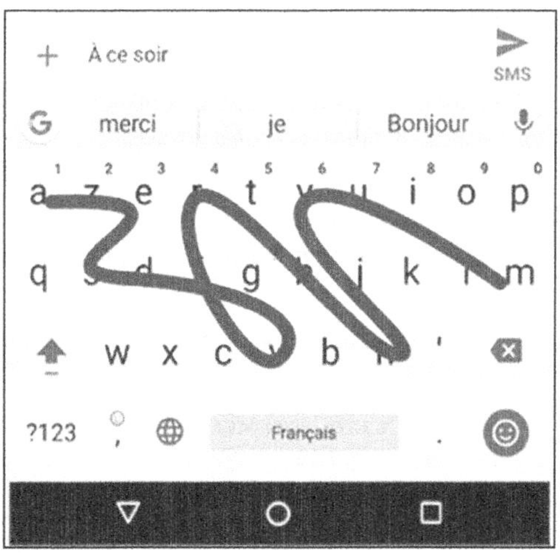

FIGURE 4.4 Dessiner pour écrire.

Réussir à écrire un texte correct avec cette méthode demande de l'entraînement. Vous devrez donc fréquemment faire appel à la prédiction automatique des mots. Nous allons y revenir un peu plus loin.

» Cette fonctionnalité est parfois appelée Swype. Ce qui doit plus évoquer le verbe anglais *to sweep* (balayer) que *to swipe* (flanquer un bon coup)...

» Pour télécharger et installer le clavier Gboard de Google qui permet cette saisie gestuelle, ouvrez le Play Store sur votre smartphone, et tapez Gboard dans le champ Rechercher. Touchez ensuite la proposition Gboard, le clavier Google, puis le bouton Installer. Le Play Store est étudié au Chapitre 17.

Changer de clavier

Par défaut, votre smartphone utilise un clavier générique. Si vous décidez d'installer, depuis le Play Store, un autre type de clavier, vous devez ensuite indiquer à votre téléphone que vous souhaitez utiliser ce nouveau clavier.

Voici comment procéder :

1. **Ouvrez une application qui nécessite l'utilisation du clavier.**

   Le bloc-notes fera parfaitement l'affaire. Vous n'allez pas écrire une note mais simplement indiquer le clavier que vous souhaitez désormais utiliser.

2. **Le clavier virtuel ayant fait son apparition, vous voyez apparaître, en bas à droite de l'écran, c'est-à-dire aux côtés des touches sensibles, l'icône d'un clavier.**

3. **Touchez cette icône et, dans le menu local qui apparaît, activez le clavier à utiliser, comme sur la Figure 4.5.**

   Sur cette figure, les claviers Clavier Swiftkey et Gboard permettent la saisie gestuelle.

   Vous constaterez peut-être la présence du mode Saisie vocale Google. Lorsque vous le choisissez, le clavier virtuel

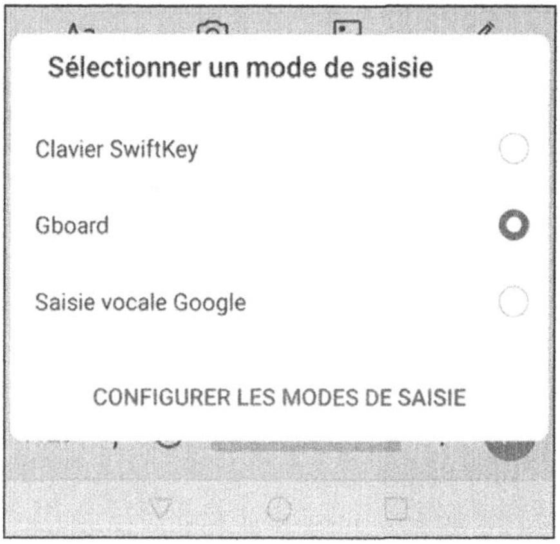

FIGURE 4.5 Les claviers mis à votre disposition.

disparaît et cède la place à une petite interface qui vous permet de dicter votre texte, comme cela est expliqué dans la section « Dicter du texte » plus loin dans ce chapitre.

4. **Si, dans ce menu local, vous ne voyez pas le clavier que vous souhaitez utiliser, touchez le lien Configurer les modes de saisie.**

5. **Dans l'écran Claviers virtuels disponibles, illustré sur la Figure 4.6, activez le clavier à utiliser et désactivez éventuellement les autres pour réduire le choix des modes de saisie invoqués à l'Étape 3. Il suffit de toucher le commutateur situé à droite du nom des claviers.**

   Lorsque ce commutateur est bleu, cela indique que le clavier sera ajouté au menu local du choix des modes de saisie. Sinon, cela indique qu'il n'y figurera pas.

Taper sur le téléphone, mais en douceur

Pour taper du texte, il suffit de toucher ou d'appuyer sur des touches. Les caractères ainsi tapés forment des mots Magique, non ?

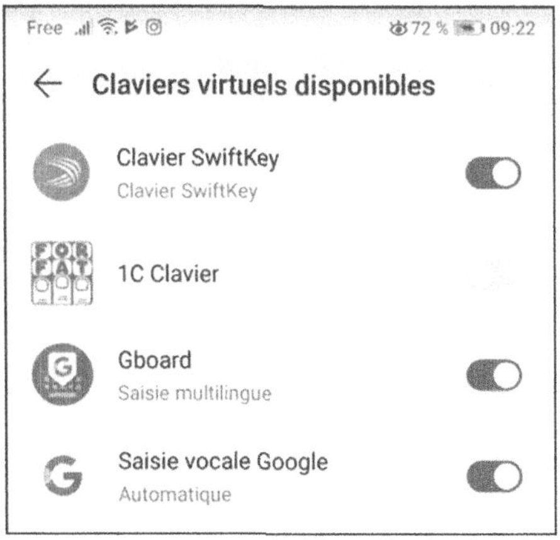

FIGURE 4.6 Activer et désactiver les claviers virtuels à afficher dans le menu local des modes de saisie.

La saisie de texte peut devenir très complexe en fonction du clavier que vous utilisez, comme nous le verrons dans les prochaines sections.

Voici quelques remarques et réflexions sur l'utilisation de votre clavier virtuel :

» La touche sur laquelle vous appuyez s'agrandit pour que vous voyiez bien la lettre tapée.

» Quand vous êtes fatigué de taper, appuyez sur la touche Microphone par basculer en mode Dictée. Consultez la section « Dicter du texte » plus loin dans ce chapitre.

» Un curseur clignotant, que l'on appelle *point d'insertion*, permet de localiser l'emplacement dans le document où vous entrez du texte. Le texte s'écrit toujours à droite de ce point d'insertion. Celui-ci est commun à toutes les applications de saisie de texte.

» Une touche de suppression Retour arrière, parfois doublée d'une touche Suppr/Del, permet d'effacer des caractères. La touche Retour arrière efface le caractère situé à gauche du point d'insertion. La touche Suppr/Del, si elle existe, fait la même chose, mais à droite.

» Des détails sur la modification du texte vous sont donnés à la section « Modifier du texte » plus loin dans ce chapitre.

» *Tapez lentement* pour bien vous former à l'utilisation du clavier.

» Les gens tolèrent qu'un texte composé sur un téléphone ne soit pas parfait. Toutefois, méfiez-vous de certains contresens que peut générer l'absence d'un caractère ou d'un mot dans un courrier électronique ou un SMS.

» Pour obtenir l'indulgence des destinataires de vos courriels, indiquez que le message provient d'un téléphone mobile. Pour envoyer des e-mails avec un smartphone, consultez le Chapitre 10.

» Lorsque vous tapez un mot de passe, ses caractères s'affichent brièvement et sont remplacés par des points pour des raisons de sécurité.

» Pour verrouiller les majuscules, tapotez deux fois la touche Maj, ou maintenez le doigt appuyé dessus jusqu'à ce que le grossissement de la touche disparaisse. Sur le clavier, la touche change de couleur ou est barrée d'un trait, attestant ainsi du verrouillage des majuscules.

» Appuyez de nouveau sur la touche Maj pour déverrouiller les majuscules.

» Consultez ci-après la section « Choisir un mot en tapant le texte », pour utiliser la saisie automatique et les corrections orthographiques.

Choisir un mot en tapant le texte

Les téléphones Android utilisent une fonction de prédiction du texte qui permet d'afficher un mot alors que l'utilisateur n'en a écrit que quelques lettres. On parle de *texte intuitif*. Ainsi, lorsque vous saisissez les lettres **bon**, le téléphone propose Bon, Bonjour, Bonne, Bond, *etc.* Touchez alors tout simplement le mot à utiliser.

Voyons cela d'un peu plus près :

1. **Ouvrez l'application dans laquelle vous allez avoir à saisir du texte.**

Pourquoi ne pas essayer d'envoyer un SMS ?

2. **Touchez la zone de saisie du texte. Le clavier virtuel apparaît.**

3. **Commencez à saisir un premier mot.**

   Supposons que vous tapiez les lettres b, o et n.

4. **Le système de prédiction affiche une série de propositions juste au-dessus du clavier. Si le mot que vous vouliez entrer apparaît dans la liste, il vous suffit de le toucher pour l'insérer à la position courante (voir la Figure 4.7).**

   Un appui long sur un des mots proposés permet de le supprimer du dictionnaire.

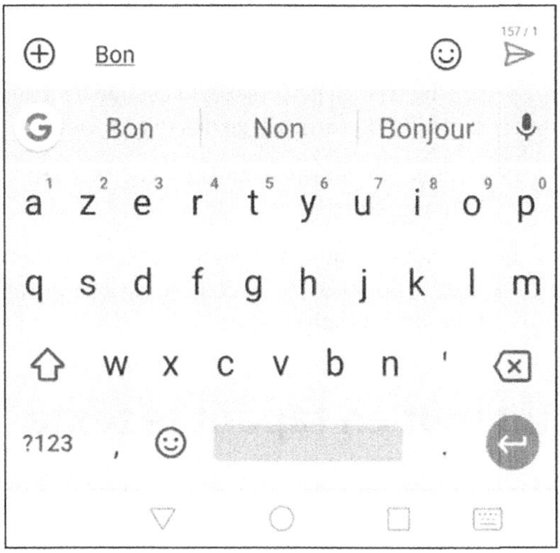

FIGURE 4.7 Utiliser la prédiction automatique des mots.

Comme il se doit, il existe également une fonction de correction automatique qui peut être activée ou désactivée dans les paramètres, sous la rubrique Système/Langue & saisie/Plus de paramètres de méthodes de saisie.

Lorsque vous tapez des mots que votre smartphone ne parvient pas à identifier, il est possible de les ajouter à votre dictionnaire personnel (oui, un smartphone contient un dictionnaire).

En fait, l'enregistrement de mots nouveaux s'effectue souvent automatiquement.

Modifier du texte

Comme les textes que vous tapez sur un téléphone Android sont généralement relativement courts, vous n'aurez pas beaucoup l'occasion de les modifier. Enfin, peut-être

Déplacer le point d'insertion

Pour modifier du texte, commencez par déplacer le point d'insertion (*curseur*). Je rappelle qu'il s'agit de la petite ligne verticale à droite de laquelle s'inscrivent les caractères que vous tapez. Sachez que ce curseur peut être placé à n'importe quel endroit de votre texte grâce à vos gros doigts.

Touchez la partie du texte où vous souhaitez déplacer le point d'insertion. Si vous êtes chanceux, ou si vous avez de petits doigts, ce curseur apparaîtra juste à l'endroit choisi. Sinon, vous devrez ajuster son positionnement.

» Un gros curseur apparaît à la base du point d'insertion que vous venez de déplacer. Il suffit de le glisser pour positionner correctement le point d'insertion. Sa couleur peut varier en fonction de vos préférences et de l'application.

» Souvenez-vous que le prochain caractère que vous allez saisir apparaît toujours à droite du curseur, c'est-à-dire du point d'insertion.

Sélectionner du texte

Si vous utilisez régulièrement un programme de traitement de texte, vous savez probablement sélectionner du texte. Dans les applications Android, la sélection du texte se déroule sensiblement de la même manière. À l'écran, ce texte apparaît en surbrillance. La méthode de sélection du texte dépend du téléphone que vous utilisez, mais la méthode la plus courante consiste à faire un appui long sur un des mots du texte, ou encore à tapoter deux fois de suite sur un mot. Deux curseurs apparaissent alors de part et d'autre de ce mot, et des commandes s'affichent juste au-dessus, comme le montre la Figure 4.8.

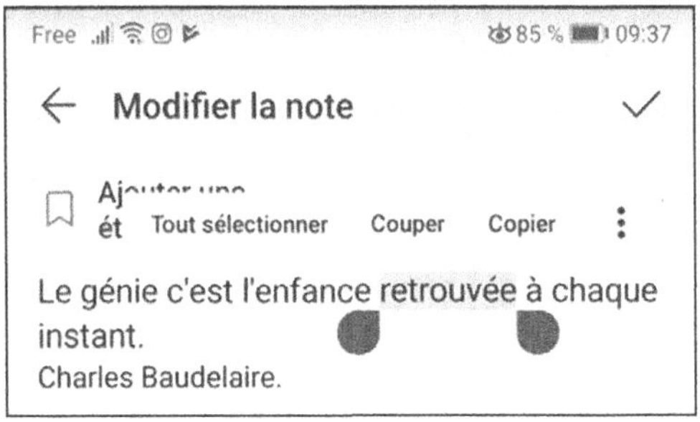

FIGURE 4.8 Effectuer une sélection dans un texte.

Pour étendre ou réduire la sélection, il suffit de faire glisser l'un ou l'autre des marqueurs dans la direction voulue. Une commande permet même de sélectionner rapidement tout le texte.

Une fois qu'un texte a été sélectionné, vous pouvez l'effacer, le remplacer, le copier, ou encore le couper. Pour supprimer un texte sélectionné, il suffit d'appuyer sur la touche Retour arrière du clavier virtuel. Pour remplacer un texte sélectionné, contentez-vous de taper le nouveau texte. La section « Couper, copier, et coller du texte », plus loin dans ce chapitre, explique comment exécuter ces différentes commandes.

» La sélection d'un mot peut s'accompagner de l'apparition d'un menu local proposant les commandes Copier, Couper, ou bien encore Partager.

» Bien entendu, chaque constructeur adapte ces règles de base à ses propres smartphones pour les présenter un peu différemment, ou encore ajouter des fonctionnalités supplémentaires.

Sélectionner du texte dans une page Web

Lorsque vous naviguez sur le Web avec votre smartphone, vous pouvez sélectionner du texte dans une page exactement comme vous le faites par exemple dans un message.

Il y a cependant dans ce cas quelques différences (voir la Figure 4.9). Tout d'abord, le bouton ou la commande Couper disparaît. Ce qui est normal, puisque vous ne pouvez pas changer le contenu d'une page Web D'autre part, une option Partager vous permet d'échanger cette information forcément vitale avec vos amis sur un réseau social, *via* un message ou encore en Bluetooth (ou toute autre méthode disponible sur votre smartphone). L'option Recherche sur le Web se comprend d'elle-même.

FIGURE 4.9 Sélection de texte dans une page Web (touchez les trois petits points pour accéder aux autres options).

» Généralement, seul un appui long sur le texte permet de passer en mode sélection. Le double tapotement est en effet parfois réservé à la fonction de zoom dans les navigateurs Web.

» Un appui long sur une image ouvre un menu contextuel qui permet de la télécharger, de l'ouvrir dans un autre onglet, ou encore de la partager.

» Un appui long sur un texte sous forme de lien hypertexte affichera un menu permettant d'ouvrir ce dernier, de copier soit ce texte soit sa cible, de partager le lien ou encore de le télécharger.

» Consultez le Chapitre 11 pour obtenir plus d'informations sur la navigation Web avec votre smartphone Android.

Couper, copier, et coller du texte

Une fois que vous avez sélectionné un bloc de texte à l'écran, vous pouvez le couper, le copier, puis le coller dans ce même document ou dans une autre application. Tout cela fonctionne comme dans un traitement de texte classique :

1. **Sélectionnez le texte à couper ou à copier.**

   La sélection du texte est étudiée plus haut dans ce chapitre.

2. **Choisissez la fonction que vous voulez utiliser en touchant le bouton correspondant, en l'occurrence Couper ou Copier.**

   Lorsque vous choisissez Couper, le texte sélectionné disparaît. Ainsi, l'opération de couper-coller permet de déplacer du texte dans un document, ou d'un document à un autre.

   Ce que vous coupez ou copiez est placé dans un presse-papiers, exactement comme sur un ordinateur.

3. **Si nécessaire, lancez l'application où vous désirez coller le texte.**
4. **Touchez la zone de saisie du texte où vous voulez coller l'élément.**
5. **Placez le point d'insertion à l'endroit précis du document où doit apparaître le texte.**
6. **Faites un appui long jusqu'à l'apparition d'un menu ou de boutons d'édition.**
7. **Exécutez la commande Coller.**

   Le texte apparaît à la position du point d'insertion.

Le texte copié ou coupé peut être collé autant de fois que vous le désirez, car il reste en mémoire dans le presse-papiers de votre téléphone.

Vous pouvez coller du texte uniquement dans des documents où la saisie de texte est possible. En d'autres termes, partout où vous pouvez taper du texte, il est possible d'en coller.

Dicter du texte

Un des plus étonnants aspects des téléphones Android est la possibilité de dicter des ordres ou du texte à haute voix.

L'entrée voix est disponible dans toute application affichant l'icône du micro.

1. **Pour démarrer la dictée, appuyez tout simplement sur le symbole qui représente un micro.**

   Une alternative consiste à accéder aux modes de saisie expliqués plus haut dans ce chapitre, et à activer le clavier Saisie vocale Google. Dans ce cas, une interface de dictée apparaît, comme sur la Figure 4.10. Commencez à dicter sans trop attendre, sinon le micro basculera en mode silencieux. Vous devrez le réactiver en le touchant.

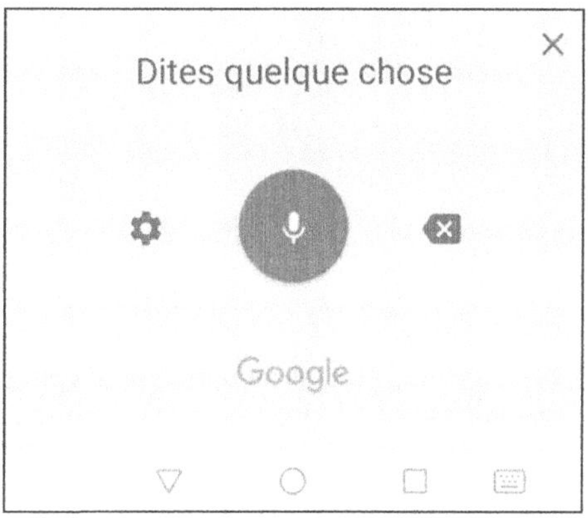

FIGURE 4.10 Utilisez la saisie vocale Google.

Comme tous les modèles de smartphones et toutes les applications acceptant du texte ne prennent pas forcément en charge la dictée vocale, le meilleur moyen de vous familiariser avec cette fonctionnalité consiste à la tester dans le navigateur Chrome. Touchez-y le symbole de micro, à droite du champ de recherche.

Le moteur de recherche vocale Google fait partie du système Android. D'autres constructeurs peuvent proposer leur propre alternative. Par exemple, Samsung permet de dicter ou de contrôler ses appareils à la voix avec son application S Voice.

Pendant la dictée, l'icône du micro clignote non pas pour indiquer qu'elle est perturbée par ce que vous dites, mais simplement pour signaler que le système vous entend.

Si vous touchez simplement l'icône du micro située à droite de la barre d'outils localisée au-dessus des caractères du clavier, la mention « Parlez maintenant » apparaît, et un graphique indique le niveau sonore d'enregistrement, comme sur la Figure 4.11. Donc, ben, parlez quoi !

FIGURE 4.11 Il est possible de dicter ses textes sans activer le mode de saisie vocale Google.

2. **Dès que vous arrêtez de parler, le téléphone ingère ce que vous avez dit en analysant la fréquence de votre voix, c'est-à-dire l'onde sonore du texte dicté. Au bout de quelques instants, il en affiche son interprétation écrite.**

   La dictée vocale ne fonctionne que si l'option correspondante est activée. Voyez pour cela la rubrique Langue et saisie dans les paramètres du smartphone. D'autre part, toutes les applications ne la prennent pas en charge.

» Plus vous parlez distinctement, meilleure est la reconnaissance de votre voix. Essayez d'éviter les phrases à rallonge ou trop sophistiquées.

» Vous pouvez modifier le texte dicté comme vous modifiez un texte écrit. Reportez-vous à la section « Modifier du texte » plus haut dans ce chapitre.

» La reconnaissance vocale n'est souvent pas très à l'aise avec les signes de ponctuation. Désolé !

» Le cas (très) échéant, les signes de ponctuation identifiés par votre smartphone sont virgule, point, point d'exclamation, point d'interrogation et deux-points.

» Vous ne pouvez pas dicter une majuscule. En revanche, si vous insérez un point ou un passage à la ligne, le mot suivant commencera par une majuscule.

Il peut arriver que lorsque vous parlez trop fort ou trop près du micro, la saisie vocale écrive un texte en anglais qui, bien entendu ne veut absolument rien dire. Pourquoi en anglais ? Eh bien si cela se produit, cela signifie que l'anglais est également défini comme autre langue de reconnaissance vocale. Vous pouvez la désactiver en accédant au paramètre Système, puis en ouvrant Langue & saisie. Touchez l'option Langue. Les Préférences linguistiques dressent la liste de toutes les langues installées et identifiables par votre smartphone. La langue utilisée par défaut, probablement le français pour vous, est cochée en bleu. Pour supprimer d'autres langues éventuellement présentes, touchez les trois petits points verticaux en haut à droite. Dans le menu local qui apparaît, touchez Retirer la préférence linguistique. Cochez la ou les langues à retirer, puis touchez le bouton Supprimer en bas de l'écran. Dans le message demandant confirmation, pressez OK. Reprenez cette procédure si vous souhaitez utiliser d'autres langues. Dans ce cas, touchez simplement la mention Ajouter une langue des Préférences linguistiques, puis choisissez la langue et éventuellement sa région.

Si vous supprimez l'anglais, vous ne pourrez plus contrôler le smartphone à la voix, notamment avec la fameuse commande vocale « OK Google » !

Contrôler le smartphone à la voix

La reconnaissance vocale ne s'arrête pas à la dictée de texte. Elle permet aussi de donner certains ordres, comme sur « ouvrir les contacts », « appeler Jean-Pierre », « un restaurant à Lyon » et ainsi de suite (voir la Figure 4.12).

FIGURE 4.12
Inutile de frotter trois fois la lampe pour que le bon génie exauce vos vœux ! Parler suffit.

- Classiquement, l'activation de la reconnaissance vocale depuis l'écran d'accueil s'effectue aussi en prononçant la phrase magique « OK, Google ».
- La liste des commandes vocales reconnues varie selon le smartphone. Il n'est donc pas possible de donner une liste valable pour tous.
- Pour vous entraîner, rien ne vaut la barre de recherche Google. Vous pouvez faire des essais avec des expressions telles que *appeler* (suivi du nom d'un contact), *envoyer un message* (suivi également du nom d'un contact), *ouvrir* (suivi du nom d'une application installée).
- L'expression employée doit pouvoir être associée directement à une information, une fonctionnalité ou une application accessible sur votre smartphone. À défaut, vous devrez vous contenter d'une recherche sur le Web (ce qui n'est déjà pas si mal !).
- Avec l'Assistant Google, vous pouvez demander à effectuer des recherches complémentaires en faisant un appui long sur le bouton virtuel Accueil. Ouvrez une application de votre choix de manière à afficher un certain conte-

nu. Faites alors un appui long sur le bouton Accueil. Les données affichées sont alors transmises aux serveurs de Google, qui les analysent afin de vous renvoyer des propositions plus ou moins intéressantes (c'est à peu près l'équivalent de Cortana chez Microsoft ou Siri chez Apple).

» Pour régler l'Assistant Google, dites « OK Google », puis touchez l'icône de la boussole en bas à droite. Dans l'écran Explorer qui s'affiche, touchez l'icône de votre avatar en haut à droite. Dans le menu local qui s'ouvre, touchez Paramètres, puis l'onglet Assistant.

» Pour utiliser l'Assistant Google, vous devez être connecté à Internet, et disposer d'un compte Google !

II

Téléphonie party

DANS CETTE PARTIE…

Les utilisateurs de smartphones Android se vantent des mille et une fonctionnalités de leur appareil : communication mobile, courriers électroniques, Internet, photos, vidéos, réseaux sociaux, itinéraires et navigation, jeux, livres électroniques, films, et bien d'autres choses encore. Mais savent-ils qu'un smartphone Android est avant tout fait pour téléphoner ?

Aussi surprenant que cela puisse paraître, cette partie se consacre à l'aspect purement téléphonique d'un smartphone Android. Elle vous apprend à passer et à recevoir des appels, à mettre un correspondant en attente, à organiser une conférence téléphonique, à gérer vos appels, à enregistrer des messages vocaux, et à stocker des informations dans un carnet d'adresses numérique.

J'ai comme l'impression que vous avez beaucoup de choses à apprendre sur la téléphonie moderne et portable, non ?

Chapitre 5

Dans smartphone, y'a « phone »

DANS CE CHAPITRE :

- **Passer un appel**
- **Rester en contact**
- **Appeler ses personnes préférées**
- **Recevoir un appel**
- **Vérifier les appels manqués**
- **Consulter le journal des appels**

Le téléphone est une invention d'Alexander Graham Bell, datant de 1876, dont le succès repose sur le développement d'un certain nombre d'innovations comme le signal d'occupation, la seconde ligne téléphonique pour les adolescents ou le cordon extensible qui permet de faire de la musculation tout en discutant. Passer des appels semble être inscrit dans nos gènes. Toutefois, si vous téléphonez pour la première fois avec un mobile Android, vous risquez d'être un peu perdu. Ce chapitre donne des astuces, fait des suggestions, et soulève quelques points importants pour... téléphoner !

Communiquer !

En attendant la téléportation, téléphoner reste le moyen le plus rapide pour entrer en contact avec une personne éloignée. Tout commence par la saisie d'un numéro de téléphone ou par la sélection d'un contact dans le carnet d'adresses de votre Android.

Passer un coup de fil

Pour téléphoner, conformez-vous aux étapes suivantes :

1. **Sur l'écran d'accueil, touchez l'icône Téléphone (elle est simplement représentée par un combiné). En général, cette icône est placée en bas et à gauche de l'écran d'accueil, dans la barre des favoris.**

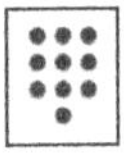

2. **Le clavier du téléphone devrait s'afficher. Si ce n'est pas le cas (si vous accédez par exemple à vos favoris ou à la liste des dernières personnes contactées), touchez l'icône du clavier.**

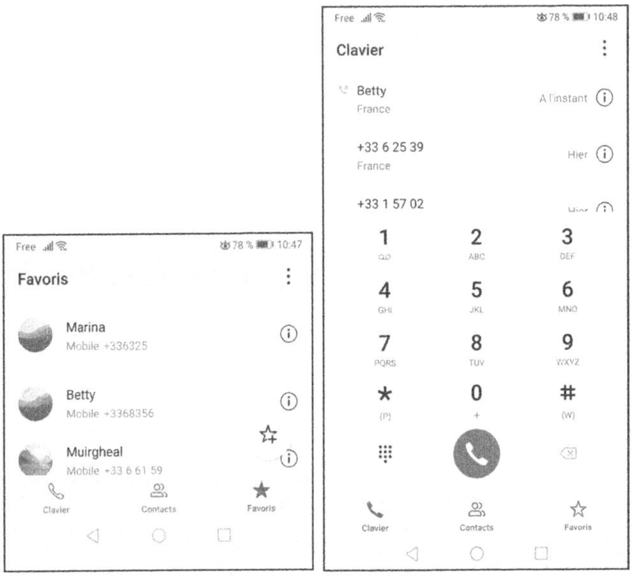

FIGURE 5.1 La liste des favoris (à gauche) et le clavier du téléphone (à droite).

3. **Tapez le numéro à appeler.**
4. **Appuyez sur les touches du clavier virtuel. Si vous entrez un chiffre par erreur, supprimez-le avec la touche d'effacement.**
5. **Lorsque vous composez un numéro, vous pouvez entendre le signal sonore de nos bons vieux téléphones à**

touches. Bien souvent aussi, le téléphone vibre chaque fois que vous touchez un chiffre.**

6. **Au fur et à mesure que vous composez le numéro, le téléphone va afficher une liste de contacts correspondants. Vous pouvez ainsi choisir le destinataire de votre appel avant même de composer l'intégralité de son numéro.**
7. **Touchez l'icône du combiné téléphonique pour passer votre appel.**
8. **Une fois la communication établie, votre smartphone affiche une interface identique à celle de la Figure 5.2. Si le correspondant fait partie de la liste de vos contacts et que vous avez ajouté une photo, l'image s'affiche sur votre écran tactile.**

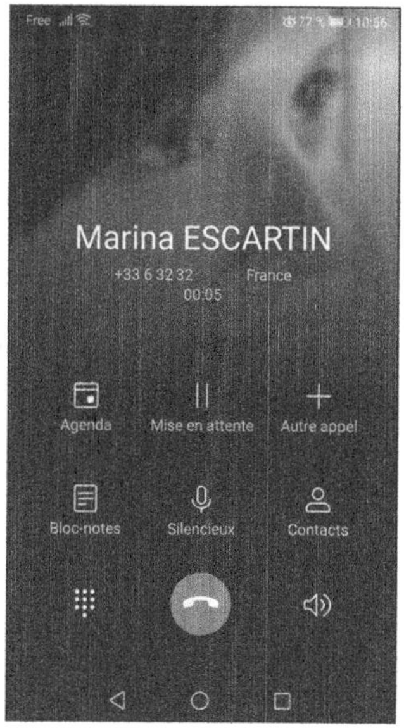

FIGURE 5.2 Appel en cours.

9. **Vous pouvez écouter votre correspondant en portant le téléphone à votre oreille, mais aussi en utilisant des écouteurs, ou encore une oreillette Bluetooth.**

Vous pouvez aussi activer le haut-parleur externe en touchant l'icône du HP en bas à droite. Attention, car dans ce cas, tout le monde profitera de votre conversation avec votre correspondant.

10. **Lorsque vous entendez votre correspondant, parlez !**

Oui, oui, croyez-moi, c'est ainsi que ça se passe !

11. **Utilisez les boutons de réglage du volume situés sur le côté de l'appareil pour ajuster le niveau des haut-parleurs.**

12. **Pour basculer le téléphone en mode Silencieux, touchez le bouton de micro. Touchez-le à nouveau pour revenir à une écoute normale.**

13. **Pendant que vous téléphonez, vous pouvez appuyer sur le bouton Accueil pour exécuter une application, consulter vos e-mails, vérifier un rendez-vous, et bien d'autres choses encore.**

14. **Pour mettre fin à la conversation, touchez le bouton de fin d'appel (le téléphone rouge !).**

15. **Le téléphone se déconnecte et émet un doux signal sonore indiquant que vous ou votre interlocuteur avez raccroché.**

Pour revenir au téléphone après avoir utilisé une application en cours de communication, faites glisser la barre des notifications située en haut de l'écran, et touchez la barre qui vous indique qu'un appel est en cours. Vous disposez même d'un bouton Raccrocher pour rompre plus vite ! Pour plus d'informations sur l'affichage des notifications, consultez le Chapitre 3.

» Si vous utilisez des écouteurs, appuyez sur le bouton Marche/Arrêt pour désactiver l'affichage pendant la conversation et ainsi verrouiller la fonction téléphonique. Ce verrouillage évite d'appuyer par inadvertance sur la touche Fin ou Muet. Vous pouvez connecter ou déconnecter les écouteurs pendant l'appel, sans interrompre la conversation.

» Vous ne pouvez pas appuyer accidentellement sur les boutons Muet et Fin quand vous discutez en mettant l'appareil contre votre oreille. En effet, un capteur détecte cette utilisation et désactive automatiquement l'écran tactile.

L'écran affiche une série de propositions : favoris, appels récents, contacts ou encore messagerie dite visuelle.

2. **Touchez Contacts en bas et au centre de l'écran à droite du bouton Clavier.**

3. **Faites défiler le contenu de la liste des contacts pour localiser la personne que vous souhaitez appeler.**

   Vous pouvez accéder plus rapidement au contact recherché en faisant glisser le petit bandeau affiché à droite du carnet d'adresses. Par exemple, si le nom du contact recherché commence par un S, maintenez votre doigt enfoncé sur cet index et faites-le glisser jusqu'à voir apparaître cette lettre dans une bulle colorée. Retirez votre doigt pour afficher tous les contacts dont le nom commence par la lettre S.

4. **Touchez la vignette associée au contact que vous désirez appeler.**

   Le contact est immédiatement appelé.

   Un même contact peut être associé à plusieurs numéros de téléphone. Choisissez le bon !

La procédure de composition du numéro est décrite un peu plus haut dans ce chapitre.

Appeler souvent les mêmes personnes

Votre téléphone Android est plus un ordinateur qu'un robot, Dieu merci ! Ainsi, il garde une trace de vos appels téléphoniques dans une base de données que vous pouvez consulter très rapidement. Mieux encore, vous pouvez marquer comme favoris certaines personnes dont vous souhaitez conserver le numéro de téléphone à portée de main. Ainsi, vous pourrez rappeler les mêmes personnes beaucoup plus rapidement.

Voici comment appeler une personne en utilisant le journal des appels ou la fonction de rappel de votre smartphone :

1. **Touchez l'icône Téléphone sur l'écran d'accueil.**

PUISSANCE DU SIGNAL ET ACCÈS AU RÉSEAU

Deux icônes sont continuellement présentes dans la barre d'état de votre téléphone Android. Elles indiquent si le téléphone est connecté à un réseau, et la puissance du signal reçu.

L'icône de la puissance du signal est composée de petites barres organisées dans un ordre croissant de gauche à droite. Plus il y a de barres éclairées, plus le signal est puissant.

Lorsque le téléphone se trouve dans une zone non desservie par votre opérateur, une icône dite de *roaming* (ou itinérance) peut apparaître. Pour plus d'informations sur cette fonctionnalité, consultez le Chapitre 20.

En l'absence de réseau, d'autres icônes peuvent vous indiquer le type de connexion qui reste malgré tout à votre disposition, notamment :

» **E :** Cette icône représente seau historique d'origin Edge). Il est relativement ler

» **3G :** Cette icône identifie seau maintenant assez a mais relativement rapide.

» **3G+ :** Comme ci-dessus, m puté être plus rapide.

» **H+ ou HSPA :** Cette icône sente le réseau qui était l rapide jusqu'à l'arrivée de la

» **4G :** Le meilleur de la télép actuelle, là où ce type de r est disponible et si votre phone est compatible. En dant l'arrivée de la 5G...

Pour plus d'informations s connexion réseau et le rôle joue dans votre accès Internet, c tez le Chapitre 18.

Appeler un de ses contacts

La fonction de carnet d'adresses ou de répertoire télépl est l'une des plus riches de votre smartphone Android. E le carnet d'adresses d'un téléphone ne se limite pas à u de noms et de numéros. Il peut contenir de nombreuse mations personnelles sur vos amis et vos contacts en Ce sujet est traité au Chapitre 8. Pour le moment, voyor ment téléphoner à un des contacts de votre carnet d'ad

1. **Sur l'écran d'accueil, touchez l'icône de l'applicati Téléphone.**

2. **Dans la fenêtre principale de l'application, touchez le bouton du clavier afin de le masquer et d'afficher l'historique des appels.**

   L'historique des tout derniers appels effectués s'affiche. Pour obtenir la liste de tous les appels que vous avez passés et que vous avez reçus, touchez l'onglet Tous en haut de la liste. Pour ne voir que les appels manqués, touchez l'onglet En absence.

   Vous ne voyez pas ces onglets ? Eh bien faites défiler le contenu de la liste vers le bas afin d'afficher les premiers éléments de l'historique. Ces deux onglets feront leur apparition.

3. **Dans le bandeau de l'appel entrant ou sortant qui vous intéresse, touchez l'icône *i*.**

   Vous accédez aux informations et à des options illustrées sur la Figure 5.3. Deux onglets sont parfois visibles : Détails et Journal d'appels. Vous pouvez aussi profiter de cette interface pour ajouter le contact aux Favoris, le modifier, et bien d'autres possibilités dans le menu local Plus. Le Journal d'appels liste les appels entrants et sortants passés avec le contact.

FIGURE 5.3 Afficher des informations et des options à partir d'un appel.

   Vous pouvez supprimer la trace d'un appel émis ou reçu en touchant longuement son bandeau. Dans le menu local qui s'affiche, choisissez Effacer l'historique d'appels. Dans le message demandant si vous voulez supprimer l'entrée, touchez Supprimer.

4. **Dans l'historique, appuyez sur l'option En absence pour afficher la liste des appels reçus, mais auxquels vous n'avez pas répondu.**

Pour plus d'informations sur l'ajout d'un contact à vos favoris, consultez le Chapitre 8.

Le téléphone dans toute sa splendeur

Aujourd'hui, téléphoner avec un smartphone est presque un événement. D'accord, c'est une boutade. Quoi qu'il en soit, même si vous êtes un adepte de la messagerie électronique et des SMS, à un moment ou à un autre, quelqu'un vous téléphonera. Dès que la sonnerie retentit, vous ne savez jamais si l'on vous contacte pour une bonne ou une mauvaise nouvelle. En effet, les smartphones Android ne sont pas encore assez sophistiqués pour lire dans les pensées de vos correspondants. Mais cela viendra certainement un jour...

Recevoir un appel

Plusieurs choses peuvent survenir lorsque vous recevez un appel téléphonique sur votre smartphone :

- » Le téléphone sonne ou émet un signal sonore identifiant un appel entrant.
- » Le téléphone vibre.
- » L'écran tactile affiche des informations sur le correspondant, comme sur la Figure 5.4.

Et maintenant :

- » Pour répondre à l'appel entrant sur l'écran

FIGURE 5.4 Vous avez un appel entrant.

verrouillé, touchez le combiné téléphonique vert. Relâchez et dites : « Allô ! ».

» Si vous n'avez pas envie de répondre à votre correspondant, ou si vous ne pouvez pas, touchez le combiné téléphonique rouge. Votre correspondant est renvoyé vers votre boîte vocale.

» Vous pouvez refuser l'appel et envoyer un message automatique à votre correspondant en touchant l'icône Message visible sur la Figure 5.4. Sélectionnez un des messages prédéfinis comme sur la Figure 5.5.

» Touchez Rappel pour programmer l'affichage d'une notification qui vous indiquera de rappeler votre correspondant après la durée choisie, comme sur la Figure 5.6.

Lorsque vous téléphonez et qu'une autre personne vous appelle, vous pouvez toucher le bouton Accepter pour répondre à ce correspondant et placer l'autre en attente. Pour plus d'in-

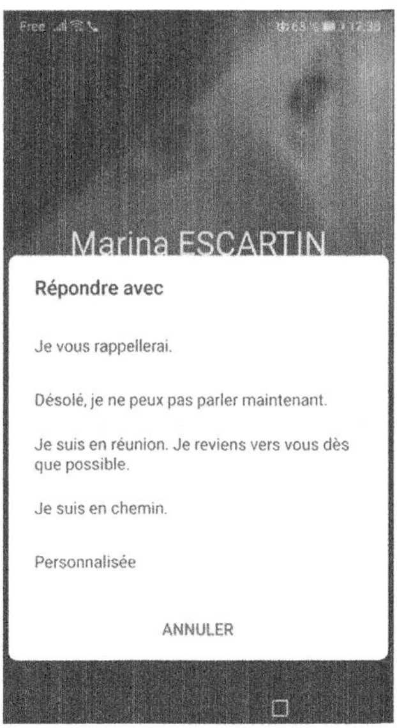

FIGURE 5.5
Répondre à un appel par un message écrit !

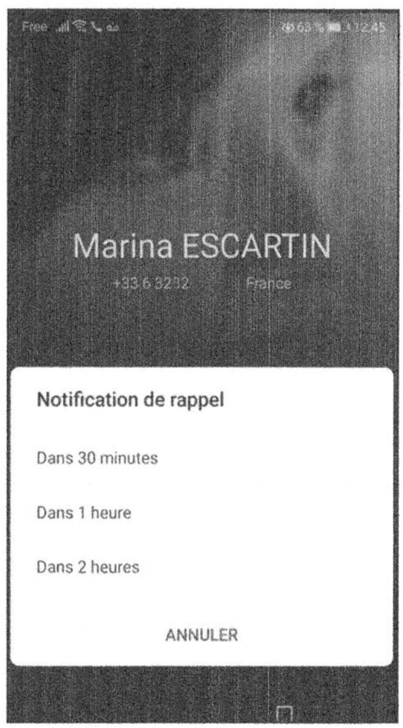

FIGURE 5.6
Demander une notification pour rappeler votre correspondant.

formations sur la gestion des appels multiples, consultez le Chapitre 6.

- » La photo du correspondant ne s'affiche que si vous lui en avez assigné une dans votre carnet d'adresses. Sinon, l'icône générique Android apparaît. Les informations de réseau social de votre correspondant peuvent aussi apparaître s'il fait partie de vos amis.
- » Pour personnaliser les messages qui peuvent être automatiquement envoyés à un correspondant dont vous refusez l'appel, touchez le bouton Menu de l'application Téléphone. Choisissez alors Paramètres, puis Répondre par SMS. Touchez une réponse prédéfinie dans l'écran Réponses rapides et modifiez-la.
- » Si vous utilisez une oreillette Bluetooth, vous pouvez répondre en appuyant sur un de ses boutons de contrôle. Le chapitre 18 donne des informations complémentaires sur les gadgets Bluetooth.
- » Le son émis lors d'un appel téléphonique s'appelle la *sonnerie*. Votre smartphone propose de nombreux types de sonneries. Vous pouvez en assigner une à chacun de vos correspondants. Les sonneries sont traitées au Chapitre 6.

Régler le volume des appels entrants

La configuration du téléphone détermine sa réaction à un appel entrant.

1. **Depuis l'écran d'accueil, touchez l'icône Paramètres.**

   Vous la trouverez aussi en faisant glisser vers le bas l'écran d'accueil.

2. **Dans la liste des réglages, appuyez sur Son.**
3. **Comme le montre la Figure 5.7, faites glisser le curseur Sonnerie vers la gauche ou la droite pour modifier le volume sonore de la sonnerie des appels entrants.**
4. **Pour activer le mode Vibreur quand le son est désactivé, activez l'option Vibration en mode Silencieux.**

Le tandem sonnerie/vibreur peut avoir des réglages plus ou moins complets selon le modèle de smartphone. Certains appareils permettent en plus de créer des vibrations personnalisées.

5. **Une fois que vous avez terminé vos réglages, appuyez sur le bouton Accueil du smartphone.**

FIGURE 5.7 Régler le volume de la sonnerie.

L'ensemble de ces réglages seront appliqués dès le prochain appel.

Certains de ces réglages sonores peuvent également être effectués depuis le bouton Menu (les trois points en haut à droite) de l'application Téléphone. Choisissez simplement Paramètres, puis activez l'option Vibration quand le téléphone sonne.

» Pour réduire temporairement au silence votre téléphone, consultez le Chapitre 3.

» Le mode Vibreur consomme de l'énergie. Attention à l'autonomie de la batterie de votre smartphone.

» Les options audio de votre smartphone Android sont étudiées au Chapitre 21.

Quand m'a-t-on appelé ?

Votre téléphone mémorise tous les appels entrants, sortants, et manqués.

Gérer un appel manqué

Une icône indiquant qu'un appel a été manqué s'affiche dans la barre des notifications. Sachez que votre téléphone en a mémorisé tous les détails.

Voici comment gérer un appel manqué :

1. **Faites glisser vers le bas la barre des notifications.**

   Le Chapitre 3 vous en dit plus sur la barre des notifications.

2. **Touchez la notification Appel manqué (ou Appels manqués s'il y en a plusieurs).**

   Si un seul appel a été manqué, vous pouvez le gérer directement depuis l'écran des notifications afin de rappeler la personne ou lui envoyer un SMS.

   L'historique des appels apparaît. Appuyez sur le bouton Menu, en haut et à droite, puis choisissez Historique des appels, et enfin l'onglet Manqués, en haut et à droite de l'écran, pour vous concentrer uniquement sur ce qui vous a échappé. Si un correspondant est enregistré dans votre carnet d'adresses, vous disposerez de tous les renseignements nécessaires. Vous saurez en particulier depuis combien de temps on a cherché à vous contacter.

3. **Touchez l'entrée d'un appel manqué pour consulter les renseignements disponibles à son sujet.**

4. **Choisissez ce que vous voulez faire (le cas échéant, rien).**

Pour plus d'informations sur le journal des appels, consultez la prochaine section.

Un appel rejeté n'est pas considéré comme un appel manqué. Pour consulter la totalité de vos appels, lisez la prochaine section.

Si la personne a eu accès à votre boîte vocale et qu'elle a laissé un message, la notification Nouveau message vocale apparaît comme sur la Figure 5.8. Touchez-la pour consulter votre boîte vocale et ainsi prendre connaissance du message laissé par votre correspondant.

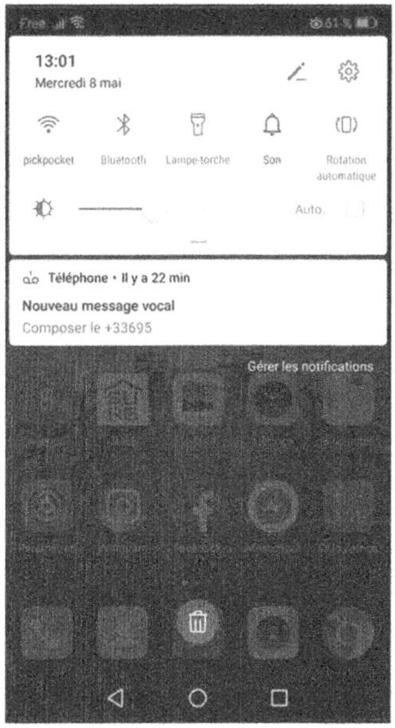

FIGURE 5.8
Un message a été laissé sur la boîte vocale.

Consulter les appels récents

Votre téléphone Android enregistre les appels sortants, entrants, et manqués. Il les répertorie dans un journal, ou historique, accessible depuis l'écran principal de l'application téléphone, comme nous l'avons expliqué précédemment.

Cet historique communique la liste des personnes à qui vous avez téléphoné et qui vous ont appelé, en commençant par les appels les plus récents. Une icône spécifique identifie les appels entrants, sortants, ou manqués.

Revenons sur les principales fonctionnalités dont vous disposez ici :

- » Touchez l'icône *i* affichée à droite d'un bandeau d'appel pour afficher des informations de base sur le correspondant. Pour plus de détails, reportez-vous au Chapitre 8.
- » Quand vous affichez ainsi l'onglet Détails de l'appelant, touchez son numéro pour le rappeler. Touchez l'icône de la bulle de B.D. pour lui envoyer un SMS.
- » Dans l'historique, touchez le nom de l'appelant pour le rappeler.

» Pour vous débarrasser d'un intrus, touchez la ligne d'appel correspondante jusqu'à ouverture d'un menu local. Là, choisissez Ajouter à la liste noire.

» Pour vider le journal des appels, commencez par l'afficher. Touchez le bouton des trois petits points en haut à droite. Dans le menu local, choisissez la commande Supprimer plusieurs entrées. Touchez l'option Sélectionner tout en bas de l'écran, puis le bouton Supprimer. Dans le message de confirmation, touchez Supprimer.

» Pour supprimer une unique entrée du journal, touchez le nom de l'appelant jusqu'à apparition d'un menu local. Là, touchez Effacer de l'historique d'appels, et confirmez dans le message qui apparaît.

» Pour rappeler un correspondant sur un autre numéro, procédez comme ci-dessus, mais en choisissant cette fois l'option Modifier avant appel.

Pour en savoir plus sur la gestion des contacts, voyez le Chapitre 8.

Chapitre 6

Un téléphone sophistiqué

DANS CE CHAPITRE :

- **Appeler avec la numérotation abrégée**
- **Gérer plusieurs appels entrants**
- **Préparer une conférence téléphonique**
- **Configurer les options de transfert téléphonique**
- **Bannir un contact à tout jamais**
- **Changer de sonnerie**
- **Assigner des sonneries à ses contacts**
- **Utiliser une musique ou un son personnalisé comme sonnerie**

Depuis la nuit des temps, ou presque, un appel téléphonique est un appel téléphonique. La procédure est très simple : le téléphone sonne, vous décrochez, et vous dites « Allo ? ». Dès lors, la conversation avec votre correspondant peut s'engager. Mais, avec l'avènement de la téléphonie mobile et de ses possibilités numériques, le comportement des téléphones modernes a beaucoup évolué comparativement à ses prédécesseurs. Ainsi, il est possible de mettre un appel en attente, d'effectuer une numérotation rapide, de parler à plusieurs personnes, j'en passe et des meilleurs. Cerise sur le gâteau : l'ensemble de ces fonctionnalités n'entraîne aucun surcoût de votre abonnement.

Utiliser la numérotation abrégée

La numérotation abrégée est une fonction (si elle est disponible) qui permet de composer un numéro plus vite que votre ombre. Vous devenez une sorte de Lucky Luke des appels téléphoniques.

1. **Sur l'écran d'accueil, touchez l'icône de l'application Téléphone.**
2. **Vous devriez obtenir à l'écran la liste historique des derniers appels (voir Chapitre 5).**
3. **Appuyez sur l'icône Favoris en bas à droite (l'étoile).**
4. **Vous obtenez la liste des contacts favoris et ceux que vous appelez le plus fréquemment.**
5. **Appuyez sur le contact à appeler.**

   Votre smartphone lance l'appel et affiche l'écran de communication en cours.

Pour créer des contacts favoris, consultez le Chapitre 8.

Appels téléphoniques multiples

Comme tous les êtres humains, votre cerveau a bien du mal à suivre plusieurs conversations à la fois. Pourtant, votre téléphone est capable de gérer plusieurs appels, comme l'explique cette section.

Recevoir un double appel

Vous parlez bien tranquillement avec votre correspondant quand soudainement quelqu'un d'autre vous appelle. Que faire ? Votre téléphone vous avertit de ce nouvel appel en vibrant ou en émettant un signal sonore. Regardez alors l'écran de l'appareil pour identifier la personne qui tente de vous contacter, comme le montre la Figure 6.1. En fait, tout se passe à peu près à cet instant comme si c'était votre premier appel. L'écran du smartphone indique un appel entrant.

FIGURE 6.1 Soudain, vous avez un double appel !

FIGURE 6.2 Qu'allez-vous faire de la conversation en cours ?

Vous pouvez donc au choix répondre positivement au nouvel appel en touchant le combiné vert, ou bien le refuser en touchant le combiné rouge. Dans ce cas, l'appelant sera renvoyé vers votre messagerie.

Lorsque vous choisissez de répondre au double appel, vous avez le choix entre deux actions, comme le montre la Figure 6.2 : Appel en attente avec permet de mettre le correspondant avec lequel vous parlez en attente. Vous la reprendrez automatiquement lorsque vous aurez raccroché avec le nouvel appelant. Avec Terminer l'appel avec, vous allez tout simplement raccrocher et mettre un terme à la conversation en cours.

Gérer un double appel

Nous avons vu qu'un double appel permettait de parler alternativement avec deux correspondants. En revanche, la gestion de plusieurs appels permet à chacun des correspondants de participer à une conférence téléphonique.

Lorsque vous mettez en attente le correspondant avec lequel vous parliez, et surtout après l'avoir averti poliment que vous aviez un double appel, un écran de gestion du double appel apparaît comme sur la Figure 6.3.

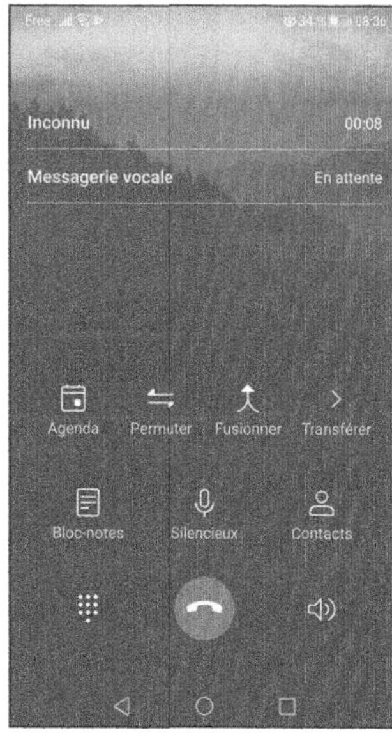

FIGURE 6.3
Gérer le correspondant en attente.

Pour gérer deux appels simultanés :

1. **Appuyez sur le bouton Fusionner pour que la conversation se déroule à trois.**

   En fonction de votre smartphone, vous ne disposerez peut-être pas de ce bouton.

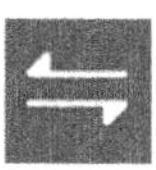

2. **Pour inverser les appels, c'est-à-dire mettre en attente la conversation en cours sans raccrocher, et parler de nouveau avec la personne que vous aviez mise en attente, touchez le bouton Permuter.**
3. **Pour terminer la conversation, touchez le bouton de fin de communication (le gros bouton rouge estampillé d'un téléphone).**

   Si vous êtes en mode Permuter, terminer une conversation vous bascule automatiquement vers l'autre correspondant.

Voici quelques remarques complémentaires :

» Le nombre d'appels simultanés dépend de votre opérateur. En règle générale, ils sont limités à deux ou trois. Dans ce cas, vous serez averti par un signal sonore qu'une autre personne cherche à vous contacter, ou bien elle sera directement renvoyée vers votre boîte vocale.

» Un signal sonore ou une vibration vous avertit que la personne en attente a raccroché.

Lancer une conférence téléphonique

La *conférence* téléphonique procède de l'ajout d'un nouvel appel à la conversation en cours. En fait, c'est le même principe que ce que nous venons de voir, si ce n'est que, cette fois, c'est vous qui prenez l'initiative.

Voici comment les choses se déroulent :

1. **Téléphonez à la première personne. (Le Chapitre 5 explique comment passer un coup de fil avec votre smartphone.)**

2. **Une fois la conversation commencée, appuyez sur le bouton Autre appel.**
3. **Votre correspondant est mis en attente, et le clavier du téléphone s'affiche.**
4. **Appelez la seconde personne.**

   Pour cela, composez son numéro sur le clavier virtuel, ou bien choisissez ce correspondant dans votre carnet d'adresses, vos favoris, ou encore dans la liste du journal des appels.

5. **Une fois la conversation établie, avertissez votre correspondant que l'appel va être fusionné avec un autre, lançant ainsi une conférence téléphonique. Pour cela, appuyez sur son bandeau marqué « en attente » en bas de l'écran.**

6. **Appuyez sur la touche Fusionner.**
7. **Les deux appels sont joints. L'écran tactile mentionne l'état de la discussion, comme sur la Figure 6.4.**

   Le bouton de fin d'appel est toujours à votre disposition. Vous pouvez converser à trois !

8. **Appuyez sur le bouton de fin d'appel pour terminer la conférence et clore la communication téléphonique.**

   Tous les appels se terminent alors.

Lorsque plusieurs personnes se trouvent dans la même pièce et qu'elles désirent participer à la conférence, pensez à activer le haut-parleur du téléphone en touchant l'icône de ce dernier.

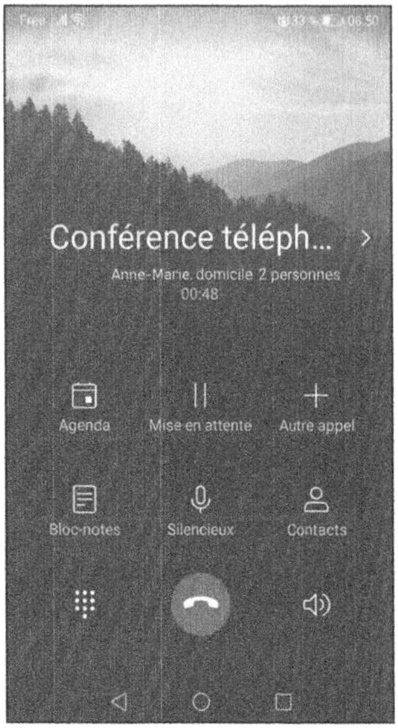

FIGURE 6.4
Une conférence téléphonique.

Envoyer ses appels dans la stratosphère

Voici un titre de section un tantinet exagéré, car en fait il ne s'agit pas d'envoyer certains appels dans la quatrième dimension. En réalité, je veux simplement dire que les appels auxquels vous ne répondez pas, volontairement ou involontairement, sont gérés de différentes manières.

Transférer des appels téléphoniques

Le *transfert d'appel* est un procédé qui renvoie un appel entrant vers un autre téléphone. Par exemple, vous transférerez à votre bureau tous les appels reçus pendant vos vacances. Les options de transfert sont gérées par le système d'exploitation Android et par votre opérateur téléphonique.

Le transfert d'appel est une opération qui ne concerne que votre opérateur de téléphonie et vous. Donc pas Google et pas votre smartphone en particulier.

Configurer le transfert d'appel

Pour configurer les options de transfert d'appel sur votre smartphone, suivez ces étapes :

Selon l'origine de votre smartphone, la procédure peut être différente. En particulier, les options de transfert d'appel sont parfois accessibles dans l'application Paramètres.

1. **Touchez l'icône de l'application Téléphone sur l'écran d'accueil.**
2. **Appuyez ensuite sur le bouton des trois points verticaux en haut à droite, puis choisissez Paramètres.**
3. **Appuyez sur l'option Transfert d'appels.**
4. **Choisissez une option (voir Figure 6.5) :**

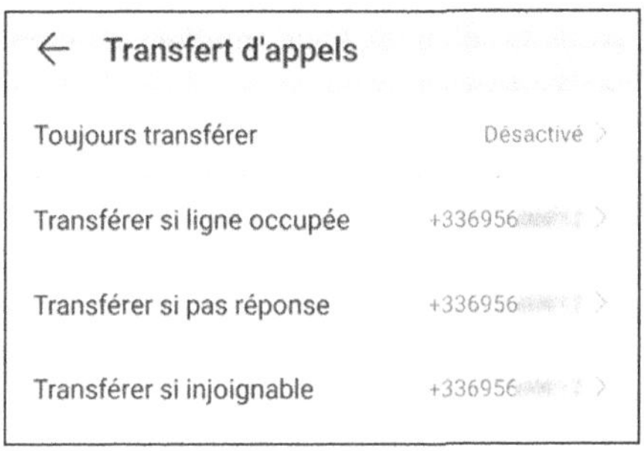

FIGURE 6.5 Transférer des appels.

- *Toujours transférer :* Tous les appels entrants sont renvoyés vers le numéro que vous indiquez. Cette option remplace tout autre réglage. En d'autres termes, vous ne répondez jamais au téléphone.
- *Transférer si ligne occupée :* Les appels sont renvoyés lorsque vous téléphonez ou que vous choisissez de ne pas répondre. Vous utilisez généralement cette option pour renvoyer vos appels manqués vers votre boîte vocale.
- *Transférer si pas de réponse :* Les appels sont transférés lorsque vous décidez de ne pas y répondre. Normalement, l'appel est renvoyé vers votre boîte vocale.

- *Transférer si injoignable :* Les appels sont transférés quand le téléphone est éteint, en l'absence de réseau, ou quand vous activez le mode Avion.

5. **Indiquez le numéro de destination du transfert.**

   Le cas échéant, modifiez le numéro déjà inscrit dans le champ de saisie. Par exemple, tapez le numéro de votre domicile pour l'option Transférer si injoignable. Ainsi, l'appel sera transféré sur votre téléphone fixe (ou un autre portable) lorsque vous êtes hors de portée de vos correspondants.

   Touchez l'icône de contact par défaut pour pouvoir accéder à votre carnet d'adresses, ce qui vous évitera peut-être une erreur de saisie. On ne sait jamais où peut arriver un appel transféré au mauvais endroit ?

6. **Touchez le bouton Activer (ou Changer) pour valider le transfert d'appel. Pour annuler cette fonctionnalité, choisissez Désactiver.**

Pour désactiver le transfert d'appel, accédez à l'option choisie et touchez le bouton Désactiver.

TRANSFERT D'APPEL ET OPÉRATEUR DE TÉLÉPHONIE

La configuration du transfert d'appel peut varier selon les smartphones, mais surtout selon les opérateurs de téléphonie. Voyez ce que dit votre contrat à ce sujet, ou, mieux encore, posez la question dans une boutique dédiée.

En général, vous devez simplement ajouter un préfixe correspondant à la nature du transfert souhaité comme 71 pour les appels sans réponse, 72 pour tous les appels entrants, et 73 pour annuler le transfert d'appel (sans ajouter comme suffixe votre numéro de téléphone).

Donc, si votre numéro de téléphone est le 0612549830, le numéro de transfert des appels auxquels vous ne répondez pas sera 710612549830.

Renvoyer un contact vers la boîte vocale

Conformez-vous aux étapes suivantes pour que votre téléphone renvoie directement les appels à votre boîte vocale ou votre messagerie :

1. **Ouvrez l'application téléphone, puis touchez le bouton Contacts en bas de l'écran.**

   Les contacts sont traités en détail dans le Chapitre 8.

2. **Recherchez le contact à renvoyer vers votre messagerie vocale.**
3. **Quand vous l'avez localisé, touchez son nom.**

   Sa fiche d'informations apparaît.

4. **Touchez le bouton Plus (trois points verticaux en bas à droite).**
5. **Dans le menu local qui s'affiche, cochez l'option Transférer les appels vers la messagerie, comme sur la Figure 6.6.**

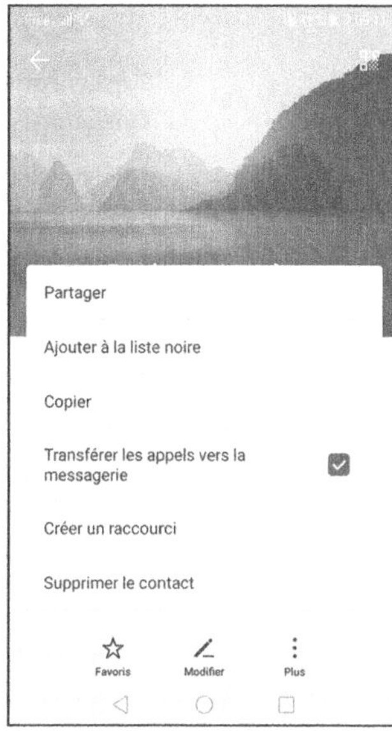

FIGURE 6.6
Pour transférer tout appel de ce numéro vers votre boîte vocale.

Adieu, contact ! Il vous suffit évidemment de reprendre exactement la même procédure pour que ledit contact rentre à nouveau en grâce.

S'amuser avec les sonneries !

Choisir une sonnerie est un exercice parfois amusant. En revanche, la sonnerie d'un téléphone portable dans un lieu public s'avère rapidement agaçante.

Les smartphones Android disposent d'un vaste choix de sonneries. Vous pouvez créer vos propres sonneries ou utiliser des extraits de vos musiques préférées. De plus, vous pouvez assigner une sonnerie à chacun de vos contacts.

Choisir la sonnerie de son téléphone

Pour sélectionner une autre sonnerie ou confirmer celles que vous utilisez, conformez-vous aux étapes suivantes :

1. **Sur l'écran d'accueil, touchez le bouton de l'application Téléphone.**
2. **Touchez le bouton représentant trois points verticaux de l'application Téléphone.**
3. **Touchez l'option Paramètres, puis Sonnerie.**

   Sur les téléphones qui acceptent deux cartes SIM, c'est-à-dire qui gèrent deux numéros différents, choisissez l'option Sonnerie de la carte SIM 1 et/ou 2 pour attribuer à chacun de vos numéros une sonnerie distincte. Ainsi, à l'oreille, vous saurez s'il s'agit par exemple d'un appel personnel ou professionnel si un des numéros correspond à votre vie privée et l'autre à votre vie professionnelle.

   Vous accédez à une longue liste de sonneries prédéfinies de votre smartphone.

   Si vous avez téléchargé d'autres sonneries, elles apparaîtront dans cette liste ou dans une liste portant le nom générique de la collection des sonneries ainsi installées par vos soins.
4. **Dans la longue liste qui se présente à vous, activez une sonnerie (voir la Figure 6.7) en touchant son nom.**

   La sonnerie est alors émise par le téléphone pour que vous puissiez faire votre choix en toute connaissance de cause.
5. **Une fois la sonnerie sélectionnée, validez votre choix en quittant simplement les paramètres de sonnerie.**

   Pour cela, touchez le bouton Retour.

Vous pouvez également définir la sonnerie des notifications. Pour cela, choisissez Paramètres avancés, puis Sonnerie de notification par défaut à l'Étape 4 de la procédure ci-dessus.

Nous verrons un peu plus loin dans ce chapitre qu'il est possible de choisir comme sonnerie une musique stockée sur votre smartphone.

Pour définir les sonneries des SMS, voyez le Chapitre 9.

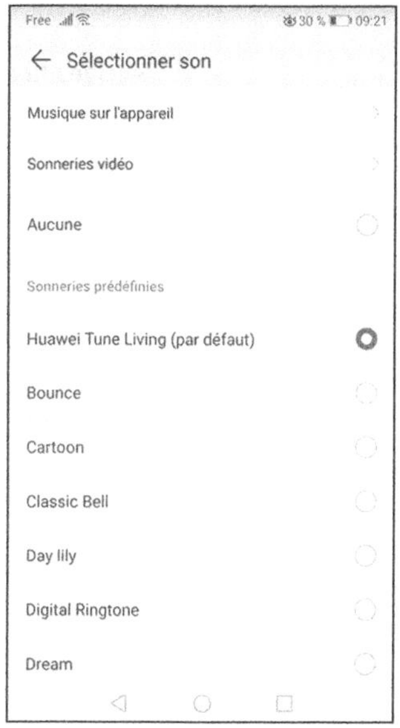

FIGURE 6.7
Sonne, téléphone, sonne !

Associer une sonnerie à un contact

Chaque contact peut avoir sa propre sonnerie. Ainsi, vous identifiez à l'oreille la personne qui vous appelle. Voici comment assigner une sonnerie à un contact particulier de votre carnet d'adresses :

Attention ! L'assignation d'une sonnerie à un contact n'est possible que si vous enregistrez le contact sur Gmail ou sur le téléphone, et non pas uniquement sur la carte SIM.

1. **Ouvrez l'application téléphone, puis touchez le bouton Contacts.**

   Les contacts sont traités en détail dans le Chapitre 8.

2. **Recherchez le contact auquel vous souhaitez assigner une sonnerie différente de celle qui lui est affectée par défaut. Quand vous l'avez localisé, touchez son nom.**

3. **Dans l'onglet Détails, touchez Par défaut Sonnerie.**

Vous accédez aux paramètres de sonnerie de la Figure 6.7.

4. **Activez la sonnerie que vous voulez associer à ce contact.**

5. **Validez ce choix avec la touche Retour.**

Pour retirer une sonnerie spécifique à un contact particulier, reprenez la procédure ci-dessus. À l'Étape 4, choisissez Sonnerie système. La sonnerie générique que vous avez choisie dans la précédente section est alors appliquée.

Utiliser une musique comme sonnerie

Vous pouvez normalement utiliser n'importe quelle chanson comme sonnerie de votre téléphone ou d'un contact. La partie la plus complexe de cette procédure consiste généralement à sélectionner la musique en question.

Vous voulez choisir comme sonnerie un morceau que vous appréciez beaucoup sans passer par Play Musique et autres ? Le fichier correspondant se trouve quelque part dans votre ordinateur ou sur un disque externe branché sur celui-ci ? Copiez-le au bon endroit dans la mémoire de stockage de votre smartphone (voir ci-après). Le Chapitre 19 vous explique la marche à suivre.

Il y a encore plus simple. L'application gratuite AirDroid vous permet de synchroniser, gérer et télécharger à peu près tout ce que vous voulez entre votre smartphone et votre ordinateur, sonneries incluses.

Pour cela, vous procédez exactement comme ci-dessus, mais, au lieu d'une des sonneries par défaut, vous choisissez l'option permettant de personnaliser votre choix. Vous allez alors devoir localiser dans les dossiers de la mémoire de votre smartphone le fichier MP3 qui vous intéresse (normalement, il devrait se trouver quelque part sous le dossier Music).

D'autres formats que le MP3 peuvent aussi être acceptés, en particulier le format OGG. Les fichiers WAV peuvent aussi être reconnus, mais ils sont plus lourds.

Pour ne pas surcharger votre smartphone, il est préférable de créer un clip de taille réduite de la chanson que vous voulez utiliser en l'enregistrant sous un nouveau nom. Regardez pour cela du côté de Play Store (voir le Chapitre 17). Un bon choix semble être Ringtone Maker, de Big Bang INC. Mais il y en a d'autres de très bonnes, et également gratuites.

Cependant, tous les smartphones Android n'offrent pas de fonction de personnalisation simple lorsque vous choisissez l'option Régler sonnerie.

Voici donc une méthode, bien sûr pas la plus simple, à essayer si vous avez le même problème :

1. **Connectez en USB votre smartphone à votre ordinateur.**
2. **Dans son écran Mode de connexion USB (ou autre nom), choisissez Transférer des fichiers.**

   Vous ne savez pas comment faire ? Reportez-vous d'urgence au Chapitre 19 !
3. **Sur votre ordinateur, ouvrez l'unité de stockage externe qui correspond à votre smartphone.**

   Sur PC, vous le trouverez dans la section Périphériques et lecteurs de l'Explorateur de fichiers.
4. **Localisez et ouvrez le dossier appelé Ringtones.**
5. **Sélectionnez sur votre ordinateur votre fichier MP3 (ou OGG le cas échéant), et copiez-le dans le dossier Ringtones.**

Vous pouvez déconnecter votre smartphone. La nouvelle musique devrait maintenant apparaître au milieu des sonneries prédéfinies, aussi bien dans les paramètres généraux que dans l'application Contacts.

Si vous voulez personnaliser les notifications, vous pouvez procéder de la même manière en recherchant le dossier Notifications.

Vous pouvez ajouter autant de musiques que vous le désirez. Pour sélectionner une sonnerie, reportez-vous à la section « S'amuser avec les sonneries ! », plus haut dans ce chapitre.

Des sonneries gratuites sont disponibles sur Play Store, étudié au Chapitre 17.

Si vous souhaitez utiliser des musiques stockées sur votre smartphone, accédez aux paramètres de sonnerie. Ensuite, au lieu de faire votre choix dans la section Sonneries prédéfinies, ouvrez l'option Musique sur l'appareil. Parmi l'ensemble des musiques que vous stockez sur votre smartphone, activez celle à utiliser comme sonnerie par défaut de votre téléphone. Vous pouvez bien évidemment assigner une des musiques de l'appareil à un de vos contacts.

Chapitre 7

Laissez votre message après le bip sonore

DANS CE CHAPITRE :

- » **Configurer sa messagerie**
- » **Consulter ses messages**

La boîte vocale n'est pas une nouveauté. Toutefois, dans le passé, elle ne portait pas ce nom, car le système d'enregistrement des messages téléphoniques était localisé à votre domicile sous la forme d'un répondeur. D'abord à cassette audio, le répondeur évolua vers la puce électronique. Aujourd'hui, avec le téléphone *via* Internet et la téléphonie mobile, vous disposez toujours d'un répondeur. Il est délocalisé vers un serveur informatique qui enregistre tous les messages laissés par vos correspondants. On parle alors de *messagerie* ou de *boîte vocale*.

Oh ! lala ! quand je relis ce que je viens d'écrire, je me dis que les plus jeunes lecteurs ne comprendront pas le moindre mot de ce contenu : cassette audio et répondeur. Je me dis que ce n'est pas la préhistoire mais, quand j'y repense, mon dernier répondeur à cassette audio date d'il y a... euh... ben 30 ans. (Aïe, ça pique !)

Heureusement, votre smartphone n'utilise pas de répondeur à cassette. Si c'était le cas, vous ne pourriez le mettre ni dans votre sac à main mesdames, ni dans votre poche messieurs. La boîte vocale de votre smartphone est délocalisée. Lorsqu'une personne vous laisse un message, il est enregistré sur un serveur de votre opérateur de téléphonie. Composez son numéro pour consulter et gérer vos messages.

Configurer la messagerie de l'opérateur

La plus basique et la plus ridicule messagerie que vous puissiez utiliser reste celle proposée par votre opérateur téléphonique. Pourquoi ? Car elle ne prend pas en compte les spécificités d'un téléphone Android.

Lorsqu'une qu'une personne laisse un message sur votre boîte vocale, une icône peut s'afficher dans la barre des notifications de votre smartphone. Elle permet d'accéder au système de messagerie de votre opérateur, d'écouter vos messages, et d'utiliser le clavier du téléphone pour les supprimer, les réécouter, les archiver, et utiliser quelques fonctions auxquelles personne ne fait jamais attention.

L'affichage ou non d'une icône spécifique dépend de la configuration de votre appareil et de la manière dont votre opérateur de téléphonie gère son système de boîtes vocales. Une autre méthode consiste à vous envoyer un SMS vous prévenant qu'un nouveau message vocal est arrivé.

Je vous invite à contrôler la bonne configuration de votre messagerie :

1. **Ouvrez l'application Téléphone. Pour plus de détails sur celle-ci, reportez-vous aux Chapitres 5 et 6.**
2. **Touchez le bouton du menu (normalement les trois petits points, en haut et à droite), et choisissez Paramètres.**
3. **Touchez l'option Messagerie vocale, puis Paramètres avancés (voir Figure 7.1 à gauche).**

   Il est fort probable que sur la version Android de votre tout nouveau smartphone, l'option Messagerie vocale se situe dans le sous-menu Plus.

4. **Vérifiez que la ligne Opérateur indique bien Mon opérateur, ou quelque chose d'équivalent. *A priori*, c'est la seule option proposée.**

   Il pourra aussi s'agir du numéro d'appel de votre boîte vocale.

FIGURE 7.1 Les paramètres de la messagerie vocale.

5. **Pour accéder rapidement à votre boîte vocale à tout moment, touchez l'option Numéro de messagerie vocale.**
6. **Dans le champ Numéro de messagerie vocale qui apparaît, saisissez le numéro d'appel de votre boîte vocale. Ce numéro dépend bien entendu de votre opérateur.**

   En saisissant le numéro d'appel de votre boîte vocale, vous vous simplifiez la vie. En effet, il suffira alors d'un appui long sur la touche 1 du clavier de l'application Téléphone pour appeler votre messagerie.

   Si vous n'entrez pas ce numéro de messagerie, vous ne pourrez accéder à votre boîte qu'en touchant la notification envoyée par votre opérateur selon laquelle un message a été déposé dans la boîte, en tapant la totalité du numéro d'appel de votre messagerie, ou en consultant l'historique de vos appels et en appuyant sur celui correspondant à une consultation de votre boîte vocale.
7. **Validez ce numéro en touchant OK.**
8. **Vous pouvez maintenant quitter l'application Téléphone en appuyant sur le bouton sensible Accueil.**

Une fois cette vérification et/ou configuration réalisée, appelez cette boîte vocale pour la configurer directement sur le serveur de votre opérateur. En fonction des messageries, vous pourrez être amené à définir un nom d'utilisateur, un mot de passe vocal, un message d'accueil, et diverses petites instructions communiquées par un robot qui a souvent la voix charmante d'une jeune femme.

Créez un message personnalisé permettant à vos correspondants de vous identifier. En effet, en gardant le message générique de votre opérateur, certaines personnes ne laisseront pas de message croyant s'être trompées de numéro.

Consulter ses messages

Dès qu'un message a été laissé sur votre boîte vocale, un avertissement sonore peut se faire entendre, et une icône spécifique ou l'indication d'un SMS entrant apparaît dans la barre des notifications. Un petit chiffre affiché au-dessus indique le nombre de messages non consultés dans votre boîte vocale. Pour savoir ce qu'il en est, faites glisser le haut de votre écran vers le bas, puis touchez la notification (voir Figure 7.2).

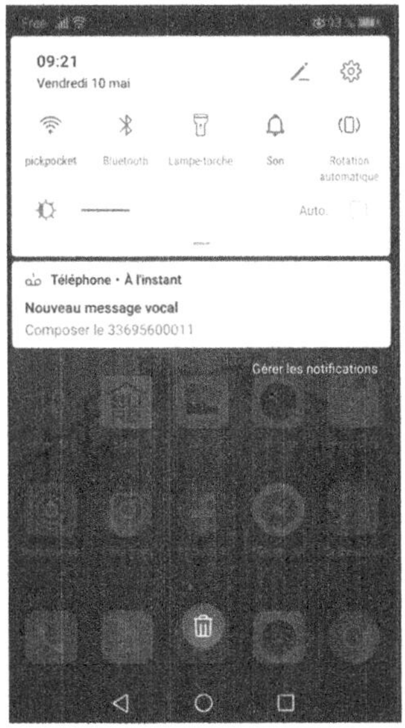

FIGURE 7.2 Une notification de message vocal.

Si vous êtes averti par SMS, vous allez découvrir le nombre de messages vocaux qui vous attendent. Le SMS vous indique également le numéro d'accès à votre messagerie. Touchez alors l'icône de téléphone pour consulter vos messages en attente.

Une autre méthode consiste à lancer l'application Téléphone, puis à afficher le clavier téléphonique, et enfin à faire un appui long sur le chiffre 1 pour déclencher l'appel vers votre messagerie. Ceci ne fonctionnera que si vous avez ajouté le numéro d'accès à votre messagerie selon la procédure décrite dans la précédente section.

Une fois que vous accédez à votre boîte vocale, un robot explique comment gérer vos messages à l'aide du clavier téléphonique. Parfois, le serveur exige un nom d'utilisateur et un mot de passe. Cette exigence est très rare chez les opérateurs français. Voici mon conseil pour bien gérer vos messages : activez le haut-parleur, et touchez le bouton d'activation du clavier si celui-ci n'apparaît pas automatiquement (voir Figure 7.3).

FIGURE 7.3
Appel en cours de votre messagerie vocale.

Le robot vous communiquera probablement les instructions suivantes, ou leur équivalent :

- Pour consulter vos messages, appuyez sur *x* (*x* étant une touche numérique du clavier).
- Pour supprimer le message, appuyez sur *x*.
- Pour rappeler votre correspondant, appuyez sur *x*.
- Pour passer au message suivant, appuyez sur *x*.
- Pour accéder au menu principal, appuyez sur *x*.

Et ainsi de suite... Voyez ce que vous propose votre propre opérateur à ce sujet.

Vous voilà donc avec un premier contact : votre messagerie vocale. Mais vous en avez évidemment bien d'autres dans votre carnet d'adresses. Il est temps de s'intéresser à eux.

Chapitre 8

Le carnet d'adresses

DANS CE CHAPITRE :

- » **Examiner les contacts de son téléphone**
- » **Trier et rechercher**
- » **Créer de nouveaux contacts**
- » **Localiser un contact sur une carte**
- » **Modifier les informations d'un contact**
- » **Identifier un contact avec une photo**
- » **Travailler avec des favoris**
- » **Supprimer des contacts**

Un téléphone Android répertorie l'ensemble des informations de vos contacts dans un carnet d'adresses. Cette version électronique d'un outil que vous connaissez parfaitement bien sous une forme papier, permet d'enregistrer les adresses électroniques et postales, ainsi qu'un certain nombre de données comme les dates d'anniversaire, en plus du numéro de téléphone de vos correspondants.

Les personnes que vous connaissez

Le carnet d'adresses porte le nom de Contacts. Il s'agit du nom générique des carnets d'adresses du système d'exploitation Android. Toutefois, votre téléphone peut utiliser une autre application pour gérer vos contacts. Cependant, quel que soit le programme utilisé, l'idée maîtresse reste la même : stocker et consulter les informations sur les personnes de votre connaissance.

Bien entendu, nous ne nous intéresserons dans ce chapitre qu'à l'application générique d'Android. Votre smartphone peut gérer les contacts un peu différemment, avec plus ou moins d'options, mais les grands principes sont les mêmes.

Consulter le carnet d'adresses

Pour consulter le carnet d'adresses de votre smartphone, ouvrez l'application Contacts :

1. **Touchez l'icône Contacts en bas de votre écran.**

   Si cette icône (ou ce bouton si vous préférez) est absente, faites glisser le haut de votre écran vers le bas. Tapez Contacts dans le champ Rechercher. Vous pouvez aussi dire « OK Google... peux-tu ouvrir l'application Contacts ? ». Vous pouvez aussi accéder aux contacts depuis l'application Téléphone. Pour cela, touchez simplement Contacts en bas de son écran (voir Chapitre 6).

   La Figure 8.1 montre le contenu typique d'un carnet d'adresses Android. Rappelons que le carnet d'adresses peut être sensiblement différent de celui-ci en fonction du téléphone utilisé.

2. **Consultez la liste en effleurant l'écran de bas en haut.**

   Pour accéder rapidement à un contact dans l'application Téléphone, touchez une lettre de l'alphabet disposée verticalement sur la droite de l'écran.

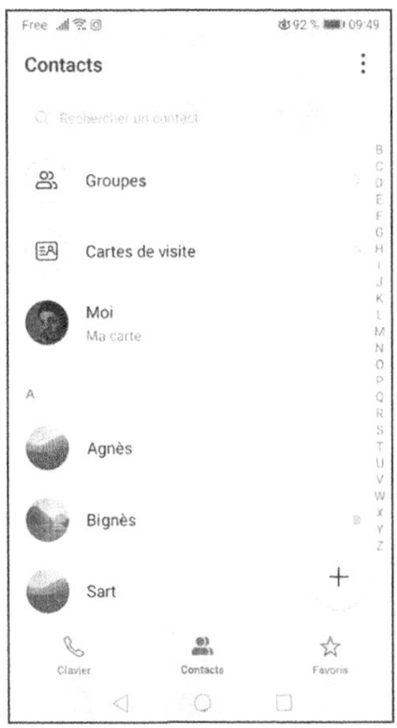

FIGURE 8.1 Liste des contacts dans l'application Contacts et dans l'application Téléphone.

3. **Touchez le contact dont vous voulez consulter la fiche (voir Figure 8.2).**

   Le contenu des détails de la fiche dépend de l'emplacement de stockage du contact. S'il est enregistré sur la carte SIM ou sur le téléphone, les options de personnalisation de la fiche ne seront pas les mêmes.

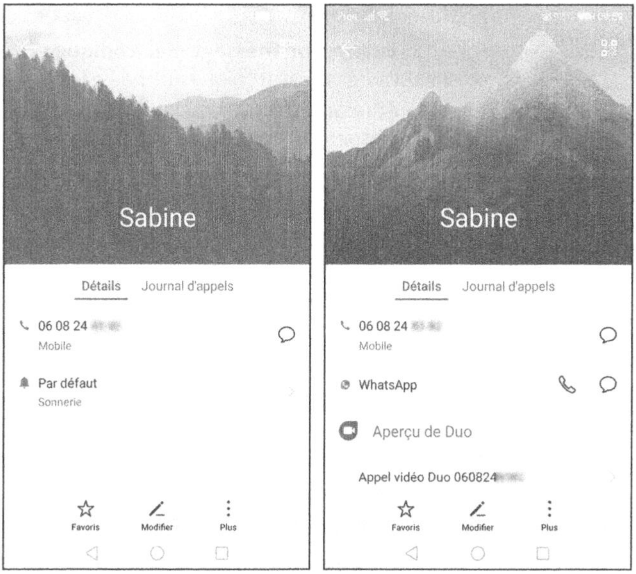

FIGURE 8.2 La fiche d'informations d'un contact enregistré sur la carte SIM (à gauche) et sur le téléphone (à droite).

4. **Pour modifier des informations, touchez Modifier en bas et au centre de l'écran.**
5. **La photo de votre contact (si vous lui en avez attribué une) s'affiche dans la partie supérieure de la fiche. Faites glisser du bas vers le haut pour afficher les différentes informations liées au contact, ainsi que l'historique de vos communications et des messages qu'il a pu vous adresser.**
6. **Voici les interactions possibles avec votre contact depuis sa fiche :**

- **Passer un appel téléphonique :** Pour appeler un contact, touchez l'un des numéros de téléphone enregistrés sur sa fiche.
- **Envoyer un SMS :** Dans la fiche du contact, touchez l'icône de SMS, c'est-à-dire la bulle de B.D. de l'onglet Détails, à droite du numéro de téléphone. Pour plus d'informations sur ce type de message, consultez le Chapitre 9.
- **Envoyer un message électronique :** Touchez l'adresse électronique affichée dans la section Perso Adresse e-mail de la fiche du contact. Consultez le Chapitre 10 pour plus d'informations sur l'utilisation des e-mails avec votre smartphone.
- **Afficher les informations de réseau social :** Si ces renseignements sont enregistrés (et enregistrables), vous pouvez consulter directement les comptes Facebook, Twitter, ou de tout autre réseau social en touchant l'élément approprié. Pour plus d'informations sur les réseaux sociaux, consultez le Chapitre 12.
- **Dialoguer par messagerie instantanée :** Si vous avez indiqué l'identifiant de votre contact sur un système de messagerie instantanée (ou « chat ») comme Skype ou WhatsApp, vous pouvez entamer une discussion avec votre contact par ce biais.
- **Localiser votre contact sur une carte :** Lorsque vous connaissez l'adresse du domicile ou du bureau de votre contact, touchez ce champ pour ouvrir un menu local. Là, exécutez la commande Afficher sur la carte. Choisissez l'application avec laquelle vous souhaitez localiser votre contact. Pour plus d'informations sur la localisation, consultez le Chapitre 13.
- Bien entendu, si vous l'avez saisie, la date d'anniversaire de votre contact sera également affichée. Téléphonez-lui pour chanter « *Happy birthday* ».

7. **Une fois la consultation du carnet d'adresses terminée, appuyez sur le bouton Retour du smartphone.**

Trier son carnet d'adresses

Vos contacts sont affichés dans un ordre bien défini. Il s'agit d'un classement alphabétique croissant. Voici comment présenter autrement le contenu de votre carnet d'adresses :

1. **Démarrez l'application Contacts.**
2. **Touchez le bouton Menu, les trois points en haut à droite, de l'écran, puis la commande Paramètres.**
3. **Touchez la ligne Trier la liste par.**
4. **Activez l'une des options : Prénom ou Nom (voir Figure 8.3).**
5. **Touchez la ligne Format du nom.**
6. **Activez l'option Prénom en premier ou Nom en premier (voir Figure 8.3 à droite). Cette option n'affecte pas l'ordre de tri défini précédemment.**
7. **Une fois le tri défini, appuyez sur le bouton Retour du smartphone.**
8. **La liste des contacts est alors actualisée.**

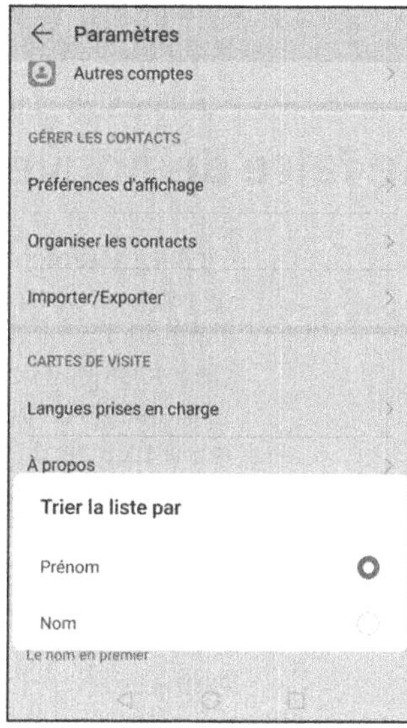

FIGURE 8.3 Les options de tri du carnet d'adresses.

Si vous utilisez une autre application de gestion des contacts, les procédures décrites ci-dessus sont sensiblement les mêmes.

Rechercher des contacts

Il est plus judicieux de lancer une recherche dans un carnet d'adresses rempli de contacts. Pour cela, touchez le bouton qui représente une loupe et commencez à saisir un critère quelconque sur le clavier virtuel.

Au fur et à mesure que vous saisissez des caractères, la fonction de recherche réduit le nombre d'entrées trouvées dans votre carnet d'adresses. Dès que vous voyez s'afficher la personne à contacter, appuyez sur son nom. Vous accédez alors à sa fiche détaillée.

Il n'existe aucune corrélation entre le nombre de contacts et le nombre de vos meilleurs amis ! Un carnet d'adresses est un peu comme un compte Facebook. Les vrais amis s'y comptent sur les cinq doigts de la main.

Se faire de nouveaux amis

L'enregistrement d'informations sur vos contacts peut se faire de plusieurs manières. La première consiste à créer une liste de contacts en recopiant, par exemple, le contenu de votre carnet physique (sur papier). Le problème est que cette tâche est fastidieuse. La deuxième, bien plus rapide, consiste à alimenter votre carnet d'adresses au fur et à mesure de l'utilisation de votre téléphone. Par exemple, si quelqu'un vous appelle, vous entrerez alors son numéro dans le carnet, et ajouterez quelques données personnelles. Enfin, vous pouvez récupérer les contacts de votre compte Gmail. En moins de temps qu'il n'en faut pour le dire, votre téléphone sera rempli de nouveaux contacts !

L'avantage d'avoir un compte Gmail, c'est que vos contacts sont, par défaut, automatiquement synchronisés sur tous les systèmes dans lesquels vous pouvez avoir accès à ce compte : autre smartphone ou tablette Android, ou encore navigateur Web sur un ordinateur. De cette manière, vous ne devriez jamais perdre vos contacts !

Ajouter un contact depuis le journal des appels

Une des méthodes les plus rapides pour constituer un carnet d'adresses consiste à ajouter vos correspondants quand ils vous appellent. Bien entendu, cela suppose que vous leur ayez communiqué votre numéro de téléphone ! Voici comment ajouter un correspondant suite à un appel téléphonique :

1. **Ouvrez l'application Téléphone.**

   Par défaut, tous les derniers appels entrants, sortants, et en absence sont listés dans l'onglet Tous, comme sur la Figure 8.4.

2. **Si le numéro de l'appelant n'est pas connu, touchez l'icône *i* située sur sa droite.**

   Cette action ouvre une fiche avec trois boutons en bas de l'écran comme le montre la Figure 8.5.

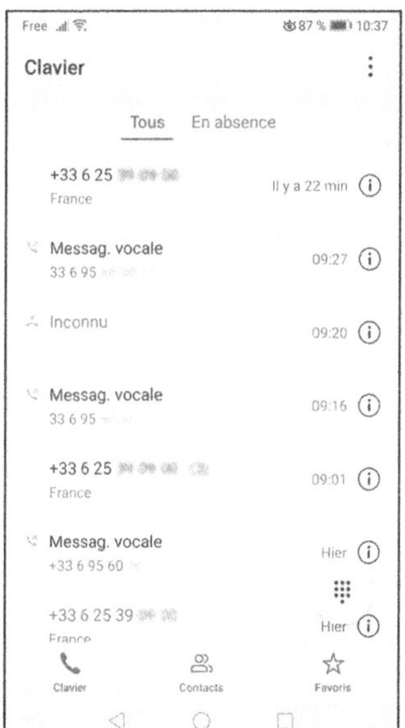

FIGURE 8.4
La liste des appels.

FIGURE 8.5
Un numéro non enregistré dans les contacts.

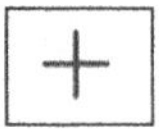

3. **Touchez le bouton permettant de créer un contact et qui se nomme tout simplement Nouveau contact.**
4. **Dans la fiche qui apparaît, touchez si vous le souhaitez l'icône de l'appareil photo pour ajouter une image à ce contact.**
5. **Indiquez dans le menu local Enregistrer sur, si le contact sera enregistré sur le téléphone, la carte SIM, ou le compte Google associé à votre smartphone.**
6. **Remplissez ensuite la fiche d'informations du nouveau contact en fonction des données dont vous disposez (voir Figure 8.6).**
7. **Indiquez son nom et son prénom, et toute autre information le concernant.**

   Bien entendu, les données supplémentaires sont facultatives. Vous pouvez vous contenter du nom et du numéro de téléphone, voire de l'adresse de messagerie électronique.

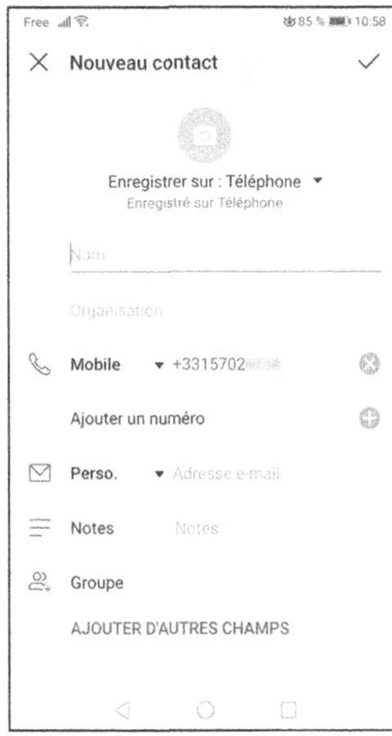

FIGURE 8.6
La fiche du nouveau contact.

8. **Pour ajouter des champs d'informations supplémentaires, touchez Ajouter d'autres champs en bas de l'écran. Choisissez ensuite les informations que vous voulez ou pouvez ajouter dans la fiche.**

   Seuls les contacts enregistrés avec un compte Gmail ou dans la mémoire du téléphone disposent d'une fiche de renseignements complète. Pour les contacts stockés sur votre carte SIM, vous ne pouvez indiquer que leur nom, leur numéro de téléphone et leur adresse mail.

Je conseille d'ajouter le préfixe téléphonique s'il n'apparaît pas automatiquement dans le numéro du correspondant.

9. **Touchez le bouton Enregistrer en haut et à droite (coche) pour valider les informations et ainsi créer le contact.**

Cette procédure permet aussi d'ajouter un numéro de téléphone à un contact déjà présent dans votre carnet d'adresses. À l'Étape 6, choisissez le contact en question. Le nouveau numéro est alors ajouté aux informations existantes.

Créer un contact

La création d'un contact envisage l'hypothèse maniaco-dépressive où vous choisissez d'entrer manuellement toutes les informations d'un contact. En d'autres termes, vous n'utilisez pas les données collectées par le journal des appels. Par exemple, vous décidez de recopier le contenu de votre petit carnet d'adresses papier.

1. **Ouvrez l'application Contacts.**
2. **Touchez le bouton + d'ajout de contact.**
3. **Choisissez le compte avec lequel vous voulez synchroniser votre nouveau contact.**
4. **Remplissez la fiche Ajouter un contact, comme dans la section précédente (voir Figure 8.6).**
5. **Les champs permettant d'enregistrer plusieurs données affichent un signe en forme de flèche. Touchez-le pour ajouter un champ.**
6. **Par défaut, Android considère que vous ajoutez un numéro de mobile. De ce fait, à droite de l'icône du combiné téléphonique de la fiche du nouveau contact figure la mention Mobile. Pour choisir un autre libellé, comme Domicile ou Bureau, touchez la petite flèche située à droite de Mobile. Faites votre choix dans le menu local qui apparaît.**
7. **Si les lignes de renseignement proposées par défaut sont insuffisantes, touchez Ajouter d'autres champs.**

Sélectionnez alors les informations à insérer, puis complétez-les.

8. **Touchez Enregistrer (la coche) en haut et à droite pour valider les informations saisies et ajouter votre contact au carnet d'adresses.**

Il est possible de créer des contacts en utilisant le compte Gmail de votre ordinateur. Cette option facilite la saisie des informations, car elle s'effectue avec le clavier de votre PC ou de votre Mac sur un écran informatique de grande dimension.

Gérer ses contacts avec Gmail

Au commencement était Gmail. Vous avez en effet au moins un compte Gmail. Et celui-ci offre un avantage considérable : vous pouvez gérer en toute tranquillité vos contacts et toutes les informations qui leur sont associées sur votre ordinateur de bureau. Le miracle d'Internet fera que ces données seront automatiquement et presque immédiatement synchronisées sur votre smartphone. Voilà qui mérite qu'on s'y arrête un peu.

Créer et éditer des contacts sur un ordinateur

Suivez ces étapes :

1. **Ouvrez votre navigateur Web préféré sur votre ordinateur et connectez-vous à votre page Gmail (`https://mail.google.com`).**
2. **En haut à droite, cliquez sur le bouton représentant une matrice de points, puis sur Contacts, comme le montre la Figure 8.7.**

FIGURE 8.7 Cliquez sur Contacts.

3. **La liste de tous les contacts actuellement enregistrés dans le carnet d'adresses associé à Gmail apparaît.**
4. **Pour ajouter une personne, cliquez sur le bouton Créer un contact.**
5. **Saisissez le nom de la personne. Vous remarquerez que Gmail vous propose immédiatement une liste de correspondances possibles *via* son réseau social Google+ (voir Figure 8.8).**

   Si vous voulez simplement modifier la fiche d'un contact déjà enregistré, il vous suffit de cliquer sur son nom, puis sur l'icône Modifier un contact (crayon).

FIGURE 8.8 Créer un contact dans Gmail.

6. **Renseignez les champs de la fiche, et complétez si nécessaire celle-ci en cliquant sur le lien Autres champs en bas de la fiche pour insérer de nouvelles rubriques (voir la Figure 8.9).**
7. **Si vous disposez déjà d'une photo du contact, localisez-la sur l'ordinateur. Cliquez sur l'icône de profil par défaut en haut à gauche. Sélectionnez l'image, recadrez et confirmez. Vous pouvez évidemment choisir n'importe quelle image à votre convenance…**
8. **Complétez éventuellement par une note. Quand vous avez terminé, cliquez sur le bouton Enregistrer.**
9. **Vous pouvez à ce stade ajouter le nouveau contact à un groupe ou à vos favoris (et même le supprimer**

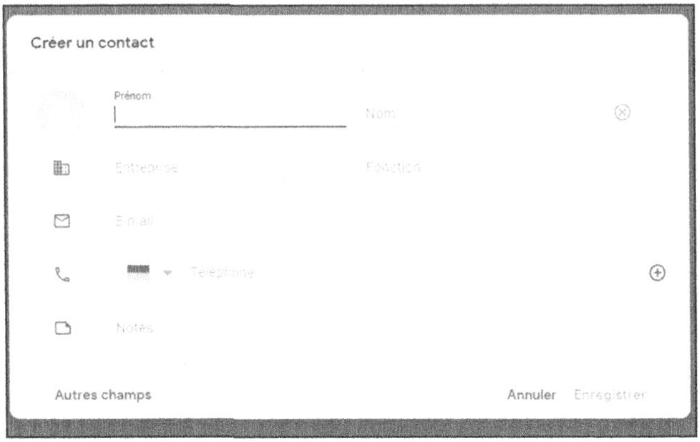

FIGURE 8.9 La fiche du contact dans Gmail.

d'entrée). Pour revenir à la liste des contacts, cliquez sur la flèche pointant vers la gauche, en haut de la fenêtre.

10. **C'est fait ! Vous pouvez ensuite à tout moment cliquer sur le nom de votre contact pour le modifier ou compléter vos informations.**

Vous disposez également de toutes les options nécessaires pour gérer par exemple des groupes, pour rechercher et fusionner des doublons, *etc.* Mais il est bon de retenir que tout ce qui est possible sur votre smartphone se fait encore plus facilement sur un ordinateur, du moins pour vos comptes Gmail !

Voyons maintenant ce qui vient de se passer :

1. **Reprenez votre smartphone et touchez l'icône de l'application Contacts.**
2. **Touchez le champ Rechercher (la loupe) et commencez à saisir sur le clavier virtuel le nom de votre nouveau contact.**
3. **Très vite, les réponses qui correspondent à ce que vous entrez s'affichent, et… incroyable, votre contact est bel et bien là, y compris avec sa photo !**

Le nouveau contact n'apparaît pas ? Cela signifie que vos contacts Gmail ne sont pas synchronisés avec ceux du téléphone. Pour remédier ponctuellement à cela, ouvrez les Paramètres, et touchez Comptes & utilisateurs. Ensuite, touchez Google et le bouton Synchroniser maintenant en bas de l'écran.

Résumons-nous :

» Quand vous créez, modifiez (ou supprimez) un contact sur votre ordinateur, les informations sont instantanément transmises aux ordinateurs de Google où elles sont enregistrées.

» Votre compte enregistré sur votre smartphone scrute régulièrement ces mêmes ordinateurs Google. Dès qu'il détecte un changement, il télécharge les nouvelles informations et les enregistre dans sa mémoire. Résultat : vos comptes (comme d'ailleurs bien d'autres données) sont presque instantanément *synchronisés*.

» Si vous avez d'autres appareils mobiles qui fonctionnent selon le même schéma, ils sont évidemment eux aussi synchronisés, sauf avis contraire.

» L'énorme avantage de cette méthode, c'est que vos données existent indépendamment de l'appareil qui les utilise (ordinateur, smartphone, tablette ou phablette). Elles sont en effet stockées sur Internet, ce qui permet par exemple de les récupérer facilement en cas de problème, ou si vous réinitialisez votre appareil.

» Est-ce que les comptes Gmail sont les seuls concernés ? Non. Si vous pratiquez Facebook, Google+ ou d'autres réseaux sociaux, par exemple, vous constaterez rapidement que vos « amis » se retrouvent d'eux-mêmes dans votre carnet d'adresses.

» Bien entendu, toute synchronisation est préférable quand le Wi-Fi est actif, puisque vous ne consommez alors aucune donnée mobile.

Importer des contacts dans Gmail

Avant Gmail, vous aviez peut-être un autre carnet d'adresses enregistré ailleurs, par exemple dans un compte Yahoo!, Outlook.com ou Apple ? Gmail est tout à fait capable de le récupérer :

1. **Revenez à la page Contacts de Gmail dans votre navigateur Web.**
2. **Cliquez sur le bouton Plus dans la colonne de gauche, puis sur Importer.**
3. **Dans la boîte de dialogue qui apparaît, cliquez sur Sélectionner un fichier.**

   Le fichier de contacts doit être au format CSV ou vCard.
4. **Dans l'Explorateur de fichiers ou le Finder de votre système d'exploitation, localisez le fichier en question, cliquez dessus, puis sur le bouton Ouvrir.**
5. **De retour dans Gmail, cliquez sur le bouton Importer, comme sur la Figure 8.10.**

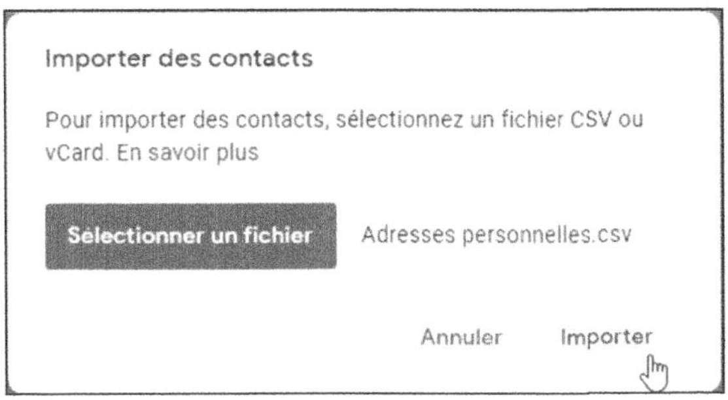

FIGURE 8.10 Importer les contacts depuis Outlook.com.

Modifier le carnet d'adresses

Notre vie trépidante nous amène à changer régulièrement de numéro de téléphone, de ville, d'adresse, et bien d'autres choses encore. Dans ce cas, actualisez les informations de vos contacts en modifiant leur fiche.

Effectuer des modifications mineures

1. **Pour apporter des modifications mineures, accédez à la fiche de votre contact, puis touchez le bouton qui représente un crayon (voir la Figure 8.11).**

2. **Vous affichez ainsi toutes les données du contact. Touchez le champ des informations que vous souhaitez modifier.**
3. **Une fois les modifications apportées, validez-les en touchant Enregistrer (coche) en haut à droite.**

FIGURE 8.11
Modifier une fiche.

Ajouter une photo à un contact

Il est plus simple d'associer une photo à un contact quand l'image en question est déjà stockée sur votre téléphone. Vous pouvez prendre une photo et l'enregistrer comme cela est expliqué au Chapitre 14. Vous avez également la possibilité de récupérer une image sur Internet selon la procédure étudiée au Chapitre 11. Enfin, n'importe quelle image peut être attribuée à un contact.

Vous ne pouvez associer des photos qu'aux contacts enregistrés avec votre compte Gmail ou dans le téléphone, et pas sur votre carte SIM.

Une fois l'image stockée sur votre téléphone, voici comment l'associer à un contact :

1. **Accédez à la fiche du contact auquel vous souhaitez associer une photo.**
2. **Touchez l'icône représentant un crayon.**
3. **Touchez l'icône d'appareil photo, tout en haut de la fiche de votre correspondant.**

4. **Dans le menu local qui s'affiche, sélectionnez Prendre une photo ou Choisir dans la galerie. Choisissez ici la seconde option.**
5. **Dans la liste Choisir une image, parcourez la galerie et ses albums. Vous en saurez plus à ce sujet au Chapitre 14.**
6. **Touchez la photo à utiliser.**
7. **Dans l'interface qui apparaît, comme sur la Figure 8.12, repositionnez dans le cercle la partie de l'image à utiliser.**
8. **Validez en touchant la coche en haut à droite.**
9. **La photo s'affiche désormais dans la fiche du contact (reportez-vous à la Figure 8.13).**

Vous pouvez ajouter des images aux contacts de votre compte Google en utilisant n'importe quel ordinateur. Il suffit d'afficher la liste de vos contacts Gmail. Ajoutez ensuite une image stockée sur le disque dur de votre ordinateur. L'image pourra alors être synchronisée avec le nom de ce même contact enregistré sur votre téléphone Android.

Les images peuvent aussi être ajoutées par vos amis et contacts Gmail quand ils assignent des photos à leur propre compte.

Certaines images de la galerie sont inutilisables en tant que photo de contacts. Ainsi, les images synchronisées avec des albums photo en ligne ne peuvent pas toujours être utilisées.

Créer un contact favori

Un *favori* est un contact avec qui vous correspondez régulièrement et auquel vous voulez pouvoir accéder rapidement, sans avoir à vous lancer dans une recherche fastidieuse. Il ne s'agit pas obligatoirement d'une personne que vous appréciez. Enfin, c'est vous qui voyez.

La liste des contacts favoris est visible dans l'application Contacts et téléphone en touchant simplement l'icône Favoris en bas à droite de l'écran. Alors, une section Favoris apparaît dans la partie supérieure de l'écran.

FIGURE 8.12
La future photo d'un contact.

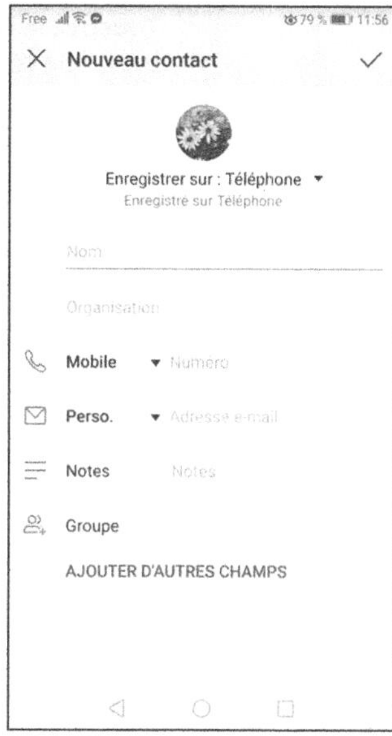

FIGURE 8.13
Un contact avec sa photo.

Pour ajouter un contact à la liste des favoris, accédez à sa fiche et touchez l'icône d'étoile affichée en bas de l'écran. Lorsque l'étoile est pleine, le contact est ajouté aux favoris. Quand elle est vide, il en est retiré. C'est aussi simple que cela.

» Personne ne sait s'il fait ou non partie des favoris. Par conséquent, aucun de vos contacts ne peut se vexer d'en être exclu !

Supprimer un contact

Consultez régulièrement la liste de vos contacts, et supprimez ceux avec qui vous ne correspondez plus. Voici comment procéder :

1. **Accédez à la fiche de votre contact.**

2. **Touchez le bouton Plus (les trois points en bas et à droite de l'écran), puis la commande Supprimer le contact.**
3. **Dans le message de confirmation qui apparaît, cochez la case J'ai lu et compris, puis touchez le bouton Supprimer.**

Comme la liste des contacts est synchronisée avec les contacts Gmail de votre compte Google, le contact supprimé sur votre téléphone l'est aussi sur Gmail.

Regrouper les contacts

En plus des favoris, vous avez la possibilité, lorsque vous créez ou modifiez un contact, de l'associer à un groupe prédéfini ou personnalisé. La procédure est très simple :

1. **Commencez à créer un nouveau contact, ou bien choisissez un contact puis ouvrez son écran de modification en touchant le bouton Crayon.**
2. **Touchez Groupe.**
3. **Dans l'écran répertoriant les groupes, choisissez le groupe dans lequel ajouter le contact.**
4. **Si aucun des groupes prédéfinis ne vous convient, ou s'il n'existe aucun groupe, choisissez Nouveau en bas de l'écran.**
5. **Dans la boîte de dialogue Créer un groupe, donnez-lui le nom de votre choix, et touchez Enregistrer.**
6. **Il ne vous reste plus qu'à enregistrer votre contact en appuyant sur la coche en haut à droite.**

Si vous voulez par la suite retirer un contact d'un groupe, il vous suffit de reprendre la même procédure, en décochant cette fois une ou plusieurs cases lors de l'Étape 3.

III

Les communications mobiles

DANS CETTE PARTIE...

D'accord, c'est entendu, et nous ne le contesterons pas : votre smartphone Android est avant tout un téléphone. Cependant, je vous trouve bien dur avec lui, car il sait faire beaucoup d'autres choses qui le transforment en un véritable dispositif de communications mobiles. Ainsi, il sait gérer les SMS, les MMS, les courriers électroniques, vos comptes sur des réseaux sociaux comme Facebook et Twitter, et même passer des appels vidéo. Lisez cette partie pour ne pas passer à côté des fonctionnalités mobiles du XXIe siècle !

Chapitre 9

Pouce ! J'ai quelque chose à dire

DANS CE CHAPITRE :

- » **Créer un SMS**
- » **Lire un SMS**
- » **Transférer un SMS**
- » **Ajouter des images, des vidéos, et d'autres éléments multimédias**
- » **Gérer ses SMS**

Aujourd'hui, les utilisateurs de téléphones mobiles, et plus particulièrement les jeunes générations, envoient beaucoup plus de SMS qu'ils ne téléphonent. Les adolescents préfèrent échanger des mots écrits que des paroles. En fait, c'est aussi devenu le moyen d'échange d'un peu tout le monde… Force est de constater qu'avant de téléphoner à quelqu'un, nous avons maintenant tendance à lui envoyer un SMS du genre : « Puis-je t'appeler ? ».

Msg 4U

Si vous avez plus de 40 ans, la traduction du titre de cette section est : « Vous avez un message ».

Un SMS présente plusieurs avantages. Tout d'abord, il s'agit d'un texte souvent très court et rapide à composer. Ensuite, il va à l'essentiel. Le SMS ne perturbe pas votre activité en cours, car vous le consultez et vous y répondez quand vous avez le temps. Enfin, c'est peut-être le dernier moyen qu'il vous reste pour communiquer avec vos enfants ou grands enfants, ou encore avec vos lointains amis.

La saisie des SMS avec un téléphone mobile est gérée par une application spécifique : Messages. Sur d'anciennes versions ou sur des téléphones Android possédant une surcouche logicielle, elle peut s'appeler Hangouts ou SMS/MMS.

En règle générale, l'application Messages (ou SMS/MMS) est présente dans la barre des favoris de votre smartphone (voir Figure 9.1). Elle ressemble à une bulle de B.D.

FIGURE 9.1 L'icône de l'application Messages dans la barre des favoris.

Ne composez jamais un SMS en conduisant, au cinéma, ou dans n'importe quelle autre situation pouvant mettre la vie d'autrui en danger, ou perturber la concentration de votre entourage.

En fonction de votre forfait téléphonique, vous payez ou non les SMS que vous envoyez. Toutefois, la majorité des abonnements proposent des SMS illimités. (C'est le seul moyen qu'ont les parents de ne pas être ruinés par leurs enfants.)

SMS signifie *Short Message Service*.

Il existe des quantités d'applications SMS que vous pouvez substituer à celles installées par défaut par Android. Vous les trouverez sur le Play Store en tapant SMS dans le champ de recherche de cette application.

Écrire un SMS à partir de la liste des contacts

Voici comment composer un SMS avec un smartphone :

1. **Ouvrez l'application Contacts.**
2. **Dans la liste de vos contacts, choisissez celui auquel vous souhaitez envoyer un SMS.**
3. **Touchez l'icône de SMS, à droite du numéro de téléphone du contact.**
4. **Si vous avez déjà échangé ce type de message avec votre correspondant, vous pouvez poursuivre une conversation déjà existante (voir Figure 9.2 à gauche).**

FIGURE 9.2 Composer un SMS.

5. **Touchez le champ Texte du message, puis tapez le texte de votre message.**

   Un SMS doit être bref. Bien entendu, la brièveté est d'autant plus importante lorsque vous payez chaque SMS que vous envoyez. Pourtant, elle semble l'être tout autant lorsque vous profitez d'un forfait illimité. En effet, il s'engage parfois de véritables conversations par SMS. L'immédiateté étant alors de rigueur, il est essentiel de répondre le plus rapidement possible.

   Pour accélérer la saisie de vos messages, consultez l'encadré ci-après « Les abréviations généralement utilisées dans des SMS ».

6. **Touchez le bouton Envoyer. Le message est immédiatement envoyé à votre destinataire. L'instantanéité de sa réponse dépend de sa disponibilité et de sa dextérité.**

   C'est le danger du SMS ! Eh oui, car une fois envoyé, vous ne pouvez plus revenir en arrière. Cela peut être dommageable si vous regrettez le contenu du message ou si vous vous trompez de destinataire. Par conséquent, si la version d'Android installée sur votre smartphone le permet, vous pouvez activer une fonction d'annulation d'envoi, comme expliqué dans l'encadré « Avant qu'il ne soit trop tard », plus loin dans ce chapitre.

7. **Pour égayer le message, appuyez sur le bouton « + » à gauche de la zone de saisie du message, ou sur l'émoticône à droite de cette même zone.**

   Vous avez alors la possibilité de joindre des photos ou d'indiquer par une émoticône (ou emoji) si vous plaisantez ou êtes sérieux, triste, et bien d'autres émotions.

   En fonction du clavier virtuel utilisé, une série d'icônes peut être affichée sur une barre située sous le champ Texte de message. Ces icônes donnent généralement accès à des animations GIF, des autocollants, la galerie photos, ou des infos disponibles sur le Web.

8. **En général, vous obtenez une réponse au bout de quelques minutes. Lisez-la, puis répétez les Étapes 5 à 7 pour poursuivre la discussion.**

Inutile de regarder constamment votre téléphone pour savoir si un SMS est arrivé. L'arrivée d'un SMS est habituellement ponctuée par un signal sonore. Pour plus d'informations à ce sujet, consultez la section « Recevoir un SMS ».

Vous ne pouvez envoyer des SMS qu'à des téléphones mobiles. (Cela n'est pas tout à fait exact. Il est parfois possible d'envoyer un SMS à un téléphone fixe, mais son contenu est traduit par un robot vocal. Dans la majorité des cas, il est incompréhensible, car un SMS contient de nombreuses abréviations.)

» Vous pouvez joindre un objet à votre message en touchant le bouton « + » à gauche de la zone de saisie du message, puis en sélectionnant une photo ou vidéo dans la liste qui apparaît en bas. Mais, dans ce cas, votre SMS devient un MMS !

» Vous pouvez dicter un message en utilisant la fonction de saisie vocale.

» Vous pouvez adresser un seul et même message à plusieurs correspondants. Pour cela, commencez par afficher l'application Messages sans passer préalablement par un de vos contacts. Touchez le bouton « + », en bas et à droite de l'écran. Dans le champ Destinataire, tapez le nom du premier contact auquel envoyer le même SMS, puis touchez sa vignette dès qu'elle apparaît dans la liste. Touchez le bouton + à droite de ce premier contact affiché dans les destinataires. La liste des contacts récents apparaît. Cochez les autres destinataires en touchant le carré vide à droite de leur nom. Si le destinataire n'a pas été récemment contacté par SMS, ouvrez l'onglet Contacts et recherchez-le parmi tous vos contacts. Cochez son nom bien évidemment. Cochez ainsi tous les destinataires à qui vous souhaitez envoyer le même message. Validez-les en touchant la coche en haut à droite. Tapez votre message et envoyez-le, comme sur la Figure 9.3.

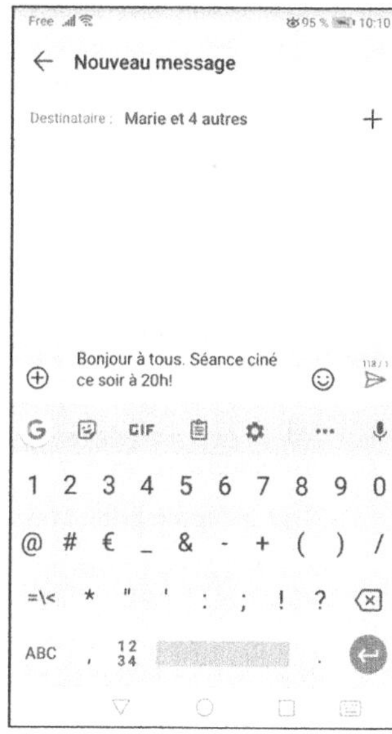

FIGURE 9.3 Envoyer un SMS à plusieurs personnes.

» Certains téléphones mobiles permettent de répondre à tous les destinataires d'un même message. Vous disposez alors des boutons Répondre et Répondre à tous.

» Les numéros de téléphone et les adresses de messagerie électronique envoyés dans un SMS se transforment en liens hypertextes. Il suffit de toucher un tel lien pour appeler le numéro en question, envoyer un e-mail ou bien encore visiter une page Web.

» Pour reprendre une conversation à n'importe quel moment, ouvrez l'application Messages, et consultez la liste des personnes avec qui vous avez communiqué par SMS.

» N'écrivez pas en conduisant ! N'écrivez pas en conduisant ! N'écrivez pas en conduisant !

AVANT QU'IL NE SOIT TROP TARD !

Il n'y a rien de pire que de s'apercevoir que l'on a envoyé un SMS à la mauvaise personne. Il n'y a rien de pire (ah bon ? ben pourtant nous venons déjà de voir le pire !) que de réagir sous le coup de la colère et d'envoyer un message que l'on risque de regretter. Pour éviter cela, activez la fonction d'annulation du SMS. Certes, elle ne permet pas d'annuler un SMS envoyé, mais de laisser s'écouler un certain laps de temps durant lequel vous avez la possibilité d'annuler l'envoi.

Voici comment procéder si votre version d'Android le permet :

1. **Ouvrez l'application Message.**

   Ne créez aucun message. En fait, ne touchez à rien.

2. **Ouvrez le menu local en touchant les trois petits points situés en haut à droite.**
3. **Choisissez Paramètres.**
4. **Dans l'écran Paramètres, touchez Avancés.**
5. **Dans la liste des options avancées, activez Annulation d'envoi comme sur l'illustration ci-dessous.**

Voilà ! Vous disposerez désormais de 6 secondes pour annuler en tapotant deux fois sur le message avant que l'application ne l'envoie.

LES ABRÉVIATIONS GÉNÉRALEMENT UTILISÉES DANS DES SMS

Les SMS utilisent des abréviations généralement anglaises dont certaines ont tout de même été « traduites » en français. Ainsi, le fameux LOL n'a pas changé, mais il arrive d'y substituer MDR.

D'où viennent ces sigles et acronymes ? En fait, ils trouvent leur origine dans les vieilles *chats rooms* d'Internet, à l'époque où les communications étaient si lentes que chaque lettre comptait. Voici une liste d'abréviations que vous pouvez taper en majuscules ou en minuscules.

ab1to	à bientôt
a2m1	à demain
ALP	à la prochaine
Ama	à mon avis
A+	à plus tard (en anglais CUL pour *See you later*)
Arfffff	je suis écroulé de rire (le nombre de f renforce l'idée !)
ASAP	*as soon as possible* (aussi vite que possible)
A12C4	à un de ces quatre
Away	au loin ou absent
Ayé	ça y est
Bap	bon après-midi
Bjr	bonjour
bcp	beaucoup
biz	bises
BZoo	bisous
BRB	*be right back* (je reviens)
Bsr	bonsoir
B1sur	bien sûr
C	c'est
Ccho	c'est chaud !
Cmal1	c'est malin !
Cpa5pa	c'est pas sympa !
C2L8	c'est *too late* (trop tard !)
Cad	c'est-à-dire ?
Cb1	c'est bien !
Cné	ciné
D100	descends !
Dak	d'accord
DpaC	dépassé
DPCH	dépêche
Fiuuuuuu	marque d'étonnement
Fo	faut
G	j'ai
GlaN	j'ai la haine !
Ght	j'ai acheté
GPTléplon	j'ai pété les plombs !
GRRR	marque de mécontentement
GspRb1	j'espère bien
GTa6né	j'étais au ciné
G1id2kdo	j'ai une idée de cadeau
IDK	*I don't know* (je ne sais pas)
jelesaV	je le savais !
jet'M	je t'aime
jenémar	j'en ai marre !
K	OK

KC	cassé (fatigué)	Qn (ou qqun)	quelqu'un
Kdo	cadeau	Raf	rien à faire
KeskeC	qu'est-ce que c'est ?	Ras	rien à signaler
Keskina	qu'est-ce qu'il y a ?	Rdv	rendez-vous
kestuX	qu'est-ce que tu crois ?	r1	rien
		R29	rien de neuf
Kestudi	qu'est-ce que tu dis ?	Rstp	réponds s'il te plaît
Kestufé	qu'est-ce que tu fais ?	Savapa	ça ne va pas ?
Kestufou	qu'est-ce que tu fous ?	Slt	salut
		Stp	s'il te plaît
Kfé	café	SOHF	*sense of humour failure* (pas de sens de l'humour)
Kic	qui c'est ?		
Koi29	quoi de neuf ?		
L	elle	Sclair	c'est clair
l'stomB	laisse tomber !	T	t'es (tu es)
LCKC	elle s'est cassée	tle+bo	t'es le plus beau !
LOL	*laughing out loud* (mort de rire)	Toqp	t'es occupé ?
		Tnrv	t'es énervé ?
MDR	mort de rire	Tkc	t'es fatigué
Nook	je ne suis pas d'accord	ti2	t'es hideux !
		Tjs	toujours
NRV	énervé	TOK ?	es-tu d'accord ?
Ok1	aucun	Tufékoi	tu fais quoi ?
Pk	pourquoi	TX	thanks
Ppl	*people* (les gens, le monde)	Vazi	vas-y !
		V1	viens !
Pftttt	marque de mépris	VrMan	vraiment
PTDR	pété de rire	Wétu	où es-tu ?
Qch	quelque chose	Xact	exact
Quand	quand		

Envoyer un SMS à partir de l'application Messages

Voici comment procéder pour écrire un SMS sans passer par l'application Contacts. Ce peut être utile notamment si vous n'avez pas encore enregistré le numéro dans vos contacts.

1. **Ouvrez l'application Messages en touchant son icône (normalement située dans la barre des favoris).**

   Vous accédez à la liste des personnes avec qui vous avez communiqué par SMS (voir Figure 9.4 à gauche).

2. **Pour envoyer un SMS, touchez le bouton marqué d'un signe « + » situé dans le coin inférieur droit de votre écran tactile. Un champ Destinataire apparaît en haut de l'écran Nouveau message.**

3. **Commencez à saisir un nom de contact dans le champ de saisie. Au fur et à mesure que vous tapez, une liste de destinataires correspondants apparaît.**

   Si votre contact n'est pas encore enregistré, il n'apparaîtra pas dans la liste. Sinon, touchez le nom du contact concerné.

ENVOYER UN SMS OU UN E-MAIL ?

L'envoi d'un SMS est identique dans le principe à l'envoi d'un message électronique. La grande différence est que vous n'utilisez pas la même application. Ces deux méthodes de communication ont leurs avantages et leurs inconvénients.

Tout d'abord, vous ne pouvez envoyer un SMS qu'à un autre téléphone mobile. Le courrier électronique quant à lui sera consultable par n'importe quelle personne ayant accès à un ordinateur, ou bénéficiant d'un accès Internet *via* son téléphone mobile.

Les textes des SMS sont très courts et bourrés d'abréviations. Leur contenu va à l'essentiel. Ils exigent souvent une réponse immédiate de la part du destinataire. En revanche, le texte d'un courrier électronique est souvent plus élaboré, donc plus long, et n'attend pas forcément de réponse.

Un courrier électronique est consultable sur un ordinateur ou depuis un périphérique connecté à Internet, comme un téléphone Android. Un e-mail peut contenir des pièces jointes (images, documents). Le courrier électronique est plus facile à gérer que les MMS.

Enfin, si le courrier électronique n'a pas autant d'impact qu'une lettre physique ou qu'un appel téléphonique, il est tout de même beaucoup plus formel qu'un SMS.

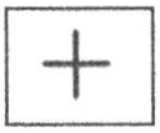

4. **Continuez le cas échéant à sélectionner une ou plusieurs autres personnes *via* le bouton + à droite du champ Destinataire.**
5. **Touchez le champ Texte du message. Le point d'insertion clignote dans la zone de saisie.**
6. **Tapez le texte de votre SMS.**

7. **Touchez le bouton Envoyer pour expédier le message.**

Une fois le message envoyé, je vous conseille de créer un nouveau contact pour le destinataire du SMS, si ce dernier n'est pas encore enregistré dans votre carnet d'adresses. Pour plus d'informations à ce sujet, consultez le Chapitre 8.

Recevoir un SMS

Chaque fois qu'un SMS arrive sur votre téléphone mobile, une notification apparaît d'abord sur votre écran de verrouillage et, par défaut, un signal sonore est émis (voir la partie gauche de la Figure 9.4). Faites simplement un appui long dessus pour accéder directement à la fenêtre de composition de Messages.

FIGURE 9.4 Vous avez un message !

Si l'écran d'accueil est actif, comme sur la Figure 9.4, vous pouvez répondre immédiatement en touchant Répondre dans la notification. Sinon, faites glisser vers le bas la barre des notifications pour découvrir ce dont il s'agit, et de toucher si vous le souhaitez la vignette du message pour y répondre immédiatement.

Vous notez aussi la présence d'un chiffre sur l'icône de

l'application Message. Il indique le nombre de messages non lus.

Si vous ne souhaitez pas répondre au SMS mais valider sa lecture, touchez Marquer comme lu dans la notification.

Bien entendu, personne ne vous oblige à répondre tout de suite à un SMS ou à un MMS ! Vous pouvez parfaitement y revenir plus tard en ouvrant l'application Messages. Touchez alors la ligne du message pour afficher la liste des envois émis ou reçus, et reprendre le fil de la conversation en touchant le champ SMS.

Si vous voulez appeler tout de suite votre contact, touchez simplement l'icône de téléphone qui apparaît en haut de l'écran.

Transférer un SMS

Il est possible de transférer un SMS. Toutefois, ce transfert n'est pas aussi simple que celui d'un e-mail. Voici comment procéder :

1. **Si nécessaire, ouvrez un fil de conversation par SMS.**
2. **Appuyez sur la bulle ou le bandeau du message que vous désirez transférer jusqu'à ce qu'apparaisse une barre d'outils au-dessus du message concerné (voir Figure 9.5).**
3. **Touchez l'option Transférer.**

   Vous remarquerez les autres boutons qui permettent de copier ou supprimer le message, d'en afficher les détails, ou de le partager par d'autres moyens (comme le courrier électronique).
4. **À partir de ce point précis de la procédure, le transfert de message se déroule comme l'envoi d'un message standard. Autrement dit, vous sélectionnez le nom de la ou des personnes à qui le message doit être transféré.**
5. **Il ne vous reste plus qu'à toucher le bouton d'envoi pour transférer le message.**

FIGURE 9.5 Paré à transférer le message !

NE PLUS SMSSER !

Il est tout à fait possible de se désolidariser de l'univers des SMS. Il suffit de demander à votre opérateur de désactiver ce service pour votre numéro de téléphone. Dès qu'il aura accédé à votre demande, vous ne pourrez plus envoyer ni recevoir de SMS.

Les messages multimédias (ou MMS)

Il est possible de joindre certains éléments multimédias à un SMS (en fait, l'étendue des choix dépend de l'application que vous utilisez). Il s'agit en général de photographies, de vidéo, voire d'un contenu audio, et bien d'autres choses intéressantes qui peuvent agrémenter votre message textuel. *De facto*, ces messages ne sont plus considérés comme des SMS, mais comme des MMS (*Multimedia Messaging Service*). Cela est fondamental dans la mesure où la possibilité d'envoyer des données MMS dépend de votre abonnement.

- L'envoi de MMS s'effectue dans l'interface d'expédition des SMS.

» Pour diverses raisons, tous les téléphones mobiles ne peuvent pas recevoir des MMS. Dans ce cas, le destinataire est parfois redirigé vers une page Web où il pourra consulter cet élément multimédia. Sinon, il sera tout simplement incapable d'ouvrir les pièces jointes.

Joindre une photo à un SMS

La technique la plus simple pour composer un message multimédia consiste à attacher un fichier multimédia à un SMS. Voici comment procéder :

1. **Commencez à composer normalement votre SMS.**
2. **Touchez le bouton « + » à gauche de la zone de saisie.**

   Cette action donne immédiatement accès à la galerie, et à des icônes en bas de l'écran.

3. **Choisissez alors parmi les photos récentes, ou bien touchez l'icône Galerie pour accéder au contenu de l'application Photos.**
4. **Parcourez les albums, et cochez les images à joindre à votre MMS. Ensuite, validez ce choix en touchant la coche en haut à droite.**

   Une vignette de l'image est visible. Si vous vous êtes trompé de photo, touchez X en haut à droite de cette vignette.

5. **Dans le champ Ajouter une description ou envoyer (Figure 9.6), tapez un message si nécessaire. Sinon, touchez immédiatement le bouton d'envoi du message.**

FIGURE 9.6
Une photo envoyée dans un MMS.

Vous pouvez également choisir l'icône de l'appareil photo pour prendre un cliché ou une courte vidéo qui sera automatiquement jointe à votre message.

Il est aussi possible d'utiliser l'icône de localisation pour envoyer les coordonnées géographiques du lieu où vous vous trouvez afin que votre correspondant puisse vous localiser dans Maps.

Comme le montre la Figure 9.7, le bouton Plus renferme d'autres options. Ainsi, Contact permet d'envoyer les coordonnées de vos contacts à d'autres contacts. Expression donne accès aux Réponses rapides. Évènements permet d'envoyer par SMS des évènements que vous avez créés avec l'application Agenda. Fichier audio permet d'envoyer un ou plusieurs morceaux stockés sur votre smartphone.

FIGURE 9.7 De nombreuses autres choses peuvent être envoyées par SMS ou MMS.

Faites preuve de modération lors que vous créez un MMS. Ce mode de communication est en effet restreint à des volumes de transfert réduits afin de ne pas saturer les réseaux. En particulier, la taille des photos risque fort d'être réduite pour ne pas dépasser les quotas autorisés. Si vous prenez une photo, ou si possible une petite vidéo, pour l'envoyer dans votre MMS, vous aurez à choisir une basse résolution pour la prise de vue. Voyez à ce sujet le Chapitre 14.

6. **Touchez le bouton Envoyer pour expédier le message.**

Au bout de quelques secondes (si tout se passe bien !), le destinataire reçoit votre message multimédia.

- Informez-vous sur la taille limite des fichiers que vous êtes autorisé à envoyer. Dans tous les cas, veillez à ne pas expédier des MMS trop volumineux.
- Une autre technique consiste à afficher le fichier que vous voulez envoyer, comme une photographie ou une vidéo depuis l'application Google Photos. Faites un appui long sur un ou plusieurs éléments pour les sélectionner. Touchez ensuite le bouton Partager. Dans le champ À, tapez le nom ou le numéro de téléphone du destinataire. Vous pouvez aussi directement toucher la vignette d'un de vos contacts affichée sous le champ À. Avec ces techniques, ajoutez autant de destinataires que vous le souhaitez. Ensuite, touchez le bouton Envoyer. Vous envoyez alors le MMS sans ouvrir l'application Message.
- Vous pouvez parfaitement transmettre de cette manière tout élément de texte sélectionné, comme une adresse Internet. Faites un appui long, puis choisissez Partager dans le menu local qui apparaît, et sélectionnez comme application Messages.
- Vous pouvez être averti par votre smartphone que certaines pièces jointes sont trop volumineuses pour les MMS. Désolé ! Contactez éventuellement l'envoyeur pour lui demander de réduite la taille de son envoi

Recevoir un MMS

Un MMS arrive sur votre téléphone comme un SMS. La seule différence est qu'un fichier multimédia a été expédié avec ou sans texte d'accompagnement. Il s'agira d'une image, d'une vidéo, ou bien éventuellement d'un bouton de lecture pour écouter un contenu audio ou visualiser un diaporama.

1. **Pour lancer un aperçu de l'élément multimédia, touchez-le.**
2. **Pour afficher davantage d'options de gestion, faites un appui long sur la bulle ou le bandeau du message.**

Ainsi, pour sauvegarder sur votre smartphone, une photo reçue par MMS, appuyez dessus jusqu'à l'apparition d'une barre d'outils dans laquelle vous toucherez la commande Enregistrer, comme sur la Figure 9.8.

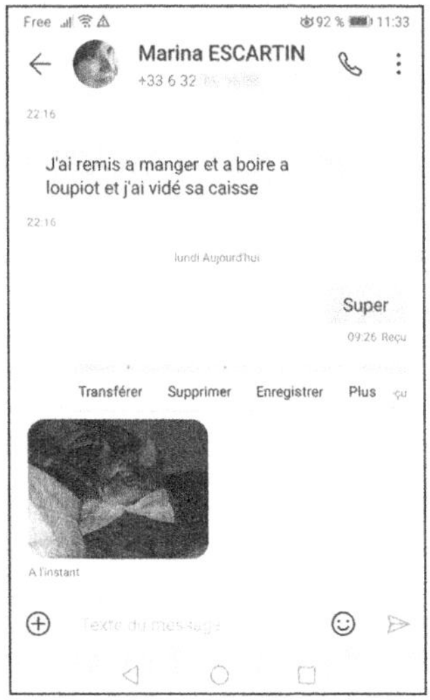

FIGURE 9.8 Enregistrer sur le téléphone une photo reçue par MMS.

» Par défaut, les images reçues par SMS sont enregistrées dans un album de la photothèque intitulé Téléchargements.

» Certains types d'éléments multimédias, comme un contenu audio, ne peuvent pas toujours être sauvegardés.

La gestion des SMS

Bien qu'il ne soit pas nécessaire de gérer vos SMS, sachez que cette fonctionnalité existe.

Supprimer un fil de conversation

Voici comment supprimer une conversation entière :

1. **Dans la fenêtre principale de Messages, faites un appui long sur la conversation que vous désirez supprimer.**

   Cette action coche la conversation et permet alors d'en cocher d'autres pour les supprimer en une seule opération.

2. **Quand votre choix est fait, touchez l'icône de la corbeille (Supprimer), en bas à droite de l'écran.**

3. **Dans le message qui apparaît, touchez le bouton Supprimer pour confirmer (voir Figure 9.9).**

FIGURE 9.9 Supprimer un fil de conversation.

Souvenez-vous qu'un appui long sur la bulle ou le bandeau d'un certain message permet de supprimer uniquement celui-ci.

Régler l'alerte des SMS

Pour choisir le son de la notification de l'arrivée d'un SMS, suivez ces quelques étapes :

1. **Ouvrez l'application Messages.**
2. **Touchez le bouton Menu, c'est-à-dire les trois points en haut à droite, puis Paramètres.**
3. **Dans l'écran Paramètres, touchez Tonalité et vibration.**
4. **Ensuite, touchez Tonalité de notification, et choisissez un son dans la liste qui apparaît, comme sur la Figure 9.10.**

Comme une notification doit être brève pour gêner le moins possible votre entourage, choisissez une sonnerie prédéfinie. En effet, si vous optez pour une musique stoc-

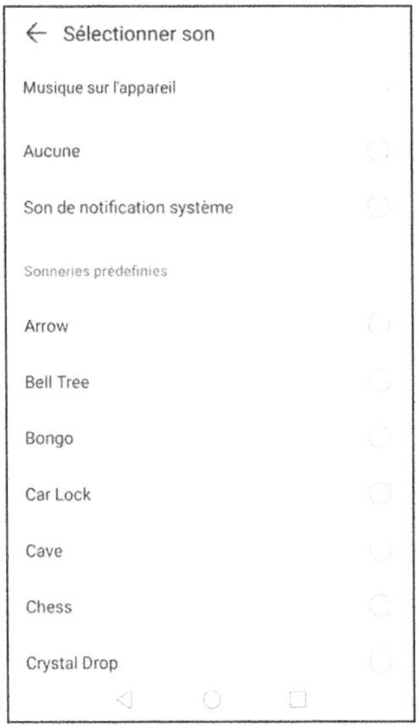

FIGURE 9.10
La sélection d'un son de notification.

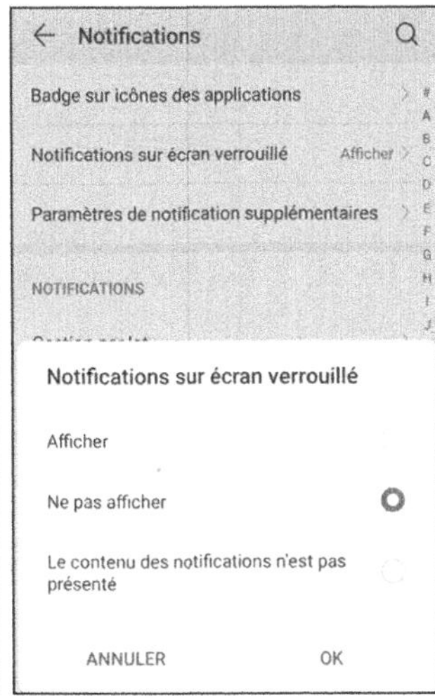

FIGURE 9.11
Pour ne plus afficher de notification sur l'écran de verrouillage.

kée sur votre téléphone, elle sera lue jusqu'à ce que vous preniez connaissance du SMS !

Si votre téléphone gère deux cartes SIM, vous pouvez choisir une notification différente pour chacune d'elles.

5. **Appuyez deux fois sur le bouton Retour du smartphone pour revenir à l'écran principal de l'application.**

Si vous ne comprenez pas l'ensemble de ces étapes, reportez-vous au Chapitre 6 qui explique précisément la configuration des sonneries de votre téléphone mobile.

Désactiver les notifications de Messages

Vous pouvez indiquer ne pas vouloir recevoir de notification lorsque votre smartphone est verrouillé. Pour cela :

1. **Touchez le bouton Paramètres.**

Il s'agit des paramètres généraux et non pas seulement ceux de l'application Message.

2. **Choisissez Notifications.**

3. **Touchez Notifications sur écran verrouillé.**

4. **Comme le montre la Figure 9.11, choisissez Ne pas afficher, puis validez avec OK.**

Pour recevoir des notifications de SMS sans être dérangé, ouvrez cette fois les paramètres de l'application. Touchez Tonalité et vibration. Dans l'écran de sélection des sons, choisissez Aucune.

Chapitre 10

E-mail de-ci, e-mail de-là

DANS CE CHAPITRE :

- **Comprendre la notion de message électronique sur un téléphone mobile**
- **Configurer un compte de messagerie**
- **Recevoir un nouveau message**
- **Utiliser la boîte de réception**
- **Créer et envoyer des courriels**
- **Ajouter des pièces jointes à des messages électroniques**
- **Modifier les paramètres de la messagerie**
- **Créer une signature électronique**

L'art de l'écriture de lettres est très ancien. Toutefois, personne n'est capable de dire quand la première lettre a été écrite. Il serait étonnant qu'il s'agisse d'un simple message de remerciements, ou du transfert d'un télégraphe. C'est à partir des années 1960 que la lettre a connu ses premières désaffections, avec l'avènement progressif du téléphone.

Qui aurait pensé qu'un jour, il serait possible d'envoyer des messages écrits avec un téléphone ? C'est pourtant la réalité d'aujourd'hui, car, au-delà des SMS très courts et laconiques, un smartphone est capable, grâce à une connexion Internet, d'envoyer et de recevoir des messages électroniques, ou e-mails.

Les messages électroniques et Android

Depuis Android 8, seule l'application Gmail est proposée pour gérer sa ou ses messageries électroniques.

Cette application est en lien direct avec votre compte Google. En effet, elle utilise le service de messagerie électronique Gmail. Ainsi, la gestion des e-mails se fait à un double niveau : vous recevez vos messages sur votre ordinateur et sur votre téléphone.

La messagerie électronique depuis un téléphone mobile fonctionne comme sur un ordinateur : vous recevez, créez, transférez, envoyez des messages à un groupe de contacts, et vous ajoutez éventuellement des pièces jointes.

Bien entendu, votre propre smartphone peut contenir une application de messagerie maison proposée par le constructeur de l'appareil, ou encore par votre opérateur de téléphonie. Mais c'est là un autre sujet.

Bien que vous puissiez utiliser le navigateur Web de votre téléphone pour visiter le site Web Gmail, l'application éponyme permet de gérer vos messages envoyés et reçus par ce service de messagerie.

Si vous oubliez votre mot de passe Gmail, rendez-vous à l'adresse suivante : `www.google.com/accounts/forgotpasswd`.

Si vous utilisez un autre serveur de messagerie que Gmail, comme Yahoo! Mail, ou encore Outlook.com pour ne citer qu'eux, vous pouvez installer leur application respective pour relever facilement vos mails avec votre smartphone.

Configurer un compte de messagerie fondé sur le Web

Bien que vous puissiez utiliser une application pour gérer d'autres comptes de messagerie comme Yahoo! Mail, Outlook.com et bien d'autres, il est possible de configurer Android afin de les gérer directement avec Gmail :

1. **Ouvrez l'application Paramètres puis appuyez sur Comptes & utilisateurs (voir la partie gauche de la Figure 10.1).**
2. **Faites défiler le contenu de l'écran pour toucher l'option Ajouter un compte (voir la partie droite de la Figure 10.1).**

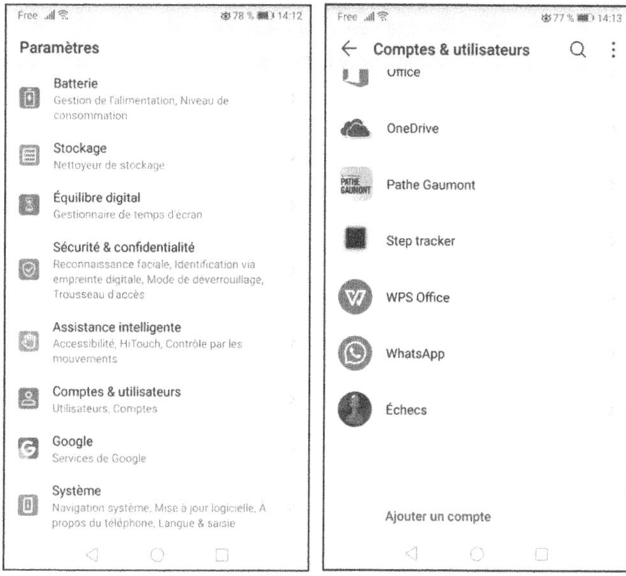

FIGURE 10.1 Début de la configuration du compte.

3. **Faites une fois encore défiler le contenu de l'écran, et choisissez entre Personnel (IMAP) et Personnel (POP3), comme sur la Figure 10.2.**

   Renseignez-vous auprès de votre serveur de messagerie pour savoir s'il est de type IMAP ou POP3.

4. **Saisissez l'adresse e-mail de votre compte puis touchez le bouton Suivante (voir la partie gauche de la Figure 10.3).**
5. **Tapez le mot de passe du compte et touchez le bouton Suivante (voir la partie droite de la Figure 10.3).**

A priori, les options de configuration automatique suffisent à l'établissement de la connexion avec ce compte.

6. **Vérifiez si cela vous est proposé les paramètres du serveur entrant, et touchez Suivant.**

   Il faut que l'adresse mail et celle du serveur soient correctes. Vérifiez aussi le port et le type de sécurité. Vous obtiendrez ces informations sur le site de votre serveur de messagerie.

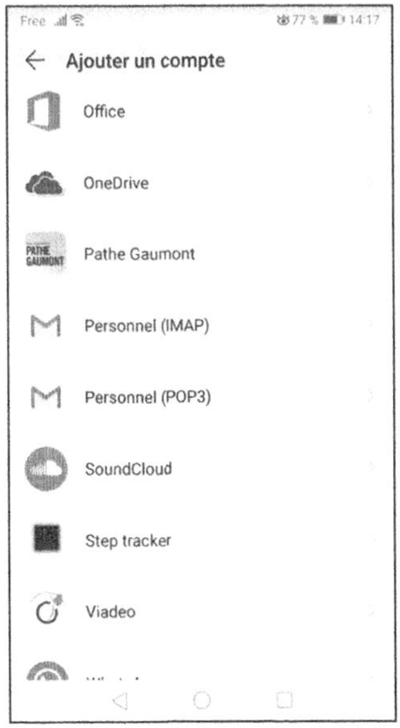

FIGURE 10.2 Les types de comptes.

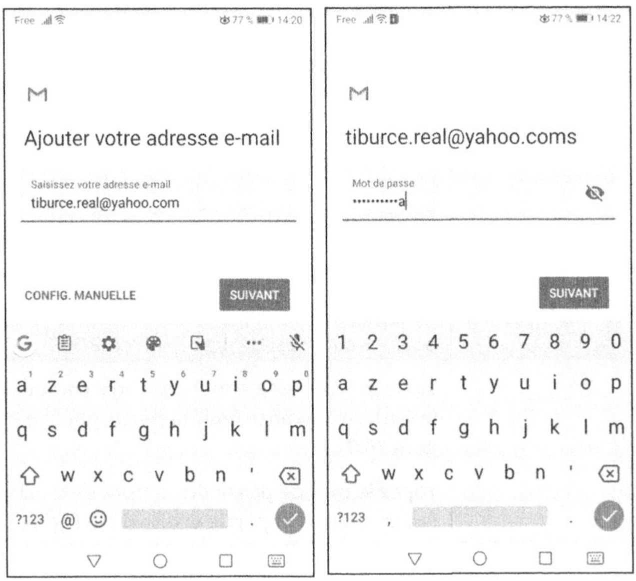

FIGURE 10.3 Saisir le nom et le mot de passe du nouveau compte.

7. **Faites de même avec les paramètres sur serveur sortant, et appuyez sur Suivant.**

8. **Choisissez la fréquence de mise à jour des messages, ainsi que les options de notification.**

   Je vous déconseille, par mesure de sécurité, d'accepter le téléchargement automatique des pièces jointes (Figure 10.4).

   Cochez, si vous le souhaitez, la synchronisation du compte de messagerie. Cela permettra, par exemple de synchroniser l'agenda de ce compte. Ainsi, vous retrouverez vos rendez-vous mis à jour aussi bien sur le téléphone que sur le Web.

9. **Touchez le bouton Suivant.**

10. **Quand vous avez fini, touchez le bouton Suivant.**

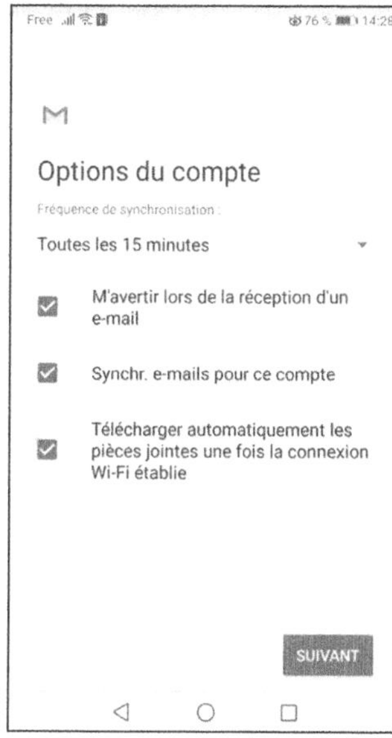

FIGURE 10.4
Définir les options pour le nouveau compte.

11. **Si vous le souhaitez, donnez un nom personnalisé au compte puis touchez le bouton Suivant.**

12. **Au bout de quelques instants, le compte est configuré.**

Normalement, l'application Gmail devrait rapidement détecter le nouveau compte (autre qu'un compte Gmail) et l'intégrer automatiquement dans sa liste d'adresses de messagerie.

Si ce n'est pas le cas, ouvrez Gmail, puis le menu disponible en haut et à gauche de l'écran. Touchez l'option Paramètres, puis le bouton Ajouter un compte. Choisissez dans la liste qui s'affiche le type de compte à ajouter, puis saisissez à nouveau votre adresse de messagerie et votre mot de passe.

Le plus simple, lorsque vous souhaitez recevoir et envoyer des mails depuis votre smartphone mais avec une adresse de messagerie autre que Gmail, consiste à télécharger et à installer l'application du serveur en question. Imaginons que vous avez créé (ou allez créer) une adresse Yahoo! Mail. Elle prendra la forme <votrenom>@yahoo.com. Rendez-vous sur le Play Store, et cherchez Yahoo. La première proposition que vous verrez sera Yahoo Mail. Touchez-la puis le bouton Installer. Suivez ensuite la procédure d'ajout de votre compte Yahoo! dans cette application. La procédure est généralement plus simple car le paramétrage du compte IMAP est alors automatique.

Vous avez un message !

Tous les téléphones Android aiment travailler avec Gmail. S'il s'agit de votre serveur de messagerie principal, vous aurez un accès permanent à tous vos messages électroniques.

Consulter la boîte de réception

Pour consulter votre compte Gmail (ou autre) :

1. **Exécutez l'application Gmail. Si nécessaire, touchez l'avatar du compte de messagerie en haut à droite. Il peut s'agir de la première lettre du compte Google ou du nom d'un autre compte de messagerie. Dans le menu local qui apparaît, choisissez le compte que vous voulez consulter (voir la Figure 10.5).**

   Pour consulter simultanément toutes les boîtes aux lettres, donc tous les comptes que vous gérez avec Gmail, touchez les trois traits horizontaux en haut à gauche, et choisissez Toutes les boîtes, comme sur la Figure 10.6.

2. **Le contenu de la Boîte de réception apparaît, comme sur la Figure 10.7.**
3. **Pour lire un message, appuyez dessus. Il s'affiche à l'écran, comme l'illustre la Figure 10.8.**

FIGURE 10.5
Choisissez le compte à consulter.

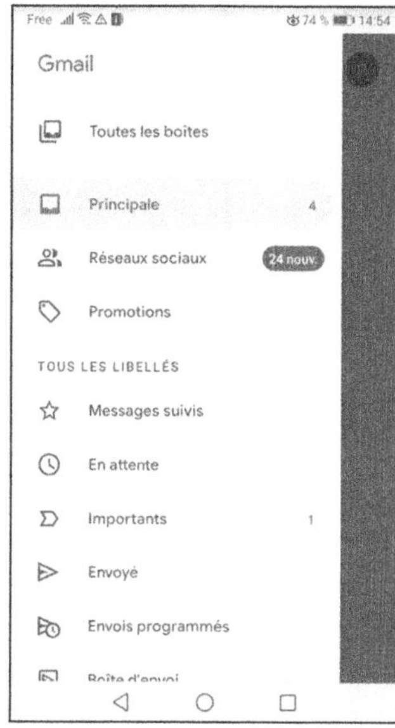

FIGURE 10.6
Consulter toutes les boîtes des comptes gérés par Gmail.

4. **Pour revenir à la Boîte de réception, appuyez sur le bouton Retour du smartphone. C'est aussi simple que cela !**

Par défaut, Gmail vous signale les messages provenant des réseaux sociaux auxquels vous êtes abonné sous l'un des comptes définis dans l'application. Vous pouvez les consulter indépendamment de vos autres messages. Bien entendu, Gmail a une nette préférence pour Google+ et YouTube. Mais il acceptera sans rechigner tous les autres réseaux sociaux.

» Pour rechercher un message, touchez le champ Rechercher dans les messages. Tapez un mot, une phrase susceptible de permettre de retrouver un message particulier. Ensuite, touchez l'icône de la loupe dans la partie inférieure droite du clavier virtuel. L'application Gmail listera les messages contenant tout ou partie des éléments recherchés.

FIGURE 10.7 La boîte de réception de Gmail.

FIGURE 10.8 Un message affiché dans toute sa splendeur.

» Gmail utilise la notion de *libellés* et non pas de dossiers. Pour y accéder, touchez les traits en haut à gauche de manière à ouvrir le menu vous permettant de choisir un compte ou un libellé particulier (reportez-vous à la Figure 10.6).

Répondre à un message

Pour répondre à un message, il suffit d'appuyer sur le bouton idoine du message affiché :

1. **Affichez un message, comme expliqué précédemment, puis touchez le bouton Répondre (voir Figure 10.8).**
2. **Pour d'autres options de réponse, touchez les trois points à droite de l'icône Répondre.**

   Si le message auquel vous comptez répondre contenait d'autres destinataires, vous pouvez alors toucher le bouton Répondre à tous de ce menu local afin de les inclure également dans les destinataires de votre réponse. L'option Transférer permet quant à elle de faire suivre le message reçu à un ou plusieurs destinataires de votre choix.

3. **Il vous reste à rédiger votre message de réponse et à l'envoyer, comme l'indique la section suivante (voir Figure 10.9).**

FIGURE 10.9 Vous voilà prêt à répondre !

Appuyez sur l'icône frappée d'une l'étoile dans un message pour le marquer comme favori. Cette marque permet de localiser plus rapidement des messages spécifiques.

La gestion de la messagerie est plus simple sur un ordinateur.

Écrire un courrier électronique

J'utilise souvent mon téléphone pour vérifier l'arrivée de nouveaux messages. En revanche, je l'emploie rarement pour y répondre ou pour en composer. J'explique cette attitude par le fait que peu de messages électroniques nécessitent une réponse immédiate.

Composer un nouveau message électronique

L'écriture d'un courriel sur un téléphone Android ne diffère pas réellement de ce que vous faites sur votre ordinateur. La Figure 10.10 en montre l'interface dans Gmail.

FIGURE 10.10
Écrire un nouveau message.

Voici comment créer un message électronique avec votre téléphone :

1. **Démarrez l'application Gmail.**
2. **Dans la boîte de réception, touchez le bouton circulaire orné d'un signe +.**
3. **L'écran de rédaction d'un message apparaît. Comme il s'agit d'un nouveau message, et non d'une réponse ou d'un transfert, tous ses champs sont vides à l'exception de celui de l'expéditeur (voir Figure 10.10).**
4. **Si nécessaire, touchez le premier champ, celui qui indique le nom de l'expéditeur, pour choisir le compte de messagerie que vous voulez utiliser.**
5. **Touchez le champ À pour l'activer. Tapez les premières lettres du nom du contact, puis choisissez le destinataire dans la liste qui vous est proposée.**

Pour insérer un champ Cc ou Cc/Cci, touchez la flèche à droite du champ À.

6. **Vous pouvez envoyer un message à une personne qui ne figure pas dans votre carnet d'adresses en tapant tout simplement son adresse e-mail en entier.**
7. **Indiquez l'objet du message.**
8. **Tapez le message.**
9. **Touchez le bouton Envoyer en haut à droite.**

Le bouton Menu, en haut et à gauche de l'écran, contient une option permettant l'enregistrement du message sous la forme d'un brouillon. Cela permet de le modifier ultérieurement avant de l'expédier.

Une copie des messages expédiés est mémorisée dans Gmail, sous la rubrique Envoyé. Bien entendu, les copies des messages Gmail sont également stockées sur votre espace Google. Vous pouvez les consulter depuis n'importe quel ordinateur connecté à Internet.

Pour annuler un message en cours de rédaction, touchez le bouton Menu, en haut et à droite de l'écran, et exécutez la commande Supprimer. Vous pouvez également appuyer sur le bouton Retour du smartphone. Dans tous les cas, le message est mémorisé en tant que brouillon.

Consultez le Chapitre 8 pour plus d'informations sur le carnet d'adresses de votre téléphone, et le Chapitre 4 pour taper, dicter, et modifier du texte.

Envoyer un nouveau mail à un contact

La méthode la plus simple et la plus rapide pour composer un nouveau message consiste à localiser un contact et à utiliser ses informations personnelles. Voici comment procéder :

1. **Ouvrez le carnet d'adresses (Contacts) de votre téléphone.**
2. **Localisez le contact auquel vous souhaitez adresser un message électronique.**

Pour plus d'informations sur la recherche des contacts dans une longue liste de correspondants, reportez-vous au Chapitre 8.

3. **Touchez le contact puis, dans sa fiche personnelle, touchez la ligne qui contient son adresse e-mail (voir Figure 10.11).**

4. **Si un menu local apparaît, choisissez l'application de messagerie à utiliser : Gmail ou une autre qui serait installée sur votre téléphone, et validez avec le bouton Une seule fois.**

5. **Dès cet instant, la création d'un message s'effectue selon la procédure décrite dans les précédentes sections.**

FIGURE 10.11 Touchez l'adresse électronique du contact pour écrire à ce dernier.

Vous pouvez choisir un compte spécifique pour expédier votre message. Si vous disposez d'un seul compte, il est utilisé par défaut.

Recevoir des pièces jointes à un message

Votre smartphone Android permet d'afficher la majorité des pièces jointes à vos messages électroniques :

1. **Les pièces jointes sont indiquées dans la partie inférieure de la notification du message, comme sur la Figure 10.12.**

2. **Lorsque vous ouvrez ce message, vous voyez immédiatement la pièce jointe et, s'il s'agit d'une photo, un**

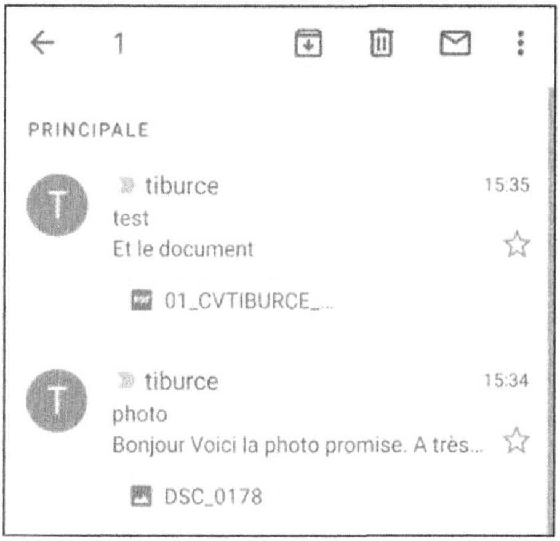

FIGURE 10.12 Les pièces jointes sont affichées sous le message.

aperçu permet généralement de se faire une idée de son contenu, éventuellement accompagnée d'un bouton pour le téléchargement si celui-ci n'est pas activé par défaut, comme le montre la Figure 10.13.

FIGURE 10.13 Message ouvert contenant une pièce jointe.

Si vous ne souhaitez pas charger automatiquement les pièces jointes, touchez le bouton Menu et choisissez la commande Paramètres. Touchez le nom du compte concerné. Faites défiler les options vers le bas, puis décochez la case Télécharger les pièces jointes. Vous pouvez également forcer une confirmation avant d'afficher les images.

3. **Appuyez sur la vignette de la pièce jointe pour afficher un aperçu.**

4. **Pour la stocker sur votre smartphone depuis le message, touchez le bouton de téléchargement (flèche pointant vers le bas) situé à droite du nom du fichier.**

   Vous serez sans doute obligé d'autoriser Gmail à accéder à vos photos.

Touchez une photo téléchargée pour l'afficher en mode Plein écran. Choisissez le cas échéant une option en touchant le bouton Menu.

Certaines pièces jointes ne peuvent pas être ouvertes, tout simplement parce qu'aucune application capable de le faire n'est installée sur votre smartphone. Dans ce cas, informez l'expéditeur du problème. Une autre méthode consiste à transférer ce message sur un autre compte de messagerie que vous consulterez depuis votre ordinateur.

- Si les images jointes ne sont pas affichées dans le message, il suffit de toucher la vignette ou le nom de la pièce jointe pour afficher un aperçu.
- Les photos au format JPEG jointes à un message disposent généralement d'une petite vignette permettant d'en identifier le contenu.

Joindre des pièces à un message

Vous pouvez ajouter une pièce jointe à un message électronique.

Gmail vous permet d'envoyer n'importe quel type de fichier. Bien entendu, vous devriez vous assurer au préalable que le destinataire sera capable d'ouvrir les pièces jointes dans une application appropriée.

1. **Créez un nouveau message, puis touchez le bouton orné d'un trombone, en haut et à droite de l'écran.**
2. **Dans le menu local, touchez l'option Joindre un fichier.**
3. **Vous retrouvez le gestionnaire de fichiers centralisé où vous sélectionnez un emplacement. Choisissez un**

dossier, puis touchez le fichier que vous voulez joindre au message

C'est aussi simple que cela. (Vous pouvez joindre plusieurs pièces par une série d'appuis longs.)

Pour plus d'informations sur l'application Google Photos, consultez le Chapitre 14.

Configurer une messagerie électronique

Vous pourriez passer beaucoup de temps à personnaliser vos messageries électroniques gérées avec votre téléphone mobile. Mais, en fait, les réglages par défaut sont souvent bien adaptés. L'une des options les plus importantes est le téléchargement automatique, ou non, des pièces jointes. Nous avons déjà vu plus haut comment procéder pour modifier cette option.

Voyons donc rapidement ce qu'il en est des autres réglages.

Paramètres généraux

Ce sont ceux qui concernent tous les comptes de messagerie qui sont définis dans l'application Gmail :

1. **Touchez le bouton Menu, en haut et à gauche de l'écran, puis choisissez l'option Paramètres.**
2. **Touchez la ligne qui indique Paramètres généraux.**
3. **Activez, désactivez ou modifiez les options proposées (voir la Figure 10.14).**

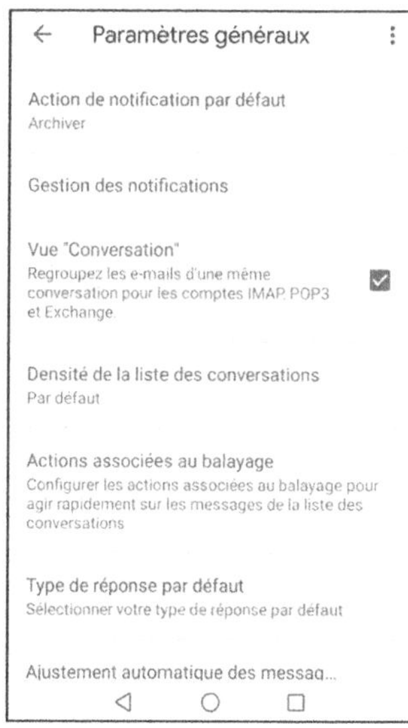

FIGURE 10.14 Paramètres généraux de l'application Gmail.

Parmi celles susceptibles de vous intéresser, les principales sont certainement celles-ci :

- **Actions de notification par défaut :** Pour afficher au choix le bouton Archiver ou Supprimer lors de la lecture des messages.
- **Confirmations des actions :** La confirmation avant suppression est plutôt une bonne idée. Pour ce qui concerne l'archivage ou l'envoi, c'est sans doute bien moins utile.

4. **Quand vous avez terminé, revenez à l'écran principal en touchant le bouton Retour du téléphone.**

Bien entendu, le fabricant de votre smartphone peut avoir implémenté sa propre application de messagerie, avec d'autres paramètres, ainsi qu'une interface personnalisée, mais dont le mode de fonctionnement général ne va pas différer fondamentalement de ce qui est décrit dans ce chapitre.

Paramètres des comptes

Chaque compte de messagerie dispose de ses propres réglages, toujours accessibles depuis l'option Paramètres de l'application.

Touchez le bouton Menu, puis Paramètres, et enfin le nom d'un compte dans la liste. Quelques options méritent réflexion (voir Figure 10.15) :

- » **Votre nom :** Tapez le nom sous lequel vous souhaitez apparaître en tant qu'expéditeur des messages.
- » **Signature mobile :** Pour ajouter une

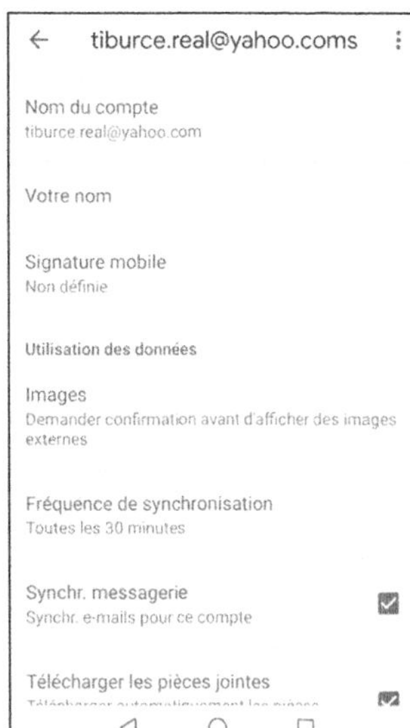

FIGURE 10.15 Options d'un compte de messagerie.

signature à la fin de tous vos messages. Voyez la section suivante.

» **Notifications pour les e-mails :** Vous pouvez être notifié de l'arrivée d'un message par une sonnerie personnalisée, voire par une vibration de l'appareil. Si vous avez plusieurs comptes, pourquoi en effet ne pas leur associer des sonneries différentes ?

Créer une signature

Je conseille vivement de créer une signature personnalisée lorsque vous envoyez des messages depuis un téléphone mobile. Par exemple :

```
DAN
Ce message a été envoyé avec mon téléphone Android.
Aucun caractère farfelu n'est intentionnel.
```

Pour créer une signature dans Gmail :

1. **Touchez le bouton Menu, puis Paramètres.**
2. **Touchez le nom de votre compte.**
3. **Choisissez Signature mobile.**
4. **Tapez ou dictez votre signature (voir Figure 10.16).**

FIGURE 10.16 Ajouter une signature automatique de message.

5. **Touchez le bouton OK.**
6. **Pour modifier une signature, il suffit de répéter les étapes de cette procédure.**

Chaque compte de messagerie peut posséder sa propre signature.

Chapitre 11

Un Android et une toile

DANS CE CHAPITRE :

- **Rechercher une page Web avec son téléphone**
- **Surfer sur le Web**
- **Marquer des pages avec des signets**
- **Travailler avec plusieurs fenêtres du navigateur**
- **Effectuer une recherche sur le Web**
- **Partager un lien**
- **Télécharger des éléments depuis le Web**
- **Changer la page d'accueil**

Lorsque Tim Berners-Lee développa le *World Wide Web* en 1990, il ne pensait pas que les internautes y surferaient avec un téléphone mobile. De ce fait, le Web a été conçu pour être affiché sur un écran d'ordinateur et pas sur un écran de smartphone. Ainsi, naviguer sur le Web avec un téléphone mobile c'est un peu comme regarder *La Joconde* à travers le trou d'une serrure.

Donc, pour profiter pleinement du Web sur un téléphone mobile, je vous conseille de lire ce chapitre.

Je surfe, tu surfes, il surfe, nous surfons…

Votre téléphone dispose d'applications pour Gmail, YouTube (normal puisque ce service de vidéo appartient à Google), et pour les réseaux sociaux (Facebook, Twitter, et autres), et de nombreuses autres activités fondées sur le Web.

Pour surfer sur le Web partout où vous vous trouvez, vous devez disposer d'une connexion Internet. Si votre forfait ne propose pas des données mobiles (c'est-à-dire la 3G ou la 4G) « illimitées », il est préférable de vous connecter en activant la fonctionnalité Wi-Fi de votre téléphone. Croyez-moi, votre compte en banque me remerciera pour ce conseil. Dans ce cas, vous êtes limité à un certain nombre de mégaoctets (ou de gigaoctets) que vous pouvez télécharger mensuellement. Pour plus d'informations à ce sujet, consultez le Chapitre 18.

En revanche, si votre abonnement comprend un accès rapide 4G, vous pouvez accéder au Web sans activer la connexion Wi-Fi.

L'application Chrome permet à votre smartphone de surfer sur le Web. Elle est généralement présente dans la barre des favoris. Si ce n'est pas le cas, faites glisser la partie supérieure de l'écran d'accueil vers le bas, et tapez Chrome dans le champ de recherche.

Cette application s'utilise comme le navigateur Web de votre ordinateur. Toutefois, cette section envisage les spécificités d'une version Android d'un navigateur.

Sur certains smartphones, le programme Internet se nomme tout simplement Navigateur. La disposition des commandes et certaines fonctionnalités peuvent se présenter différemment, mais les grands principes ne varient pas. Comme il n'est pas possible d'étudier tous les cas possibles, nous nous en tiendrons au navigateur générique d'Android : Chrome.

Surfer sur le Web avec son téléphone

Lorsque vous ouvrez l'application Chrome pour la première fois, vous accédez à une page d'accueil par défaut qui est généralement celle du moteur de recherche, je vous le donne en mille : Google comme le montre la Figure 11.1. Bien entendu, vous pourrez en définir une autre, comme cela est expliqué plus loin dans ce chapitre.

Comme l'écran du téléphone cellulaire est de petite taille, toutes les pages Web ne s'y affichent pas correctement. Voici quelques astuces d'utilisation :

» Parcourez la page Web en glissant son contenu avec le doigt. Vous pouvez vous déplacer du bas vers le haut, du haut vers le bas, voire latéralement.

» Double-tapotez l'écran pour effectuer un zoom avant ou arrière. Mais cela ne marche pas forcément avec certains sites.

» Écartez ou rapprochez deux doigts pour zoomer en avant ou en arrière. Là encore, cela ne fonctionne pas avec certains sites.

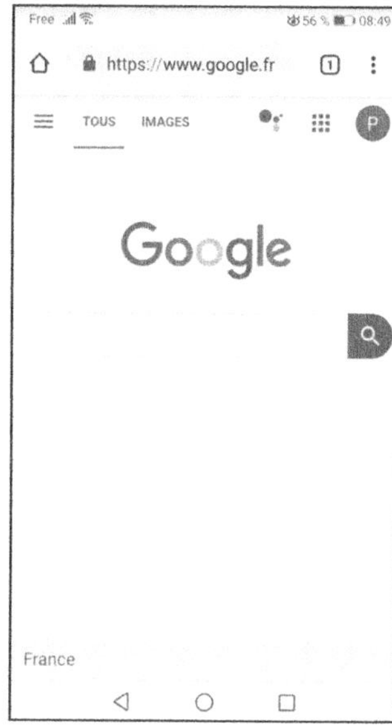

FIGURE 11.1 L'application Chrome affichant la page d'accueil Google.

» Basculez l'écran en mode paysage pour afficher la page horizontalement. Cela facilite le zoom avant sur les textes. Vérifiez auparavant en faisant glisser la barre des notifications vers le bas que l'option Rotation automatique est bien activée.

Visiter une page Web

Pour visiter une page Web :

1. **Tapez l'URL dans la barre d'adresse.**

   Si vous ne connaissez pas l'adresse du site, tapez un mot qui s'en rapproche. Par exemple, si vous ne connaissez pas l'adresse du site Microsoft, tapez simplement Microsoft dans la barre d'adresse (voir Figure 11.2). En général, il n'est pas nécessaire de saisir le nom en entier.

2. **Une liste de sites apparaît et se met à jour au fur et à mesure que vous tapez des caractères. Appuyez sur la touche Entrée du clavier virtuel.**

   Google liste les sites qui correspondent au plus près à votre requête comme le montre la Figure 11.3.

3. **Touchez le lien qui correspond à votre recherche.**

Si la barre d'adresse est invisible, glissez vers le bas de la partie supérieure du navigateur. Elle apparaît comme par magie.

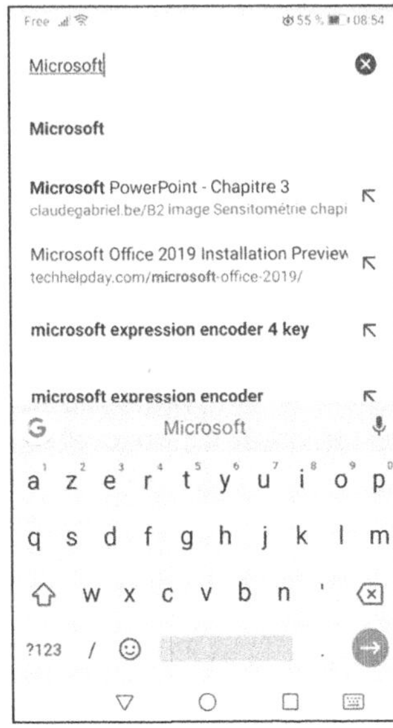

FIGURE 11.2 Tapez l'adresse ou le nom d'un site.

4. **Pour cliquer sur des liens, il suffit de les toucher.**
5. **Pour recharger une page Web, placez votre index sur la page affichée et, sans relâcher votre pression, faites-le glisser vers le bas.**

   Le contour d'un cercle s'anime pour vous indiquer que le rafraîchissement de la page a bien lieu.

   Appuyez sur le bouton Menu (les trois points, en haut et à droite de l'écran), puis la flèche circulaire qui s'affiche en haut de la liste (voir Figure 11.4). Cette commande permet aussi de recharger une page Web qui ne s'est pas complètement affichée.

6. **Pour effacer une adresse avant d'en saisir une autre, touchez le champ Recherchez ou saisissez une adresse Web.**

De plus en plus souvent, les sites Web proposent plusieurs versions de leur page. Il y a d'abord le mode « classique » tel qu'il

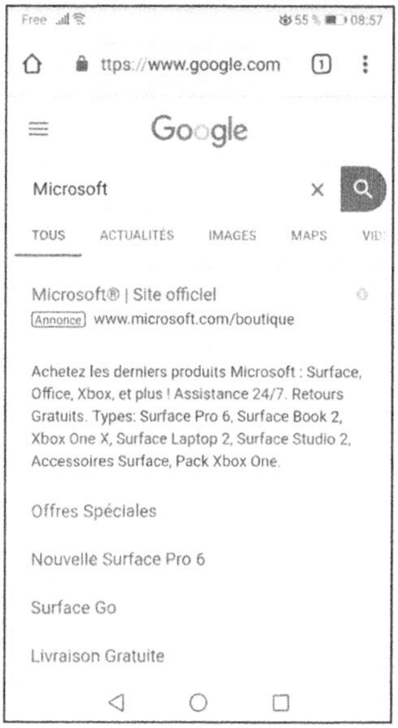

FIGURE 11.3
Les résultats de la recherche.

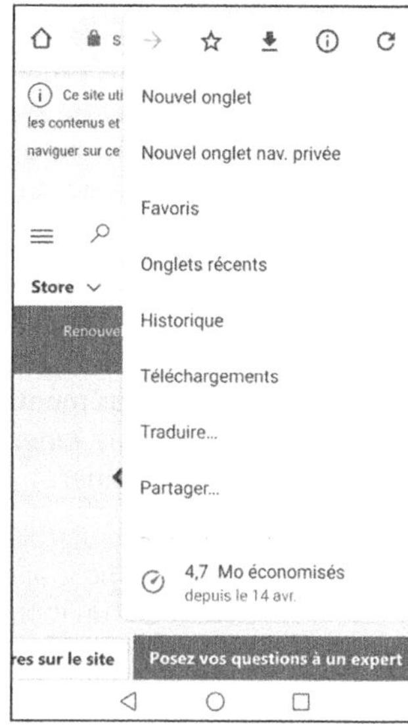

FIGURE 11.4
Le menu pour recharger une page Web.

apparaît sur votre ordinateur. Et il y a aussi un mode « mobile » adapté aux smartphones et aux tablettes. Les deux se différencient par une adresse Web adaptée (la première débutant par le traditionnel *www*, l'autre par un préfixe comme *m* ou encore *mobile*). Pour passer d'une version à une autre, touchez le bouton Menu du navigateur (en haut et à droite de l'écran). Choisissez ensuite l'option Version pour ordinateur, comme sur la Figure 11.5. Mais sachez que cela ne marche pas toujours : tout dépend des choix opérés par le site lui-même.

Dans une page Web, vous pouvez sélectionner et copier du texte exactement comme dans n'importe quel autre genre de document. Ces fonctionnalités sont étudiées au Chapitre 4.

Pour en savoir toujours plus

Avec Chrome, Google vous en offre toujours plus. Faites l'expérience :

1. **Ouvrez un site à votre convenance. Lorsque vous repérez un mot (ou une expression) qui vous interroge, touchez-le.**
2. **Une petite barre apparaît en bas de l'écran (voir la partie gauche de la Figure 11.6). Elle vous montre ce que vous venez de sélectionner.**

   Une barre d'outils s'affiche aussi au-dessus du mot. Elle permet de copier, de partager, de sélectionner tout le texte. Si vous touchez les trois petits points de cette barre, vous aurez alors la possibilité de rechercher des informations sur le Web ou bien encore de traduire le mot (ou le texte).

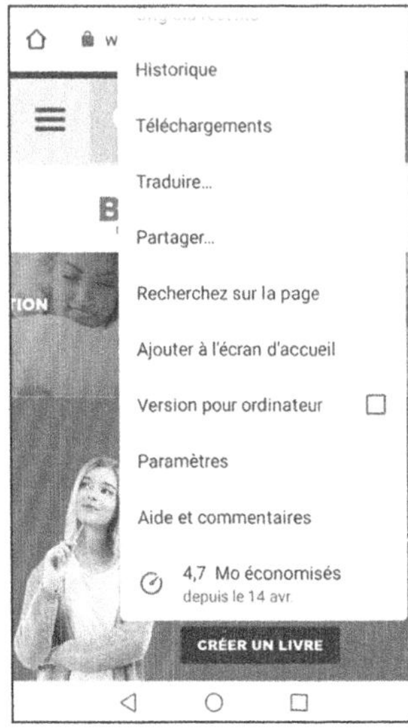

FIGURE 11.5
Pour afficher la page Web comme sur votre ordinateur.

3. **Touchez le mot affiché en bas de l'écran.**

   Le moteur de recherche de Google va vous faire toute une série de propositions en reprenant le mot choisi comme critère.

D'avant en arrière et inversement

Pour revenir à la page Web précédente, vous pouvez appuyer sur le bouton sensible Retour.

Pour consulter un historique de navigation :

1. **Touchez le bouton Menu, en haut et à droite de l'écran (icône de trois points).**
2. **Touchez l'option Historique.**

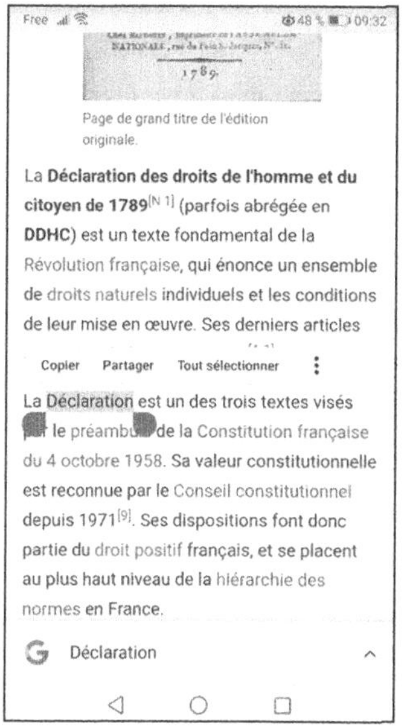

FIGURE 11.6
Avec Chrome et Google, l'exploration du Web ne connaît plus de limites !

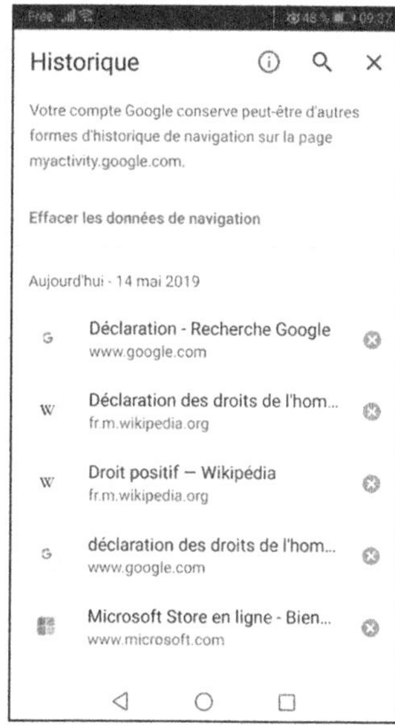

FIGURE 11.7
Afficher l'historique de navigation.

3. **La liste des pages que vous avez visitées et des recherches que vous avez effectuées apparaît (voir Figure 11.7).**
4. **Pour afficher une page que vous avez visitée il y a plusieurs semaines ou plusieurs mois, faites défiler l'écran vers le bas.**

   Pour trouver plus rapidement une page spécifique, touchez l'icône de la loupe en haut à droite. Cela révèle le champ Recherchez dans l'historique. Saisissez-y un mot ou une expression.

5. **Pour vider l'historique, touchez la commande Effacer les données de navigation.**

Utiliser les favoris

Les *favoris* sont des marque-pages électroniques qui permettent de garder en mémoire des sites que vous visitez régulièrement. Il suffira alors de consulter la liste de ces favoris pour trouver rapidement une page ou un site Web à visiter.

Voici comment ajouter des favoris avec votre smartphone Android :

1. **Visitez la page Web à laquelle vous souhaitez attribuer un signet.**
2. **Touchez le bouton Menu, en haut et à droite de l'écran.**
3. **Touchez le bouton représentant une étoile, sur le haut du menu (revoyez la Figure 11.4).**

À présent, voici comment afficher un site favori :

1. **Touchez le bouton Menu, en haut et à droite de l'écran de Chrome.**
2. **Touchez Favoris.**

   Cette action ouvre l'écran Favoris sur mobile.
3. **Touchez éventuellement un dossier de favoris puis le nom d'un favori.**
4. **Le site s'affiche dans Chrome**

Pour organiser vos favoris, suivez le guide :

1. **Touchez le bouton Menu, en haut et à droite de l'écran de Chrome.**
2. **Touchez Favoris.**
3. **Appuyez sur un favori jusqu'à ce qu'il soit sélectionné.**

   Une coche apparaît sur sa gauche.
4. **Touchez alors l'icône du dossier située dans la barre d'outils qui est apparue en haut de l'écran, comme sur la Figure 11.8.**

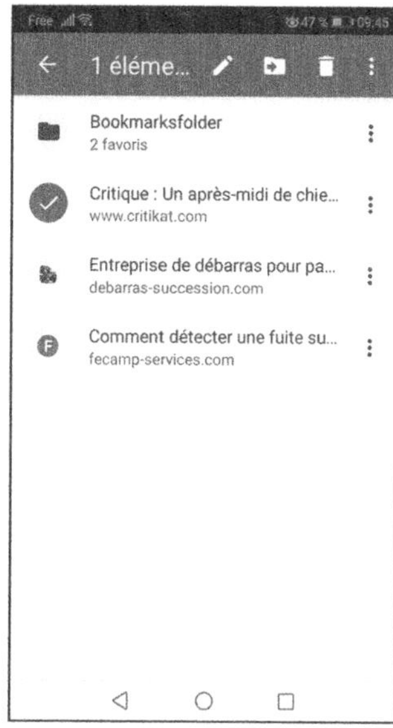

FIGURE 11.8 Pour ranger des favoris dans des dossiers.

5. **Dans l'écran Sélectionner un dossier, choisissez un des dossiers existants, ou bien touchez Nouveau dossier pour en créer un.**

   Dans ce cas, vous nommerez le dossier. Pour que ce dossier soit créé sur le téléphone, cochez Favoris sur mobile.

6. **Si vous créez un nouveau dossier, validez-le en touchant la coche en haut à droite.**

   Les autres dossiers éventuellement présents dans l'écran Sélectionner un dossier sont ceux que vous avez créés dans la version Chrome de votre ordinateur.

   L'icône de corbeille vous permet d'annuler le favori, ou encore de le supprimer de la liste.

7. **Si vous avez placé un favori dans le mauvais dossier, ouvrez le dossier en question. Touchez ensuite les trois points à droite du nom du favori. Dans le menu local qui apparaît, choisissez Déplacer pour le ranger dans un autre dossier de favoris, ou bien Supprimer pour l'éliminer purement et simplement de vos favoris.**

8. **Pour refermer la liste des favoris, touchez la croix en haut à droite de la fenêtre.**

Pour modifier ou supprimer un dossier, ouvrez son dossier parent à partir du menu de la page des favoris. Faites un appui sur son nom pour révéler les options correspondantes. Mais n'oubliez pas qu'en supprimant un dossier de favoris, vous effacez en même temps son contenu !

Gérer plusieurs pages Web

Les navigateurs Web modernes permettent d'ouvrir plusieurs pages Web en même temps. Elles sont souvent gérées sous la forme d'onglets. Ainsi, vous n'ouvrez qu'une seule occurrence de votre navigateur Web. Avec un smartphone, vous travaillerez avec plusieurs fenêtres simultanément. Voici comment procéder :

1. **Pour ouvrir un lien dans un autre onglet, appuyez dessus jusqu'à ce qu'apparaisse un menu local dans lequel vous exécuterez la commande Ouvrir dans un nouvel onglet (voir la Figure 11.9).**

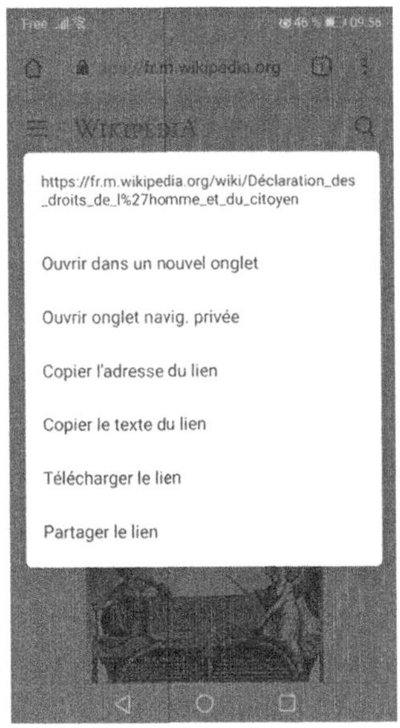

FIGURE 11.9 Ouvrir un lien dans un nouvel onglet.

Le menu local vous propose une autre option de navigation, dite privée. Celle-ci permet de laisser un minimum de « traces » sur le Web en ne transmettant pas d'informations personnelles au site que vous consultez. Mais ne vous faites quand même pas trop d'illusions : ce système de protection ne résisterait pas longtemps face à des outils un tant soit peu sophistiqués ! Et, de toute manière, l'adresse Internet à partir de laquelle vous vous connectez est toujours facile à détecter…

2. **Pour ouvrir un favori dans un nouvel onglet, appuyez sur sa vignette jusqu'à ce qu'elle soit sélectionnée.**
3. **Ensuite, touchez les trois points en haut à droite. Dans le menu local qui apparaît (Figure 11.10), exécutez la commande Ouvrir dans un nouvel onglet.**

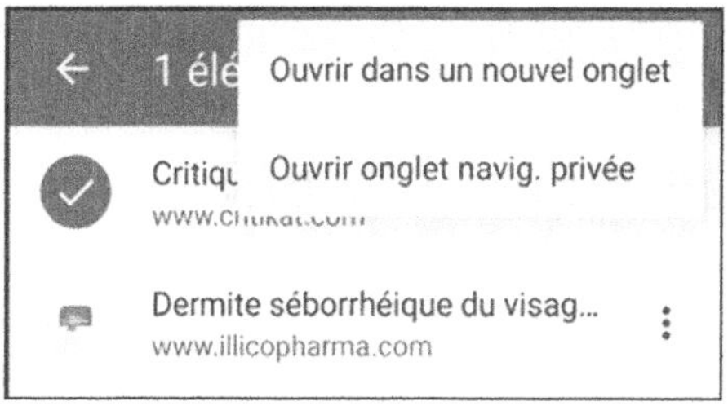

FIGURE 11.10 Pour ouvrir un favori dans un nouvel onglet.

4. **Pour passer d'un onglet à un autre (ou d'une fenêtre à une autre si vous préférez), touchez le bouton marqué d'un chiffre (correspondant au nombre de pages actuellement ouvertes dans Chrome) à droite de la barre d'adresse, en haut de la fenêtre. Vos différentes pages vont apparaître sous la forme d'aperçus (voir la Figure 11.11), au même titre que les applications récemment ouvertes. Feuilletez l'écran vers le haut ou vers le bas pour faire défiler les vignettes d'aperçus de ces pages, puis touchez une page pour l'afficher en mode plein écran. Touchez la petite croix qui apparaît à droite du bandeau d'une page pour retirer celle-ci de la liste des onglets (ou faites la glisser latéralement jusqu'à ce quelle disparaisse de l'écran).**

FIGURE 11.11 Chrome et sa gestion de fenêtres multiples.

Vous pouvez également appuyer sur le bouton Menu du navigateur, puis sur l'option Onglets récents pour afficher la liste des onglets de pages Web récemment ouverts dans le navigateur.

Rechercher sur le Web

La technique la plus simple pour effectuer une recherche efficace sur le Web consiste à utiliser le widget Google présent sur votre écran d'accueil ou dans un dossier Google (voir la Figure 11.12). Vous pouvez alors taper l'objet de votre recherche dans le champ de saisie, ou bien le dicter en appuyant sur l'icône du microphone. Voyez à ce sujet le Chapitre 4. Le service lié à cette fonction s'appelle l'Assistant Google Now et nécessite que vous acceptiez de l'activer au préalable.

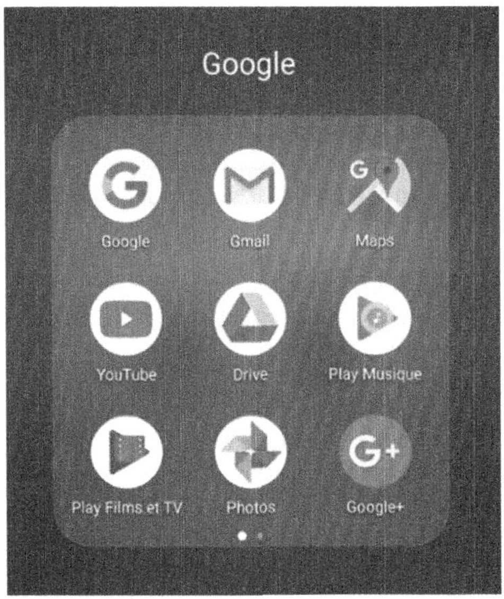

FIGURE 11.12 Le widget du moteur de recherche Google.

Un appui long sur le bouton Accueil du smartphone déclenche l'intervention de l'Assistant Google si celui-ci est activé. Voyez à ce sujet le Chapitre 4.

Insistons sur un point : les meilleures recherches, celles qui ne risquent pas de faire exploser votre forfait de téléphonie, se font lorsque vous êtes connecté en Wi-Fi.

Pour effectuer une recherche sur le Web :

1. **Exactement comme vous le faites sur votre ordinateur habituel, touchez le champ de Dites OK Google, et saisissez un critère à votre convenance.**
2. **Quand vous avez terminé, touchez le bouton qui représente une loupe sur le clavier virtuel, ou appuyez directement sur un des liens proposés.**

Vous pouvez ensuite consulter les informations trouvées, ou effectuer une nouvelle recherche comme si vous vous trouviez dans Chrome. Évidemment, l'Assistant Google comme Chrome font plus qu'entretenir des liens étroits !

Dans Chrome, par défaut, votre moteur de recherche c'est celui de Google. Logique. Mais vous avez d'autres possibilités :

1. **Dans Chrome, touchez le bouton Menu, en haut et à droite de l'écran.**
2. **Dans le menu qui apparaît, choisissez l'option Paramètres, puis touchez l'option Moteur de recherche.**
3. **Vous allez constater que vous avez en fait quatre options à votre disposition (voir Figure 11.13) : Google, Yahoo ! Bing (de Microsoft), et Qwant.**

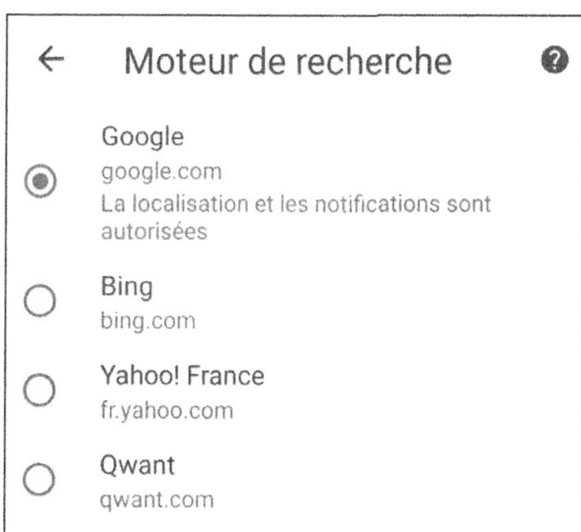

FIGURE 11.13 Définir le moteur de recherche.

4. **Sélectionnez le moteur de recherche que vous voulez utiliser par défaut.**
5. **Il ne vous reste plus qu'à revenir à la page principale de Chrome. Vos recherches vont maintenant s'appuyer sur le moteur que vous venez de sélectionner.**

Mais ce n'est pas tout. Vous pouvez en effet effectuer une recherche à l'intérieur même d'une page Web :

1. **Visitez la page Web où vous souhaitez localiser un texte spécifique.**
2. **Touchez le bouton Menu, en haut et à droite de l'écran.**
3. **Dans le menu qui s'affiche, touchez l'option Recherchez sur la page.**
4. **Tapez le texte à retrouver dans la barre d'adresse.**
5. **Au fur et à mesure de votre frappe, les termes ou mots correspondant à votre recherche apparaissent en surbrillance. La première occurrence trouvée est mise sur un fond orange, et les autres sont surlignées de jaune (voir Figure 11.14).**
6. **Utilisez les flèches affichées à droite du champ de recherche pour localiser le texte sur la page. La recherche se fait respectivement vers le haut et le bas de la page.**

FIGURE 11.14 Faire une recherche dans une page Web.

7. **Touchez le bouton sensible Retour du smartphone quand votre recherche est terminée.**

Consultez le Chapitre 21 pour plus d'informations sur les widgets.

Les joies et les périls du téléchargement

Téléchargement est un mot assez mal compris des utilisateurs, qui le comparent à un acte de *copie* ou de *transfert.*

Donc, vous pouvez télécharger, sur votre smartphone, des informations contenues sur une page Web.

Il n'est pas nécessaire de charger de nouvelles applications sur votre téléphone. Toutes les applications dont vous avez besoin se trouvent sur Play Store.

Lorsque le téléphone télécharge des informations, une notification apparaît dans la barre affichée en haut de l'écran avec l'icône ci-contre.

Prendre une image sur une page Web

Une image affichée sur un site Web est très facile à télécharger :

1. **Appuyez sur l'image jusqu'à ce qu'apparaisse un menu local où vous exécuterez la commande Télécharger l'image (voir Figure 11.15 à gauche).**

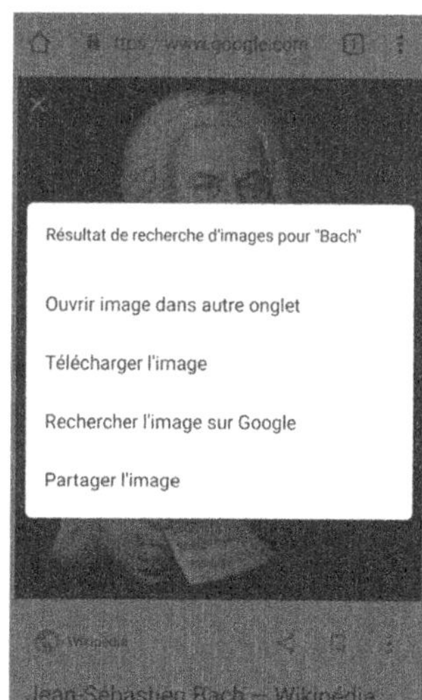

FIGURE 11.15
Enregistrer une image depuis le Web.

Le menu local propose également une option appelée Ouvrir image (ou Ouvrir image dans un autre onglet). Comme son nom l'indique, elle vous permet de visualiser l'image sans pour autant vous soucier de la télécharger sur votre smartphone. Le menu local vous permet également de rechercher l'image, ou des images similaires, sur Google.

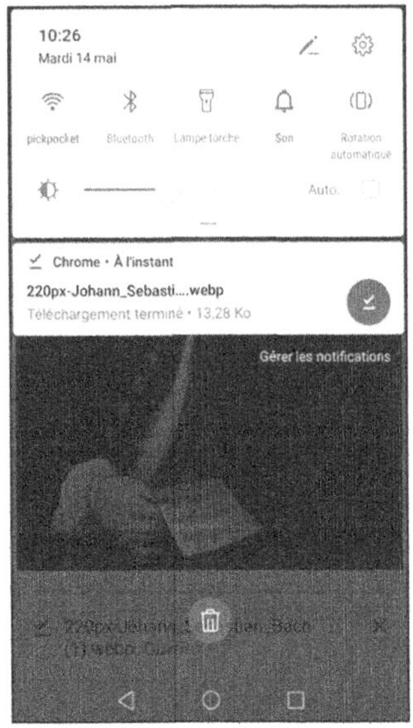

FIGURE 11.16
Touchez la notification du téléchargement pour ouvrir l'image.

2. **L'image est copiée et stockée sur votre téléphone. Affichez-la avec l'application Google Photos, dont l'utilisation est étudiée au Chapitre 14.**

   Vous pouvez également faire glisser la barre de notifications vers le bas, puis appuyer sur la notification de téléchargement (Figure 11.16).

Télécharger des fichiers

Lorsqu'un lien ouvre un document sur une page Web, comme un document Microsoft Word ou Adobe Acrobat (fichier PDF), vous pouvez télécharger cette information sur votre téléphone. Appuyez sur le lien jusqu'à ce qu'apparaisse un menu local où vous exécuterez la commande Télécharger le lien.

En général, le fait de toucher un lien renvoyant vers un document PDF le télécharge sur votre smartphone.

Consulter les téléchargements

Pour consulter vos téléchargements depuis le navigateur :

1. **Ouvrez le menu (trois points) de Chrome.**

2. **Touchez Téléchargements.**
3. **Par défaut, la liste des éléments téléchargés devrait être classée par dates. Pour voir le contenu d'un élément téléchargé, appuyez dessus (voir Figure 11.17).**
4. **Pour réduire l'affichage des éléments téléchargés, touchez la petite flèche en haut au centre. Choisissez alors de n'afficher que les vidéos, les photos, *etc.*, comme le montre la Figure 11.18.**

Les options de sécurité et de confidentialité

La sécurité sur Internet est question d'intelligence et de sens commun. Ainsi, ne commettez pas sur Internet des imprudences que vous ne feriez pas dans la vie. Tant que vous faites

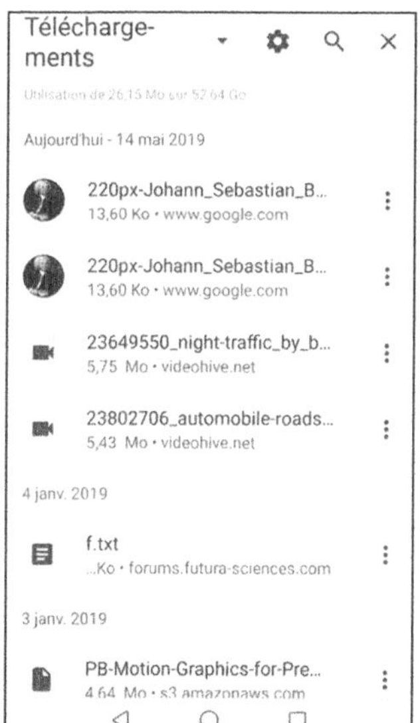

FIGURE 11.17 Consulter vos téléchargements.

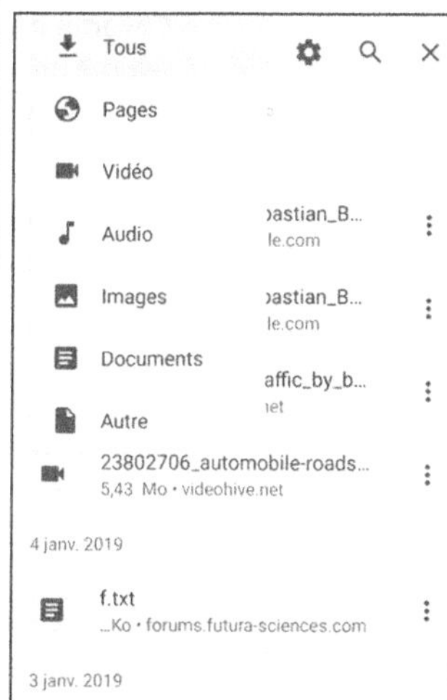

FIGURE 11.18 Afficher les éléments téléchargés par catégorie.

preuve de prudence, notamment en ne cliquant pas sur tout ce qui brille, vous ne risquez (pratiquement) rien sur le Net.

Par défaut, votre téléphone vous protège contre certaines tentations. Ainsi, le bloqueur de fenêtres publicitaires intempestives est activé.

Chaque fois, ou presque, que vous ouvrez Chrome (ou la recherche Google), il vous demande si vous voulez être situé, géolocalisé. C'est vous qui voyez. Si vous avez plein d'amis avec lesquels vous communiquez en permanence, vous activerez bien sûr cette option. Si vous voulez être moins visible, vous déclinerez l'invitation. Mais, dans un cas comme dans l'autre, ne vous faites aucune illusion : votre smartphone *est* localisé en permanence. Mais, bien entendu, vous n'avez rien à vous reprocher, et, finalement, vous vous en moquez...

Voici en tout cas comment effacer certaines données enregistrées à votre insu :

1. **Accédez à la fenêtre de l'historique de Chrome en touchant le bouton Menu, puis Historique.**
2. **Choisissez ensuite l'option Effacer les données de navigation.**
3. **Cochez les données à effacer, comme Historique de navigation, Cookies et données de sites, et Images et fichiers en cache, puis touchez le bouton Effacer les données (voir la Figure 11.19).**

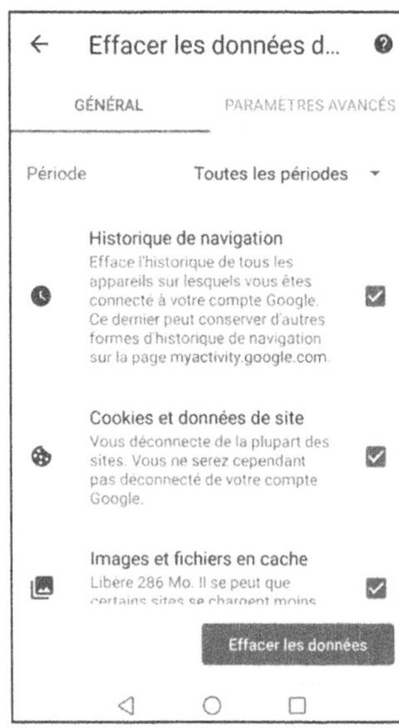

FIGURE 11.19 Effacer les données de navigation, pour surfer en toute tranquillité.

Si Chrome vous propose facilement de supprimer les données courantes et les cookies, il est moins conciliant pour les mots de passe. Vous connaissez ceux-ci par cœur ? Vous allez souvent sur les réseaux sociaux ? Et vous n'avez pas envie d'être « fliqué(e) » en permanence ? N'hésitez pas : effacez régulièrement les mots de passe enregistrés, et changez-en tout aussi régulièrement partout où vous vous rendez...

Vous n'êtes pas marié à Chrome. Si vous souhaitez utiliser un autre navigateur Web, téléchargez-le depuis le Play Store. Ainsi, vous pouvez installer Firefox, Opera, ou bien encore Microsoft Edge.

Chapitre 12

Les réseaux sociaux

DANS CE CHAPITRE :

- » **Facebook**
- » **Twitter**

Les réseaux sociaux ont bouleversé notre perception de la communication via Internet. Ils permettent de se donner l'illusion d'une existence sociale approfondie en multipliant les amis tout en restant seul à la maison. Il est assez intéressant de voir à quel point on se méfie de l'État et de diverses administrations, mais avec quelle désinvolture nous publions des informations personnelles accessibles à la majorité des utilisateurs des réseaux sociaux.

Peu de gens hésitent à partager des moments d'intimité avec la terre entière. Mieux encore, vous êtes encouragé à le faire par des mentions « j'aime » sur lesquelles les *réseauteurs* n'hésitent pas à cliquer pour en apprendre encore plus sur vos petites habitudes et sur votre intimité de tous les jours.

Ouvert sur le monde du cyberespace, votre téléphone Android permet de vous connecter aux réseaux sociaux. Vous pourrez alors utiliser les services les plus populaires en la matière que sont Facebook et Twitter. Comme cette liste n'est pas exhaustive, vous aurez la possibilité de vous connecter à n'importe quel réseau social depuis n'importe quel point d'accès Internet.

Les applications présentées ici, comme d'ailleurs beaucoup d'autres, subissent régulièrement des modifications ou des mises à jour. Il est donc possible qu'en lisant ce livre vous ne retrouviez pas exactement ce qui est décrit dans ce chapitre. Mais, à moins d'un événement extraordinaire, il ne devrait pas y avoir de différences essentielles.

Les anciennes éditions de ce livre faisaient état du réseau social Google+, c'est-à-dire de la réponse de Google à Facebook. Depuis le 2 avril 2019, Google+ n'est plus accessible au grand public, et sa fermeture officielle devrait intervenir en août prochain. Les résultats de ce service n'ont pas été à la hauteur de l'ambition de Google. Toutefois, ce réseau reste disponible pour les professionnels abonnés à la suite bureautique Google appelée G Suite. Par conséquent, si vous lancez Google+ sur votre smartphone, vous verrez s'afficher l'information illustrée sur la Figure 12.1.

Facebook, le roi des réseaux sociaux

L'application Facebook n'est généralement pas préinstallée sur les smartphones. Sans doute une réticence de Google... Mais vous la trouverez très facilement sur Play Store (voir Figure 12.2). Tapez son nom, touchez et installez (voyez le Chapitre 17 à ce sujet).

Configurer un compte Facebook

Pour utiliser l'application Facebook, il vous faut... un compte Facebook. Si vous n'avez pas encore créé le vôtre, je vous recommande de le faire en accédant au site de Facebook (`www.facebook.com`) dans le navigateur Web de votre ordinateur. Tout ce que vous avez à faire, c'est de choisir un nom d'utilisateur (qui ne soit pas déjà pris, bien sûr) et un mot de passe.

Notez soigneusement votre nom d'utilisateur et votre mot de passe. Vous allez en avoir besoin pour accéder à votre compte sur votre smartphone.

Vous devriez ensuite recevoir un message de validation à l'adresse e-mail que vous avez indiquée, ou par SMS si vous avez créé un compte en spécifiant votre numéro de téléphone mobile. Cliquez sur le lien qu'il contient pour rejoindre les centaines et les centaines de millions d'autres *addicts*. Question : Facebook doit-il être classé dans la liste des TOC, les troubles obsessionnels compulsifs ? Je ne vous le souhaite pas...

FIGURE 12.1
La fin de Google+.

FIGURE 12.2
Installer l'application Facebook.

Une fois votre compte créé, ne quittez pas votre navigateur Web, et prenez le temps de bien configurer votre profil, autrement dit les informations qui vous concernent et ce que vous définissez comme étant public, privé ou à diffusion restreinte.

Facebook est réputé pour ne pas protéger outrageusement la vie privée de ses utilisateurs. N'oubliez pas la règle d'or : ce qui n'est pas explicitement défini comme étant privé ou à communication restreinte aux « amis » est, d'une manière ou d'une autre, public. Conclusion : passez soigneusement en revue toutes les options ! Et n'oubliez pas que Facebook conserve sur ses ordinateurs des copies de *tout* ce que lui vous envoyez, même si vous croyez avoir effacé des choses qui ne vous mettent pas en valeur.

Pour en savoir plus sur tous ces sujets, je vous conseille la lecture du livre *Facebook pour les Nuls* édité par First Interactive.

Le jeu à la mode dans nombre d'entreprises, c'est de pister ce que postent leurs employés sur Facebook. Un mot de trop peut parfois devenir un motif de licenciement !

Enfin Facebook !

Vous avez votre compte, et vous avez installé l'application Facebook sur votre smartphone. Formidable ! Votre vie virtuelle peut débuter.

1. **Localisez Facebook dans vos applications et touchez son icône.**
2. **Vous devez maintenant vous connecter à votre compte en entrant votre nom d'utilisateur et votre mot de passe (voir Figure 12.3). Confirmez, et c'est parti.**
3. **Il est possible que diverses étapes vous soient proposées, comme Ajouter des amis, ou bien encore Enregistrer vos informations de connexion. Pour les éviter, touchez le bouton Démarrer.**
4. **Je vous conseille en premier lieu de revoir vos options. Pour cela, touchez les trois traits en haut à droite. Faites défiler les options vers le bas, puis choisissez la commande Paramètres et vie privée puis Paramètres.**
5. **Passez en revue les différentes catégories et leurs options (voir Figure 12.4).**

Cela va demander beaucoup de temps. Parfois, le libellé de certaines options n'est pas très clair. Si vous manquez de temps, privilégiez les paramètres de confidentialité. Ils vont permettront de limiter, par défaut, l'accès au contenu que vous publiez sur Facebook..

6. **Touchez deux fois le bouton sensible Retour pour revenir à l'écran principal de Facebook (voir Figure 12.5).**

Balayez l'écran vers le haut pour afficher les messages publiés sur votre journal Facebook.

Pour mettre vos messages à jour, effleurez simplement l'écran de haut en bas.

FIGURE 12.3
Connectez-vous à Facebook.

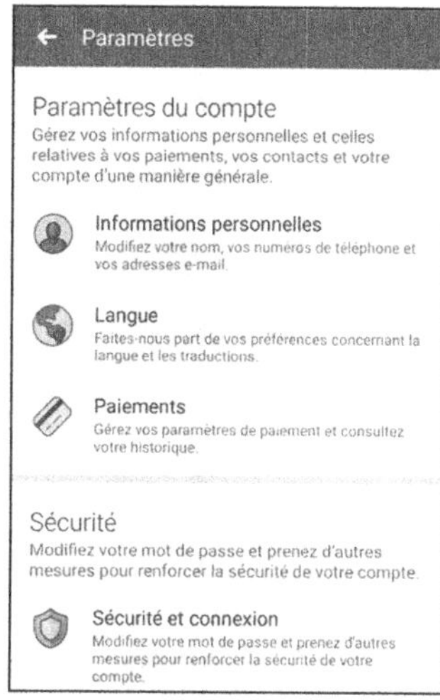

FIGURE 12.4
Les paramètres de Facebook.

Publier un message sur Facebook

Sur Facebook, vous voulez certainement deux choses : avoir beaucoup d'amis, et publier des idées, événements, pensées profondes et ainsi de suite. Un message posté sur Facebook est appelé *statut*.

Pour créer un statut, suivez ces étapes :

1. **Touchez le bouton de l'accueil, en haut et à gauche de l'écran, puis le champ Exprimez-vous.**
2. **La page Créer une publication va apparaître (voir la Figure 12.6).**

   Vous pouvez y saisir le message que vous voulez lancer à la face du monde, ou simplement faire parvenir à vos amis.
3. **Touchez la zone Exprimez-vous, et saisissez votre message.**

FIGURE 12.5
Votre journal Facebook, avec les publications reçues de vos amis.

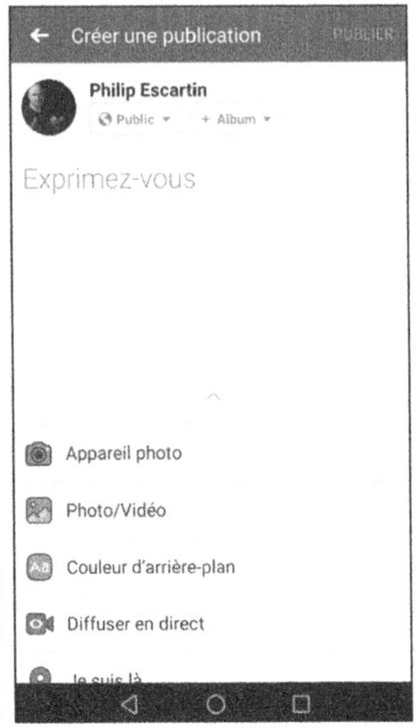

FIGURE 12.6
Publier un statut.

Généralement, les statuts sont concis et réputés communiquer quelque chose d'intéressant, utile ou encore amusant. (Un message peut parfaitement comporter un lien vers une page Web.)

4. **Touchez le bouton Publier en haut à droite.**

Le niveau de confidentialité de la publication dépend du paramétrage que vous avez effectué. Par défaut, Facebook applique ce niveau à toutes vos publications. Ainsi, si vous avez choisi Public, tout ce que vous publiez sera visible par toute personne disposant d'un compte Facebook. Cependant, vous n'êtes pas prisonnier de ce niveau de confidentialité. En effet, vous pouvez modifier ce paramètre à tout moment. Toutefois, cela serait très fastidieux lorsque vous ne souhaitez modifier le niveau de confidentialité que ponctuellement. Dans ce cas, pour limiter ou ouvrir davantage une publication spécifique aux autres utilisateurs du réseau, procédez comme ceci :

1. **Juste avant de publier votre message, ouvrez le menu local qui affiche le niveau de confidentialité actuel.**

   Ce menu local se situe juste en dessous de votre nom d'utilisateur dans l'écran Créer une publication.

2. **Dans l'écran Sélectionner la confidentialité qui apparaît (Figure 12.7), activez le niveau souhaité comme Amis, Amis sauf,** *etc.*

FIGURE 12.7 Modification ponctuelle du niveau de confidentialité.

Pour accéder à d'autres options de confidentialité, touchez le bouton Voir plus. Vous y verrez notamment la confidentialité Moi uniquement qui rend la publication invisible aux autres. Elle peut être utilisée pour publier un mémo personnel qui ne regarde que vous.

Publier une photo (ou une vidéo)

C'est l'une des activités favorites des utilisateurs de Facebook. Et une de celles qui posent le plus de problèmes en termes de confidentialité.

Personne ne devrait poster des photos d'autres personnes sans leur autorisation, et sans avoir correctement configuré les options de partage. On se retrouve ainsi très facilement exposé aux regards du monde entier sans même savoir qu'on a été photographié dans une position, disons, gênante. C'est le genre de chose qui peut provoquer de sérieuses fâcheries entre... amis. Voici un exemple caractéristique : vous créez un nouveau compte Facebook, vous entrez votre nom, et *comme de par hasard*, une image de vous apparaît ! D'où vient-elle ? Vous n'en savez rien. Elle était déjà sur Facebook, c'est tout. Pas cool.

Ces précautions étant prises, publier une photo n'a rien de bien compliqué. Suivez ces étapes :

1. **Procédez comme ci-dessus, mais cette fois vous toucherez l'icône Photo située à droite du champ Exprimez-vous.**

   Si vous avez touché Exprimez-vous et que vous avez saisi un message, touchez dans ce cas Photo/Vidéo en bas du message pour joindre une photo ou une vidéo à votre publication.

   Il n'est pas nécessaire de saisir un message pour publier une photo. D'ailleurs, ne dit-on pas qu'une photo vaut mille mots ?

2. **Facebook accède alors au contenu de l'application Galerie. Parcourez les images, et touchez toutes les vignettes des photos à joindre à cette publication Facebook (Figure 12.8).**

   Chaque photo sélectionnée arbore un numéro correspondant à l'ordre de la sélection et appa-

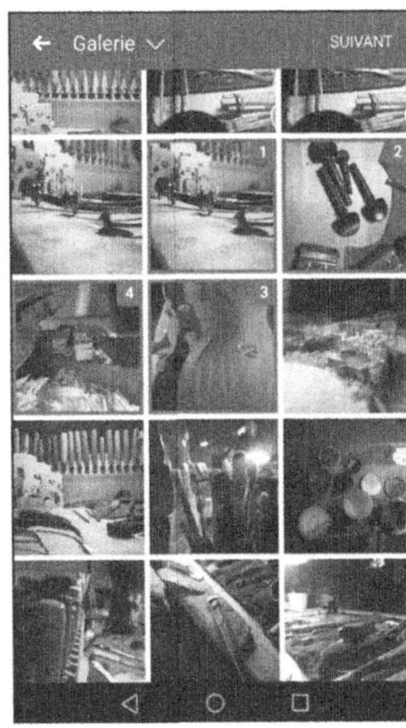

FIGURE 12.8
4 photos vont être publiées sur Facebook.

raît dans un cadre bleu. Ainsi, la première photo porte le numéro 1, la deuxième le numéro 2 et ainsi de suite.

Le bouton d'appareil photo en haut et à gauche de la fenêtre vous permet de prendre un cliché ou une vidéo à incorporer dans votre statut.

3. **Une fois les images sélectionnées, touchez Suivant en haut à droite.**

   Les images apparaissent sous le champ Commentez ces photos, comme le montre la Figure 12.9. Profitez de ce champ pour publier un message en même temps que vos photos. Bien entendu, ce message n'est pas obligatoire.

4. **Avant publication, touchez une vignette pour afficher la photo ou la vidéo correspondante. Vous pouvez ensuite si possible identifier une ou des personnes. Touchez Modifier en bas à gauche pour effectuer d'autres réglages, comme recadrer, ajouter un autocollant ou des effets, du texte ou encore un tracé effectué à la main (voir Figure 12.10).**

FIGURE 12.9
Commentez vos photos ici.

FIGURE 12.10
Personnaliser une photo à publier.

5. **Une fois ces modifications apportées, touchez Fin. Revenu sur l'image en plein écran, touchez Terminé en haut à droite.**

6. **Définissez le niveau de confidentialité comme expliqué dans la précédente section, ajoutez éventuellement un commentaire, et touchez Publier en haut à droite.**

7. **Pour retirer un message que vous venez de publier, localisez-le sur votre « mur » ; touchez les trois points, en haut et à droite du statut, et choisissez Supprimer dans le menu qui apparaît (Figure 12.11). Il faudra ensuite confirmer l'opération dans le message qui s'affiche.**

   L'option Photos de votre profil vous permet de gérer vos photos, de créer des albums photo, ou encore de synchroniser votre galerie d'images sur le Web (confidentialité assurée, promis juré !). Vous pouvez également photographier ou filmer ce que vous voyez (voire vous-même) avant de publier le message (avec les icônes de caméra et d'appareil photo en haut à droite de la fenêtre).

Comme il se doit, Facebook est proposé parmi d'autres destinations possibles lorsque vous touchez le bouton Partager dans une application.

8. **Quand vous quittez Facebook selon les méthodes habituelles, vos informations courantes sont mémorisées. La prochaine fois que vous ouvrirez l'application, vous retrouverez donc vos messages. Pour refermer le compte, touchez les trois traits en haut à droite de l'application. Faites défiler les options vers le bas, puis choisissez la commande Déconnexion (voir Figure 12.12).**

   Vous devrez entrer à nouveau votre nom d'utilisateur et votre mot de passe lorsque vous relancerez l'application.

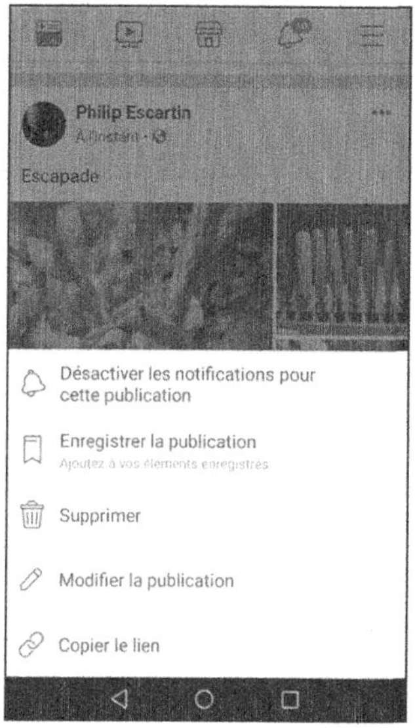

FIGURE 12.11
Supprimer un message publié.

FIGURE 12.12
Se déconnecter de Facebook.

Tweeter avec Twitter

Twitter est un autre réseau social, mais qui a un fonctionnement très différent de Facebook. Vous y échangez essentiellement de courts textes pour communiquer une idée, un commentaire ou encore pour partager un lien (qui peut être un renvoi à un autre message Twitter ou un lien Web). Mais vous pouvez aussi vous contenter d'observer les messages d'autres personnes. Vous êtes alors un suiveur, un *follower*.

Twitter a le vent en poupe. Tout récemment, un sondage a indiqué qu'aux États-Unis les adolescents préféraient maintenant Twitter (et Snapchat) à Facebook. Pour des raisons de confidentialité, peut-être ?

Twitter a son langage bien à lui que vous devez connaître pour être branché et briller en société :

» **Tweet :** C'est un message sur Twitter, littéralement un gazouillis.

» **Follower :** C'est une personne, vous sans doute, qui suit le fil des messages d'un membre actif ou d'une personnalité.

» **Retweeter :** C'est répercuter sur son propre fil le lien vers un tweet laissé par quelqu'un d'autre pour que vos contacts ou vos followers puissent le découvrir.

» **Hashtag :** C'est un mot-clé précédé du caractère # qui permet de regrouper dans un fil unique un certain thème de discussion, ou quoi que ce soit d'autre dès l'instant où il y a une cohérence des messages.

» **Mention :** C'est quand un autre utilisateur de Twitter vous cite dans un message.

» **Interaction :** Il y a interaction quand un autre utilisateur vous suit, vous retweete, vous mentionne ou vous enregistre dans ses favoris.

De plus :

» Les messages rédigés sur Twitter sont normalement dans un format de type SMS, c'est-à-dire composés de 280 caractères au maximum. (Mais les choses évoluent, puisque c'était 140 caractères auparavant.)

» Il est aussi possible d'accompagner un tweet d'une image, voire même d'une vidéo.

Installer Twitter

Tout d'abord, vous devez posséder un compte Twitter. Pour le créer, visitez dans le navigateur Web de votre ordinateur le site `www.twitter.com`. Demandez à vous inscrire et suivez les indications qui vous sont données. Rien de bien difficile là-dedans.

Bien entendu, le compte peut être créé directement sur l'application Twitter de votre smartphone.

En particulier, il vous faut un nom d'utilisateur Twitter. Celui-ci doit être assez court, évidemment ne pas être déjà utilisé, et il sera précédé sur le réseau social du caractère @ (par exemple, le nom d'utilisateur Twitter de l'ex-président des États-Unis est tout simplement @BarackObama). N'oubliez pas aussi d'associer une petite image à votre profil.

Comme Facebook, l'application Twitter ne fait vraisemblablement pas partie de la panoplie standard de votre smartphone. Vous devez donc la rechercher sur Google Play Store et l'installer, ce qui ne présente aucune difficulté (comme l'illustre la Figure 12.13, elle se repère facilement avec son logo qui représente un oiseau bleu). Si nécessaire, voyez à ce sujet le Chapitre 17.

FIGURE 12.13 Installer l'application Twitter.

Pourquoi un oiseau ? Parce que les oiseaux *tweetent*, ou gazouillent si vous préférez.

1. **Lors du premier lancement de l'application, touchez le bouton Créer un compte.**

   Si le compte est déjà créé, contentez-vous de vous connecter.

2. **Indiquez votre nom et votre prénom, puis un numéro de téléphone ou une adresse mail.**

   Lorsque vous touchez le champ de saisie du mail ou du téléphone, Twitter impose Téléphone. Si vous préférez indiquer une adresse mail, touchez le lien Utiliser un mail en bas à gauche.

3. **Touchez le bouton Suivant.**
4. **Cochez les options permettant d'entrer en contact avec les personnes que vous connaissez et de tirer le meilleur parti de Twitter, puis touchez Suivant.**

Rien d'obligatoire ici !

5. **Touchez S'inscrire.**
6. **Relevez votre boîte mail ou lisez le SMS que vous venez de recevoir, et reportez le code envoyé par Twitter dans le champ du nouvel écran qui est apparu. Touchez Suivant.**
7. **Créez votre mot de passe, et touchez Suivant.**
8. **Configurez votre compte en ajoutant, par exemple une photo.**

   Progressez dans chaque étape de la configuration en appuyant sur Suivant.
9. **Après bien des écrans, touchez enfin C'est parti !**

C'est tout ? Du moins, presque. Car pour accéder aux tweets d'autres utilisateurs, vous devez vous créer des abonnements afin de suivre d'autres utilisateurs de votre choix. Je vous recommande vivement de le faire sur le site de Twitter, dans le navigateur Web de votre ordinateur. La démarche est guidée à l'aide de suggestions, et vous pourrez toujours compléter votre panoplie d'abonnement pour endosser votre tenue de parfait *follower*.

Tweettez !

Si vous n'avez pas d'amis sur Twitter et si vous ne suivez encore personne, Twitter sera vide de tout tweet ! Commencez alors par publier votre premier tweet !

1. **Touchez le bouton orné d'une plume d'oie et d'un signe « + ».**
2. **Composez le corps de votre message. Le contour d'un cercle en bas à droite se colore à mesure de votre saisie afin d'indiquer la proportion de caractères restants (voir la Figure 12.14).**
3. **Touchez le symbole @ du clavier pour désigner un compte Twitter, ou # pour saisir un hashtag. Une liste s'affiche au fur et à mesure de votre saisie pour vous proposer des noms connus.**

4. **Servez-vous des boutons proposés dans la fenêtre de tweet pour compléter ou gérer votre message :**

FIGURE 12.14 Composer un tweet.

   - Touchez le bouton X pour annuler le message. Vous pouvez éventuellement l'enregistrer comme brouillon afin d'y revenir plus tard.
   - Si vous avez enregistré un brouillon, touchez le bouton Brouillons en haut à gauche du bouton Tweeter pour le reprendre.

   - Pour ajouter une mention aidant à vous localiser, touchez le bouton. Vous devrez accepter d'être pisté(e), et choisir une mention plus ou moins précise sur votre position.

   - Touchez le bouton pour insérer dans votre tweet une photo ou un vidéo. Comme l'illustre la Figure 12.15, vous pouvez choisir une photo stockée dans l'application Galerie.

5. **Quand vous avez terminé, touchez le bouton Tweeter pour publier le message sur votre compte.**

Facile, non ?

Pour vous déconnecter de Twitter, touchez le bouton représentant votre image de profil en haut à gauche (un œuf, par défaut), puis l'option Paramètres et confidentialité. Touchez enfin Compte, puis Déconnexion tout en bas de la page. Confirmez votre intention dans le message qui apparaît.

N'oubliez pas que, pour élargir le cercle de vos amis Facebook, ou de vos abonnements Twitter, vous avez à votre disposition des petits boutons adaptés sur des hordes de pages Web…

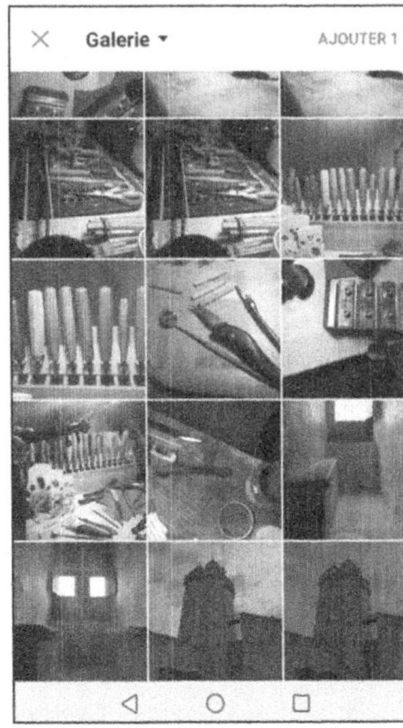

FIGURE 12.15
Choisir une photo ou une vidéo à insérer dans un tweet.

IV

L'incroyable Android

DANS CETTE PARTIE

On en parle, on en parle, mais, finalement, qu'est-ce que votre téléphone Android sait faire exactement ? Téléphoner ? Oui, c'est la moindre des choses ! Aller sur Internet ? OK, mais ce n'est pas un scoop ! Envoyer des courriels ? Ben, oui puisqu'il va sur Internet !

D'accord, vous semblez blasé(e) en attaquant cette quatrième partie. Pourtant, vous abordez la partie de toutes les révélations (ou presque). Vous découvrirez que cet Android est aussi malin et utile qu'un système de navigation GPS, et qu'il peut se transformer en un appareil photo et une caméra vidéo de qualité. Vous avez envie d'écouter de la musique ? Utilisez votre Android comme lecteur MP3 ! Cela ne vous suffit pas ? Eh bien notez vos rendez-vous, calculez la part de chacun au restaurant, programmez un réveille-matin, et bien d'autres choses que je vous propose de découvrir dans cette fabuleuse partie.

Chapitre 13

Se repérer avec Maps et la navigation

DANS CE CHAPITRE :

- » **Votre smartphone, un GPS de poche**
- » **Découvrir le monde avec Maps**
- » **Itinéraire en vue**

Si vous avez activé les bonnes options et lancé les bonnes applications, votre smartphone sait où vous êtes, dans quelle direction vous allez, où vous voulez aller, voire même le faire savoir à d'autres personnes.

Beaucoup d'applications utilisent la puce GPS intégrée à votre smartphone pour vous situer, vous *géolocaliser*. Certaines le font à bon escient, comme Maps et bien d'autres. D'autres non. Si c'est pour mieux vous aider et vous informer, très bien. Si c'est pour vous pister, non merci !

Votre smartphone, un GPS de poche

Votre smartphone sous Android sait décidément tout faire. Prendre des photos, diffuser de la musique ou des films, jouer avec vous, et tant d'autres choses encore. J'allais oublier : téléphoner, envoyer et recevoir des messages, communiquer sur les réseaux sociaux. Et aussi localiser à peu près tout ce que vous voulez et vous y conduire.

Pour pouvoir profiter de la localisation sur votre smartphone, vous devez commencer par vérifier que cette fonctionnalité est bien active sur votre appareil. Pour cela :

1. **Ouvrez l'application Paramètres, puis touchez l'option Sécurité & confidentialité, et enfin Données de localisation.**
2. **Pour que les applications concernées puissent accéder à la localisation de votre appareil, activez l'option Accès informations localisation, comme sur la Figure 13.1.**

   Cela a pour effet d'activer la fonction Localisation du smartphone.

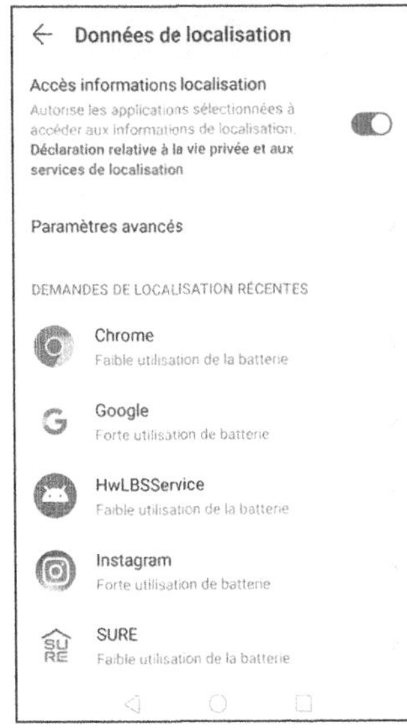

FIGURE 13.1 Pour permettre aux applications qui en ont besoin de localiser votre appareil.

Pour pousser jusqu'au bout la localisation, vous pourriez ouvrir tout de suite Maps, puis définir vos coordonnées personnelles et professionnelles dans les paramètres de l'application. Mais nous allons largement revenir sur Maps dans ce chapitre.

Si vous accédez aux Paramètres avancés, vous pouvez choisir entre une Recherche Wi-Fi et/ou une Recherche Bluetooth. Selon ce que vous faites, choisissez à chaque fois une option adaptée à vos déplacements et à vos besoins (par tous les moyens, en utilisant les réseaux mobiles et le Wi-Fi, uniquement le GPS intégré à l'appareil). Ou rien du tout en désactivant totalement la localisation... Enfin, on a le droit d'y croire...

Les options dont vous disposez sur votre propre appareil peuvent se présenter différemment de ce qui est expliqué ici. Mais le principe devrait rester le même.

Si vous êtes en Wi-Fi sans activer le GPS, vous serez plus ou moins bien localisé. Mais où est l'intérêt ? En revanche, si vous voulez utiliser les fonctions de cartographie et de navigation fournies avec votre smartphone sans être couvert par un signal Wi-Fi, vous allez consommer des *données mobiles*, autrement dit celles qui sont incluses (ou pas) dans votre forfait téléphonique. Et cette consommation peut rapidement devenir assez exponentielle. Votre facture aussi...

Pourquoi cette consommation à haute dose ? Tout simplement parce que Maps n'utilise pas de cartes enregistrées dans la mémoire de votre smartphone. Il charge les informations voulues au fur et à mesure de ses besoins, ce qui se traduit évidemment par des flux importants de données.

Pour utiliser sérieusement votre smartphone en tant qu'outil d'aide à la navigation, donc comme un GPS classique, il est préférable d'installer une application (comme Waze, Mappy GPS, TomTom et bien d'autres) qui enregistre ses cartes dans la mémoire de l'appareil, ou mieux encore sur la carte Micro SD. Mais, vous vous en doutez, le prix n'est plus le même (comptez environ 50 €). Il existe également des applications utilisant des cartes gratuites, mais elles sont généralement bien moins fiables.

Si vous vous servez de votre smartphone en voiture comme d'un GPS, achetez un raccord se branchant sur l'allume-cigare ou une prise 12 volts, disposant à l'autre extrémité d'un port USB. Cela vous permettra d'y brancher le câble de votre appareil et de maintenir sa batterie en charge tout en roulant. Sinon, vous risquez fort de terminer votre trajet au jugé ! Et si vous êtes à pied, en vélo ou sur des skis, veillez à charger au maximum la batterie avant de sortir. Songez dans ce cas à vous procurer un chargeur solaire.

Voir le monde avec Maps

Pour accéder à Maps :

1. **Ouvrez le dossier Google, ou faites glisser le haut de l'écran et tapez Maps.**

2. **Touchez l'icône de l'application Maps (elle s'appelle fort opportunément Maps). Une fois localisée, votre position est représentée par un symbole bleu au centre de l'écran (voir Figure 13.2).**

FIGURE 13.2
Maps sait où vous vous trouvez.

La localisation par GPS demande généralement un peu de temps, puisque l'appareil doit repérer un nombre suffisant de signaux satellites afin de calculer votre position. Maps est particulièrement performant de ce point de vue.

3. **Effleurez l'écran dans la direction voulue pour vous déplacer sur la carte.**
4. **Touchez l'icône de cible affichée vers le bas et à droite de l'écran pour recentrer la carte sur votre position.**
5. **Touchez l'icône de la boussole pour orienter la carte selon l'axe sud/nord.**
6. **Touchez une troisième fois cette icône pour retourner à la vue initiale.**

L'orientation du symbole de position suit celle de l'appareil.

7. **Le haut de l'écran vous donne un accès direct à une zone de recherche. C'est une recherche Google classique, écrite ou énoncée vocalement, mais portant sur une position géographique, sur une activité et ainsi de suite. Nous allons y revenir un peu plus loin (voir Figure 13.3).**
8. **Pour calculer un itinéraire entre deux points, touchez le bouton qui est affiché en bas et à droite de l'écran**

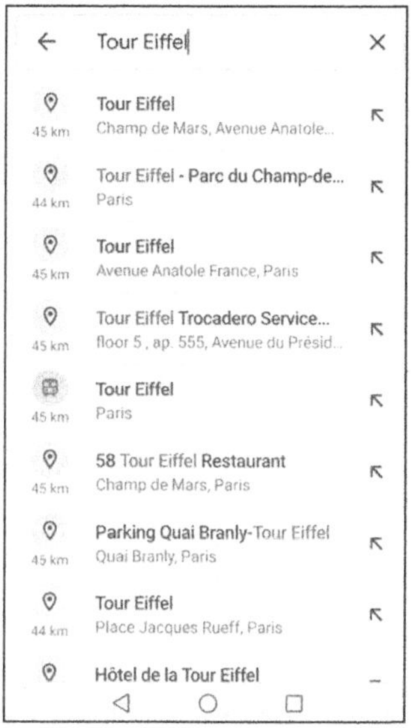

FIGURE 13.3
Rechercher un lieu.

FIGURE 13.4
Un itinéraire dressé par Maps.

(voir Figure 13.4 à droite). C'est l'objet de la section « Calculer un itinéraire » de ce chapitre. Immédiatement, Maps vous propose l'itinéraire le mieux adapté de son point de vue (voir la partie droite de la Figure 13.4).

9. **Le bouton de menu, en haut à droite propose toute une série options (voir Figure 13.5).**

   - Touchez un type de carte, comme Satellites (voir la Figure 13.5 à droite).
   - Touchez Trafic pour afficher sur la carte des informations sur les conditions de circulation courantes.
   - Touchez Transports en commun pour afficher les lignes de métro ou d'autobus sur la carte.
   - Touchez Vélo pour afficher les pistes cyclables et itinéraires recommandés pour la petite reine.

FIGURE 13.5
Options d'affichage de la carte.

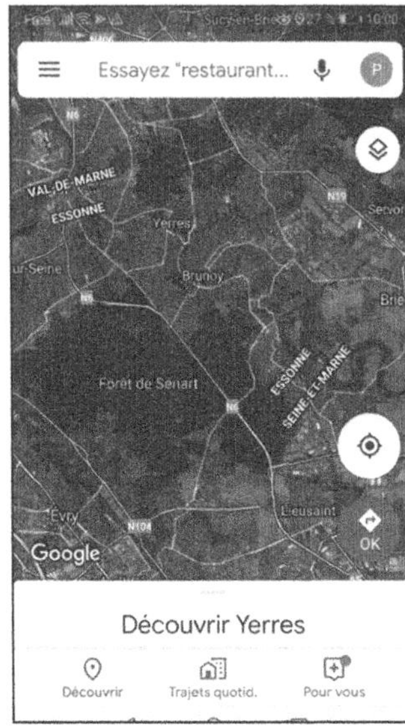

FIGURE 13.6
Presque comme dans la réalité.

- Touchez Satellite pour ajouter un calque offrant une vue satellitaire de la position courante, comme sur la Figure 13.6. C'est comme Google Earth, mais directement intégré à Maps.
- Touchez Relief pour afficher les dénivelés sur la carte.
- Pour configurer Maps, touchez les trois traits en haut à gauche, puis Paramètres.

Modifier l'échelle de la carte

Pour agrandir l'échelle de la carte, donc pour afficher davantage de détails, touchez l'écran avec deux doigts et écartez-les.

Vous pouvez aussi tapoter deux fois de suite sur l'écran pour zoomer. Si vous recommencez plusieurs fois, vous atteindrez progressivement l'agrandissement maximal, qui dépasse cependant les capacités de localisation du GPS...

Pour réduire à l'inverse cette échelle, donc pour afficher un plus grand espace, touchez l'écran avec deux doigts et effectuez un pincement.

Pour recentrer la carte sur votre position, touchez l'icône représentant une sorte de boussole, en bas et sur la droite de l'écran.

Lorsque la carte le permet, Google Earth peut afficher une vue panoramique. Sur la Figure 13.7, j'ai recherché la Tour Eiffel. Maps a alors affiché une petite photo en bas à gauche avec l'icône d'une flèche rotative. Cela indique qu'en touchant cette image je peux accéder à une vision panoramique du lieu vu depuis la Tour Eiffel.

FIGURE 13.7 Une vue panoramique accessible depuis Maps.

Rechercher un lieu ou un service

Les recherches dans Maps s'effectuent exactement comme partout chez Google. Touchez la zone de recherche et commencez à saisir le critère qui va définir le lieu que vous voulez localiser, comme la Promenade des Anglais, à Nice sur l'illustration de la Figure 13.8. Vous disposez évidemment de toutes les ressources du clavier virtuel, et les propositions sont renouvelées chaque fois que vous entrez un nouveau caractère.

Si vous ne pouvez pas, ou ne voulez pas, vous servir du clavier virtuel, touchez le symbole de micro et énoncez votre requête à voix haute, distincte et surtout compréhensible par le moteur d'analyse vocale...

L'éventail des critères de recherche que vous pouvez utiliser est très large, sachant que Google s'efforcera en priorité de vous donner des réponses gravitant autour de votre position actuelle. Rien ne vous interdit par exemple de saisir *sushi 75005* si vous recherchez un bar à sushis dans le cinquième arrondissement de Paris. N'hésitez donc pas à être imaginatif !

Allons maintenant plus loin. Votre recherche a abouti, et vous voulez obtenir des informations plus précises, par exemple la liste des musées qui se trouvent à proximité du lieu trouvé (ou proches de vous si vous vous contentez d'afficher votre position). C'est très simple :

FIGURE 13.8
Rechercher un lieu dans Maps.

1. **Touchez la zone de recherche, puis saisissez un critère définissant la nature de ce que vous voulez localiser. En l'occurrence, il vous suffirait de taper par exemple *musée*, ou encore *promenade des anglais musée*, puis de toucher l'icône de loupe sur le clavier.**
2. **Si la recherche donne quelque chose, la carte s'orne de points rouges et une liste de lieux va s'afficher au bas de l'écran (Figure 13.9). Touchez un point rouge ou un lieu affiché à l'écran pour afficher les informations correspondantes (Figure 13.10).**

   Dans l'exemple de la Figure 13.9, vous obtenez tous les musées connus et accessibles sur la carte telle qu'elle est affichée.
3. **Si cela est possible, et comme nous l'avons vu plus haut dans ce chapitre, touchez l'image associée au lieu pour vous transporter si possible dans Street View.**

   Vous pouvez aussi localiser précisément le lieu sur la carte, demander à calculer un itinéraire pour vous y

FIGURE 13.9
Localiser un lieu et afficher les informations qui lui sont associées.

FIGURE 13.10
Des informations sur le point rouge activé.

rendre, lancer un appel téléphonique, consulter les avis ou donner le vôtre, l'enregistrer comme favori ou partager le lieu, prendre et publier une photo du site, ouvrir un lien Internet ou encore effectuer une visite virtuelle avec Street View. Et ainsi de suite.

Avec Street View, vous vous promenez dans les rues et les routes, à condition bien sûr qu'elles aient été balayées par les caméras de Google. Dans certains cas, vous aurez même droit à une visite virtuelle du lieu, comme c'est le cas pour le musée d'Orsay ! Et pourquoi vous limiter à Paris alors que le monde entier vous tend les bras ?

Calculer un itinéraire

Maps est aussi un calculateur d'itinéraires entre deux points, et, comme votre smartphone contient une puce GPS, il est aussi capable de vous aider à voyager.

Chaque fois que vous effectuez une recherche dans Maps, le bandeau du bas vous propose de calculer votre itinéraire depuis votre emplacement actuel jusqu'au lieu repéré. Faites glisser vers le haut ce bandeau pour obtenir un maximum d'informations, et touchez le bouton bleuté, en bas et à droite de l'écran, pour passer en mode calcul d'itinéraire.

Pour rechercher un itinéraire :

1. **Touchez le bouton d'itinéraire, en bas et à droite de l'écran.**
2. **Touchez les zones de départ et d'arrivée, puis saisissez les positions correspondantes. Par défaut, le lieu de départ est votre position actuelle.**

Vous pouvez parfaitement saisir une adresse précise, une rue ou encore un nom de ville. Bien entendu, l'itinéraire sera plus ou moins exact selon la précision de vos points de départ et d'arrivée.

3. **Touchez le bandeau bleu en haut pour modifier les options de déplacement, notamment le moyen de transport utilisé avec les icônes du haut de l'écran (voiture, transports en commun, piéton ou vélo) ou consulter des trajets alternatifs (sur lesquels il suffit d'appuyer pour les consulter en détail).**

Le bouton Menu vous permet d'affiner certaines options, comme l'affichage du trafic ou encore la vue Satellite (très gourmande en ressources !).

Pour voir un itinéraire alternatif, vous pouvez aussi toucher un des tracés grisés sur la carte.

4. **Dès que vous avez indiqué une destination, la carte affiche l'itinéraire (voir Figure 13.11).**
5. **Touchez le bouton Étapes et plus en bas à droite pour afficher les détails de l'itinéraire. Faites défiler verticalement l'écran pour afficher les différentes étapes de l'itinéraire.**
6. **Pour afficher les détails d'une étape, touchez-la. Elle s'affiche alors comme sur la Figure 13.12.**

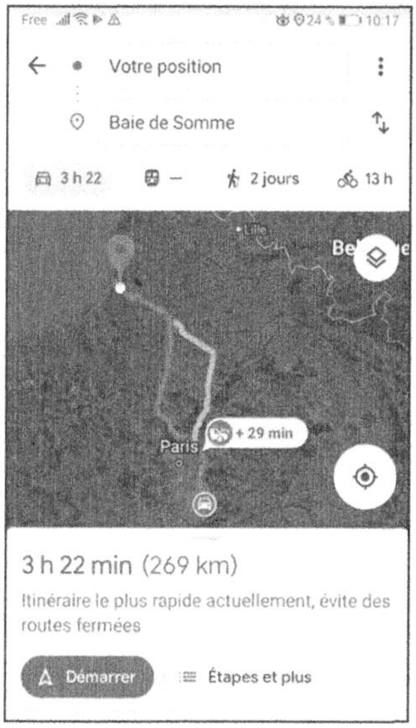

FIGURE 13.11
Calcul d'itinéraire entre deux points.

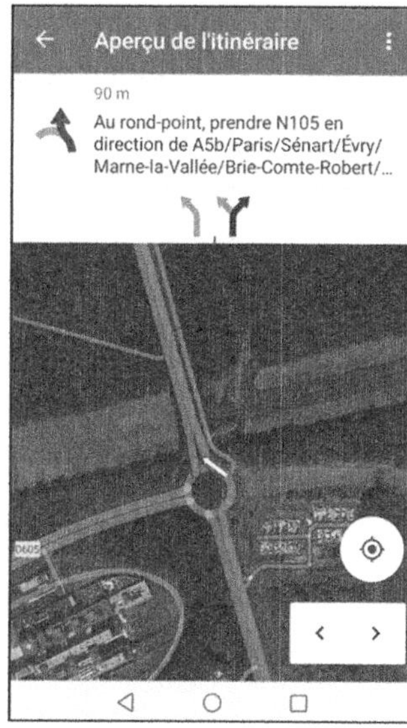

FIGURE 13.12
Détail d'une étape.

Utilisez ensuite les flèches en bas à droite pour passer d'une étape à l'autre. Pour revenir à la carte, touchez d'abord la flèche en haut à gauche, puis le bouton Afficher la carte en bas à droite.

Se rendre chez un contact

Une autre manière de calculer un itinéraire consiste à utiliser une adresse enregistrée dans vos contacts :

1. **Ouvrez l'application Contacts, puis affichez le contact chez lequel vous voulez vous rendre.**
2. **Si le champ Adresse a été renseigné, celle-ci va s'afficher parmi les coordonnées du contact. Touchez alors l'adresse elle-même en bas de la fiche de votre contact.**
3. **Dans le menu local qui apparaît (Figure 13.13), touchez l'option Afficher sur la carte.**

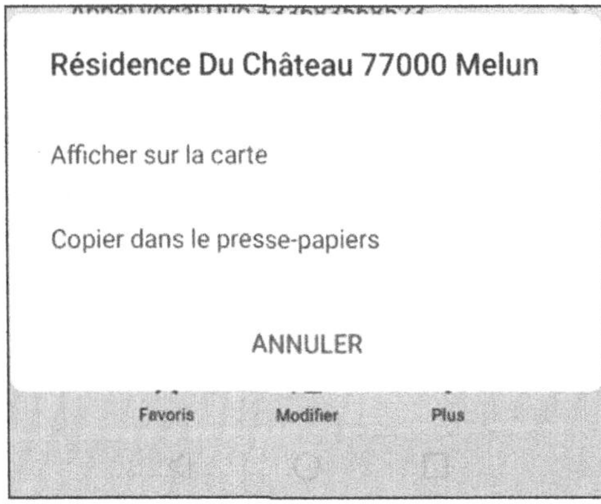

FIGURE 13.13 Pour afficher l'adresse du contact sur la carte.

4. **Si plusieurs applications « GPS » sont installées sur votre smartphone, choisissez Maps dans l'écran Continuer avec qui apparaît.**
5. **Pour connaître l'itinéraire pour se rendre chez ce contact, touchez Itinéraire en bas à gauche, comme sur la Figure 13.14.**

   Vous retrouvez l'écran d'itinéraire décrit dans la section précédente. Choisissez un moyen de transport avec les icônes du haut de l'écran et précisez éventuellement votre point de départ pour vous rendre chez le contact.

FIGURE 13.14 Pour se rendre chez votre contact.

Pour vous contenter de localiser un contact, touchez le champ Adresse à l'Étape 2, puis le bouton Itinéraire.

Naviguer avec Maps

Pour passer en mode guidage, il vous suffit de calculer un itinéraire selon l'une des méthodes présentées plus haut dans Maps depuis votre position actuelle, puis de toucher le bouton Démarrer en bas à gauche.

Utiliser votre GPS et Maps pour vous conduire à votre destination est bien sûr parfaitement possible et tout à fait opérationnel. Mais n'oubliez pas les remarques faites au début de ce chapitre, notamment sur la consommation de la batterie et des données. D'autre part, un support avec ventouse est pratiquement indispensable pour la sécurité, sauf à confier à un ou une copilote le soin de regarder l'écran à votre place et de vous dicter votre conduite...

L'affichage passe aussitôt en mode 3D (ou 2D et demie...).

Normalement, l'axe de l'écran, donc de la carte, est lié à votre sens de déplacement. Mais vous pouvez toucher l'aiguille, à droite et vers le haut de l'écran, pour figer l'orientation selon un axe nord-sud.

Il ne vous reste plus qu'à démarrer et suivre l'itinéraire (ou pas !) en respectant bien entendu les limitations de vitesse et les priorités, tout en ne déléguant pas à votre smartphone vos responsabilités en tant que conducteur.

Une fois le guidage commencé, vous pouvez parfaitement anticiper les étapes suivantes en faisant glisser l'écran vers l'étape suivante. Pour revenir à votre trajet normal et continuer à vous laisser guider, touchez le bouton Recentrer.

Ne vous étonnez pas si votre écran devient tout à coup plus sombre : vous êtes passé en mode Nuit !

Se laisser guider

Il ne vous reste plus qu'à démarrer et suivre l'itinéraire (ou pas !) en respectant bien entendu les limitations de vitesse et les priorités, tout en ne déléguant pas à votre smartphone vos responsabilités en tant que conducteur.

Votre écran étant interactif, vous disposez d'un certain nombre de fonctions et d'options en cours de navigation. Notamment :

» Le bouton ^ en bas à droite de l'application propose l'option Images satellite (voir Figure 13.15). Elle permet d'obtenir un affichage graphique plus évolué. Mais attention à la consommation des données et à l'efficacité de la conduite ! Et n'espérez rien du côté des radars...

FIGURE 13.15 Admirez la vue satellite !

» Notez également l'activation/désactivation du guidage vocal. Personnellement, je trouve la voix de Mme Google plutôt désagréable. Par vous ? Il est extrêmement tentant de toucher le bouton Couper le son...

» Pendant la navigation, vous pouvez changer l'échelle de l'affichage à l'aide des gestuelles classiques pincer/écarter. Cela peut en particulier vous aider à repérer certains points d'intérêt utiles. Bien entendu, il vaut mieux stationner pour effectuer ce genre de manipulation, ou demander à la personne qui se trouve à côté de vous de le faire...

À l'échelle de navigation par défaut, votre trajet est matérialisé par une ligne bleue. Si vous pincez l'écran pour élargir la vue, vous allez obtenir de nouvelles couleurs indiquant l'intensité du trafic (dans la mesure bien sûr où cette information est connue). Vert, c'est fluide ; jaune ou orange, c'est ralenti ; et rouge, c'est un bouchon !

Chapitre 14

Photographier, filmer… et partager !

DANS CE CHAPITRE :

- » **Photographier et filmer avec votre smartphone**
- » **Partager vos photos et vos vidéos**
- » **Voyez grand avec les panoramas**
- » **Retoucher vos photos et vos vidéos**
- » **Organiser vos photos et vos vidéos**

Téléphoner avec un smartphone est devenu une activité annexe. Aujourd'hui, les publicités faites par les fabricants de téléphones mobiles se basent sur la qualité de l'appareil photo qui équipe leurs matériels. De ce fait, le smartphone n'est plus un téléphone avec lequel on photographie, mais un appareil photo avec lequel on téléphone. Pour cette raison, on qualifie de photophones les smartphones équipés d'un appareil haut de gamme dont les fonctionnalités et la qualité des images n'a pas grand-chose à envier à des reflex ou des hybrides numériques coûtant beaucoup plus cher.

Force est de constater que pour bénéficier d'un photophone capable de rivaliser avec ces reflex et ces hybrides, il vous en coûtera généralement plus de 800 euros.

De nos jours, les capteurs qui équipent les smartphones proposent au moins 8 mégapixels pour la caméra principale, et 1,3 mégapixel pour l'objectif frontal. Certains modèles disposent de trois objectifs dont l'un permet de zoomer de manière exceptionnelle sans quasiment aucune perte de netteté et de saturation des couleurs. De plus, ces modèles de grande qualité proposent le format de fichier Raw, la Rolls Royce en photo numérique.

Si votre smartphone a des capacités encore supérieures, il n'en reste pas moins que, pour la photo comme pour la vidéo, c'est un appareil haut de gamme, dans ce domaine comme dans les autres.

Alors, n'hésitez plus, souriez : vous êtes photographié(e) et filmé(e) !

Si vous souhaitez en savoir plus dans ce domaine, je vous conseille l'excellent ouvrage de Philip Escartin, *La photographie au smartphone*, paru aux éditions First dans la collection Focus. À sa lecture, vous deviendrez un pro de la photo en général, et de celle réalisée au photophone en particulier.

Photo, s'il vous plaît !

Pour prendre un cliché, il vous suffit d'ouvrir l'application Appareil photo. Soit elle est déjà présente sur votre écran d'accueil, plus précisément dans la barre des favoris, soit vous la trouverez facilement en ouvrant la page des applications. Touchez son icône, et c'est parti pour la photographie !

Vous pouvez même aller encore plus vite. Quand l'écran de verrouillage est actif, faites glisser l'écran du bas vers le haut pour accéder à l'appareil sans le déverrouiller.

Une fois l'appareil photo ouvert, votre écran devient votre visée. En photo numérique, on parle de *visée écran*. Pour mettre au point, touchez la zone de votre choix dans la visée. Cela place le collimateur d'autofocus sur l'élément de la scène ainsi touché. Sur les smartphones sophistiqués, l'icône d'une ampoule peut apparaître à droite de ce collimateur (généralement un cercle vide). Touchez-la et faites-la glisser vers le bas pour réduire la luminosité et vers le haut pour l'augmenter. Vous pouvez aussi maintenir votre doigt enfoncé dans le cercle de mise au point. Dès qu'une ampoule apparaît, glissez-déposez-la sur l'élément à partir duquel l'appareil devra faire la mesure d'exposition. Ainsi, lorsque vous positionnez l'ampoule sur un élément sombre, l'appareil augmente l'exposition en agissant sur l'ouverture, la vitesse d'obturation, et la sensibilité ISO. Lorsque vous la placez sur un élément clair, il réduit l'exposition en agissant toujours sur ces mêmes réglages. Pour photographier, il vous suffit de toucher le bouton situé au milieu et en bas (ou à droite, ou bien à gauche, selon l'orientation de votre appareil) pour prendre un cliché. Vous disposez en même temps sur les côtés (ou en haut) de plusieurs boutons pour choisir un mode de prise de vue et effectuer vos réglages (voir la Figure 14.1).

FIGURE 14.1 L'appareil photo.

La photo est enregistrée au format JPEG sur la mémoire interne de votre smartphone sauf si, bien entendu, vous avez choisi un autre format notamment Raw, dans les paramètres de l'appareil.

Le dossier dans lequel sont placées les photos porte le nom de DCIM, exactement comme avec un appareil photo numérique standard.

Une fois que vous avez pris un cliché, il est également disponible dans l'application Google Photos si, bien entendu, vous avez autorisé la synchronisation des photos avec votre compte Google. Nous y reviendrons plus loin dans ce chapitre.

Si vous affichez une photo après l'avoir prise en touchant le petit aperçu placé en bas et à gauche de l'écran en position portrait (et au-dessous ou au-dessus du déclencheur en position paysage), puis que vous touchiez le bouton *i* en haut à droite de l'écran, vous obtenez tous le détail des informations sur l'image. Cela vous permettra par exemple de vérifier que vous avez choisi la bonne résolution d'image, ou encore d'en savoir plus sur la longueur focale et l'ouverture de votre capteur.

Consulter et partager ses photos

Avant même de vous soucier des réglages de vos prises de vue, voyons comment vous pouvez les communiquer à d'autres. Vous venez donc de prendre une photo que le monde entier (disons plus simplement vos proches) doit *absolument* voir.

Suivez ces étapes :

1. **Touchez la vignette d'aperçu, en bas et à gauche de l'écran (ou au-dessus ou au-dessous du déclencheur en position paysage).**

2. **L'image étant affichée en plein écran sur un fond noir, touchez-la pour accéder aux outils de gestion des photos qui apparaissent comme sur la Figure 14.2.**

FIGURE 14.2
Les outils de gestion des photos.

3. **Pour afficher une autre photo, faites glisser latéralement le doigt sur l'écran jusqu'à ce qu'elle apparaisse.**

   Pour l'agrandir, tapez deux fois de suite sur l'écran, puis effleurez-le dans la direction voulue pour vous déplacer sur l'image. Touchez l'écran à nouveau deux fois de suite pour revenir à l'affichage précédent. Touchez-la une dernière fois pour afficher les icônes des outils.

4. **Vous souhaitez effacer la photo que vous veniez de prendre car elle était ratée ? Touchez l'icône de corbeille (Supprimer), en bas de l'écran, pour la supprimer. Dans le message de confirmation, touchez Supprimer ou ravisez-vous en touchant Annuler.**

Si la sauvegarde des photos est opérationnelle, toutes les photos prises avec votre smartphone seront enregistrées sur le cloud Google Photos de votre compte Google. Le fait de supprimer la photo sur votre smartphone ne l'efface pas de Google Photo. Donc, vous pourrez toujours la récupérer si vous regrettez de l'avoir ainsi supprimée. En revanche, si vous supprimez une photo du Google Photos, elle sera également effacée de votre téléphone. Vous n'aurez plus aucune possibilité de la retrouver.

Vraiment ? Eh bien non ! En effet, il suffit d'accéder à la corbeille de Google Photos qui garde les éléments supprimés pendant 60 jours.

Le bouton représentant un crayon et libellé Retoucher, en bas, donne accès aux outils de retouche de l'application Galerie. Nous y reviendrons plus loin dans ce chapitre.

5. **Touchez le bouton Partager. Faites défiler la liste des modes de partage pour localiser celui que vous voulez utiliser.**

Selon le nombre et le type des applications installées, les choix qui vous sont proposés risquent d'être assez nombreux. Voyons donc les principales options de partage dont vous disposez (elles valent pour les photos comme bien d'autres types de fichiers ou de messages) :

- **Messagerie :** Permet d'envoyer l'image dans un MMS. Les photos étant assez volumineuses, une compression sera nécessaire pour les SMS.
- **Bluetooth :** Pour partager la photo avec un appareil situé à proximité, et qui est reconnu comme étant synchronisé directement en Bluetooth. Nous y reviendrons dans le Chapitre 19.

- **Google Drive :** Vous avez la possibilité de synchroniser vos photos avec un compte ouvert sur le support de stockage Web (en « nuage ») Google Drive.
- **Gmail :** Pour joindre la photo à un message qui sera envoyé par Gmail. D'autres messageries peuvent être proposées, selon ce qui a été configuré sur votre smartphone.
- **Facebook/Twitter :** Si vous en avez envie, postez directement vos clichés sur votre réseau social préféré, qu'il s'agisse de Facebook, Google+, ou encore Twitter.
- **Autres applications :** Si vous avez installé une application spécialisée dans la retouche photo, elle peut également être proposée dans la liste des partages.

Qu'il s'agisse de messagerie, de réseau social ou de nuage Internet, vous devez bien entendu avoir ouvert et validé un compte d'utilisateur. Et comme tout cela est gratuit, vous ne risquez pas de manquer de choix en ce domaine.

6. **Choisissez le mode de partage voulu, puis suivez les instructions qui s'affichent.**

Modifier une photo

Affichez une de vos photos comme expliqué précédemment, puis touchez le bouton Retoucher en bas de l'écran. Vous obtenez la fenêtre de retouche de votre photo.

Si une fenêtre vous propose de choisir l'application à utiliser pour modifier votre photo, touchez l'application de votre choix (Google Photos en ce qui nous concerne), puis Toujours ou Une seule fois selon que ce choix soit définitif ou non.

En fonction de votre version d'Android et du modèle de votre appareil, vous disposerez d'un certain nombre de boutons en bas de l'écran. Mais pour corriger vos images, touchez Ajuster. En règle générale, ce bouton donne accès aux réglages Luminosité, Contraste, Saturation, Netteté, Reflets, Ombres, Teinte, et Filtre n&b. Touchez le réglage à modifier, puis agissez sur le ou les curseurs affichés sous l'image. Une commande Comparer permet, en restant le doigt appuyé dessus, de voir l'original puis la version modifiée en relâchant la pression. Une fois un réglage effectué, touchez l'icône de la coche en bas à droite, pour le valider. Sinon, touchez l'icône de la croix pour annuler le réglage. Comme les réglages sont cumulatifs, une fois une modification validée, procédez à d'autres corrections. Dès que vous êtes satisfait de votre image, touchez l'icône de la disquette en haut à droite (Enregistrer).

La Figure 14.3 montre l'interface de retouche d'un Huawei tournant avec Android 9. Pour accéder aux réglages masqués sur la droite ou la gauche de l'écran, faites simplement défiler cette zone vers la gauche ou la droite. Voici une rapide description des outils proposés :

FIGURE 14.3 L'écran de retouche.

» **Faire pivoter :** Permet d'appliquer une rotation à l'image, soit manuellement, soit automatiquement avec les commandes Faire pivoter et Miroir. La première fait tourner l'image de 45 degrés dans le sens antihoraire à chaque pression sur ce bouton, tandis que la seconde applique ce que l'on appelle un effet de symétrie horizontale, comme si la photo était reflétée dans un miroir.

» **Rogner :** Affiche un cadre de recadrage sur les poignées duquel vous agirez pour définir la zone de l'image à conserver.

» **Filtres :** Ouvre une interface de sélection de types d'effets. Touchez la vignette d'un effet et agissez sur les curseurs de réglage.

- **Splash :** Permet d'effacer des couleurs. Ainsi, certains éléments seront en noir et blanc.
- **Flouter :** Permet de rendre plus ou moins flou tout ou partie d'une image. Bien utilisé, vous simulerez une faible profondeur de champ en floutant des éléments au premier et à l'arrière-plan, laissant le sujet principal bien net.

Il s'agit des principaux outils, sachant que celui qui correspond vraiment au travail de développement des photos numériques est Ajuster.

Lorsque vous êtes satisfait de vos réglages, n'oubliez pas d'enregistrer une copie modifiée en touchant l'icône de la disquette en haut à droite. De cette manière, vous conservez l'original, ce qui vous permettra par exemple de lui appliquer d'autres réglages.

La copie de l'image retouchée est enregistrée dans le même dossier, donc Caméra. Pour pourrez donc facilement l'afficher comme tout autre cliché récent.

Appareil photo, petit mode d'emploi

Finalement, votre smartphone, c'est comme un APN (appareil photo numérique), mais avec un objectif ou plusieurs objectifs beaucoup plus petits que sur un appareil spécialisé.

Mais non content de vous proposer une très bonne résolution pouvant allégrement atteindre les 20 mégapixels (ou plus), il offre des quantités de réglages sans doute plus ou moins évolués, mais en tout cas plus que suffisants pour notre bonheur à tous. Voyons donc cela de plus près.

Cibler le sujet principal

Lorsque vous visez avec l'appareil photo, un cercle indique le sujet sur lequel se fait la mise au point. Celle-ci sert en particulier à déterminer la profondeur de champ, autrement dit la zone de netteté, en deçà et au-delà de laquelle l'image est plus ou moins floue. Quand le cercle apparaît et semble rétrécir, cela signifie que le calcul est en cours. Et lorsqu'il s'immobilise et disparaît, c'est le bon moment pour déclencher.

Cependant, avec les fonctions classiques de l'appareil, ne vous attendez pas à obtenir une très faible profondeur de champ. Elle ne sera possible qu'avec la fonction dite Ouverture (ou équivalent sur votre smartphone) dont nous reparlerons plus loin dans ce chapitre.

Si vous voulez décentrer la mise au point, il vous suffit de toucher l'écran pour désigner le sujet que vous voulez mettre en valeur, puis de déclencher.

Définir les paramètres de prise de vue

Les boutons des paramètres de capture proposent divers réglages qui définissent la manière dont vos photos sont prises. Touchez-les pour personnaliser vos prises de vue :

» **Inversion de l'objectif :** Ce bouton sert de bascule entre caméra arrière et caméra frontale. Demandez par exemple à un ami de se prendre en photo et enregistrez le résultat comme image de contact ! Et sinon, à vous les *selfies*...

En revanche, pour d'autres fonctions moins habituelles, vous devez accéder aux paramètres, en touchant l'icône de l'engrenage en haut à droite. Vous accédez aux options illustrées sur la Figure 14.4.

FIGURE 14.4
Pour régler l'appareil.

» **Résolution :** Donne accès aux différentes résolutions et formats d'image de votre appareil. En fonction de l'appareil, certains formats, comme le Raw, ne seront disponibles que si vous activez la prise de vue dite Pro.

» **Étiquette GPS :** Enregistre les données de localisation avec votre image. Elles seront utilisées pour cataloguer vos photos dans un programme spécialisé afin de retrouver facilement les images en fonction des lieux de la prise de vue.

» **Minuteur :** Si vous êtes capable de poser correctement le smartphone sur un support, activer le retardateur vous permettra peut-être d'aller assez vite pour être sur la photo !

Il existe bien d'autres réglages que nous ne pouvons pas détailler ici. Je vous renvoie donc à l'excellent livre *Photographie au smartphone* publié par les éditions First dans la collection Focus.

Si votre appareil offre cette possibilité, ouvrez le menu Plus en bas à droite de l'écran. Sur certains smartphones, il suffit de faire glisser vers la droite la partie gauche de l'écran pour y accéder. Vous y trouverez des modes de prise de vue particuliers que nous montre la Figure 14.5 :

Si vous souhaitez photographier avec le flash car les conditions d'éclairage sont trop faibles, vous disposez d'une icône sur l'écran de prise de vue. Touchez-la pour afficher les options du flash illustrées sur la Figure 14.6 :

» **Activé :** Le flash se déclenchera systématiquement, quelles que soient les conditions de prise de vue.

» **Automatique :** Vous laissez l'appareil décider lui-même s'il a ou non besoin d'illuminer la scène. C'est sans doute le bon choix à faire.

» **Désactivé :** Le flash est, comment dire... désactivé.

» **Constant :** Active un éclairage continu, c'est-à-dire une lumière d'appoint permettant de contrôler l'exposition et d'obtenir ainsi un éclairage artificiel plus doux.

Le flash consomme beaucoup d'énergie. Évitez de l'utiliser à tout bout de champ, sinon votre batterie risquerait de vous lâcher juste avant le meilleur moment de la soirée !

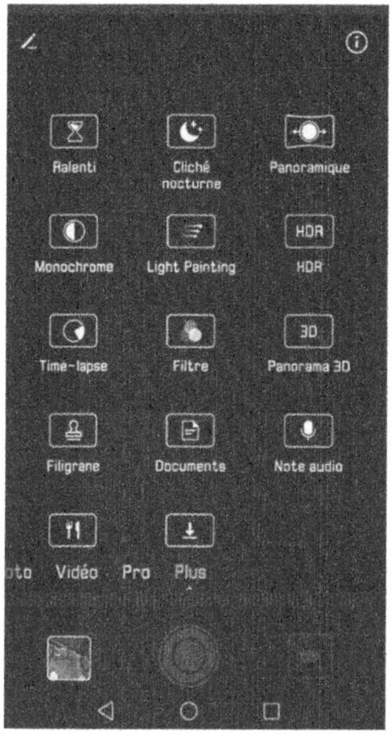

FIGURE 14.5
Pour réaliser des prises de vue dans des conditions particulières.

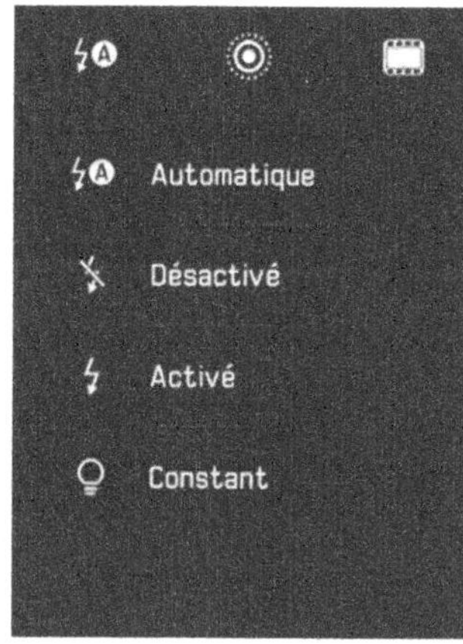

FIGURE 14.6
Les différents modes de flash.

Pour faciliter la composition, activez la grille. Pour cela, touchez l'icône de l'engrenage en haut à droite. Appuyez ensuite sur Grille de composition (ou libellé équivalent). Cette action ouvre une fenêtre dans laquelle vous choisirez le type de grille à utiliser, comme le montre la Figure 14.7. Testez les différentes grilles pour utiliser celle qui vous aidera vraiment à améliorer vos cadrages. Bien entendu, si cette grille vous perturbe plus qu'elle ne vous aide, choisissez l'option Désactivée.

Régler l'exposition

En fonction de votre appareil, vous pourrez régler la zone de mesure de l'exposition indépendamment de la zone de mise au point. Pour cela, commencez par toucher, sur l'écran, l'élément devant être net. Le collimateur de mise au point encercle la zone concernée. Appuyez sur ce collimateur jusqu'à ce qu'apparaisse une ampoule. Faites-la glisser sur la zone où

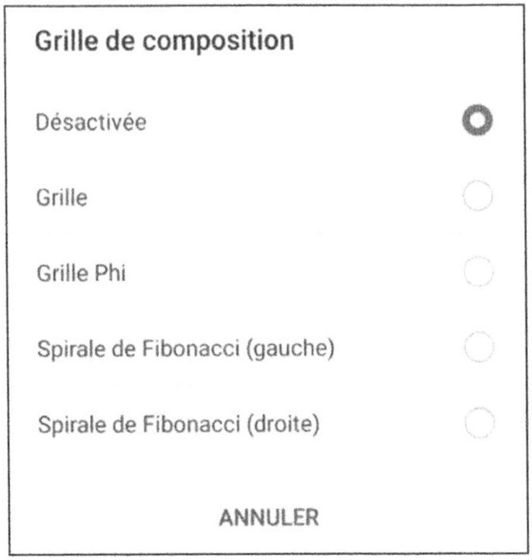

FIGURE 14.7 Une grille pour bien composer la prise de vue.

vous souhaitez effectuer la mesure d'exposition, comme sur la Figure 14.8. Ici, le fait de choisir la zone très claire en haut à droite a permis de réduire sa luminosité et d'exposer correctement le premier plan.

Lorsque la mesure d'exposition ne permet pas d'obtenir une image aux tonalités équilibrées, soit parce qu'elle reste encore trop claire ou trop foncée, appliquez une correction d'exposition avant de déclencher. Celle-ci permet de laisser entrer plus ou moins de lumière en fonction de l'intensité de l'éclairement, comme le réglage EV dont disposent nombre d'appareils photo numériques. Vous disposez de cinq valeurs allant de +2 à −2. Par défaut, ce réglage est sur la position 0.

Pour cela, vous devez généralement basculer votre smartphone en mode de prise de vue Pro. Ensuite, touchez le réglage EV, et faites glisser l'échelle de valeur de correction vers la gauche pour réduire l'exposition et vers la droite pour l'augmenter, comme sur la Figure 14.9.

Zoomer sur les détails

Pour photographier (ou filmer) en gros plan, servez-vous de la gestuelle classique pincer/écarter : vous touchez l'écran

FIGURE 14.8
La mesure d'exposition effectuée sur une autre partie de la scène que celle utilisée pour la mise au point.

FIGURE 14.9
Appliquer une correction d'exposition.

avec deux doigts, et vous les écartez pour faire un zoom, ou bien vous les rapprochez pour revenir à la normale (voir la Figure 14.10).

Le facteur dépend de votre téléphone.

Au-delà d'un certain niveau d'agrandissement, le zoom dit numérique prend le relais du zoom optique, entraînant une dégradation de la qualité de l'image. Par conséquent, autant que faire se peut, rapprochez-vous physiquement du sujet à photographier pour éviter de zoomer trop intensément.

Panorama panoramique

Ah, quel beau panorama ! Il ferait une jolie vue panoramique ! Rien de plus simple en fait :

1. **Activez le mode Panoramique en touchant le bouton Plus, en bas de l'écran.**

   Si votre smartphone ne propose pas ce bouton Plus, vous trouverez le mode Panorama ou Panoramique en glissant le côté droit ou gauche de votre écran.

2. **Basculez votre smartphone horizontalement si, par exemple, vous souhaitez prendre une photo panoramique d'un paysage, comme sur la Figure 14.11.**

3. **Déplacez maintenant lentement votre smartphone en veillant à rester aussi parfaitement que possible dans un même plan.**

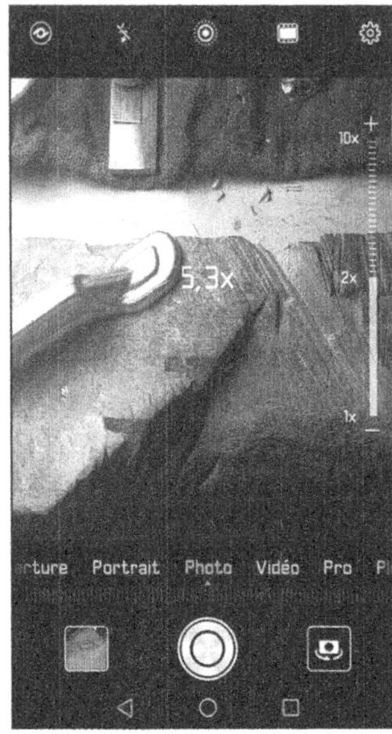

FIGURE 14.10 Zoomer pour faire un gros plan.

FIGURE 14.11 Prise de vue panoramique.

Une barre de progression permet d'apprécier la partie de la scène en cours d'enregistrement par le smartphone. En fait, c'est exactement comme si vous faisiez un panoramique en filmant une vidéo.

4. **Continuez jusqu'à ce que vous soyez (ou pas) arrivé à la fin des possibilités d'enregistrement du panoramique.**

Si vous atteignez le bord droit de la barre (ou le bord gauche, selon la direction de votre mouvement), la prise de vue s'arrête automatiquement.

Le panoramique est calculé en temps réel. Vous pouvez donc le contempler immédiatement, comme sur la Figure 14.12.

FIGURE 14.12 Oh, le beau panorama !

Effet grande ouverture

Même si cela ne se justifie pas toujours, les photos présentant un premier plan bien net et un arrière-plan flou sont très prisées. Pendant longtemps, les smartphones ont souffert de cette impossibilité du fait d'une optique trop petite. Aujourd'hui, ce n'est plus le cas des photophones haut de gamme dont la fonction Ouverture permet d'obtenir une profondeur de champ réduite que vous pouvez même modifier après la prise de vue.

Pour cela, il suffit d'activer le mode Ouverture (ou tout libellé laissant supposer la réduction de la profondeur de champ). Généralement, un réglage permet d'ouvrir plus ou moins.

Si la profondeur de champ obtenu ne vous convient pas, vous pouvez la modifier en affichant l'image et en agissant sur les paramètres d'ouverture. Il est même possible de déplacer la zone de mise au point. La Figure 14.13 montre cette modification. Le collimateur de mise au point et de réglage de la profondeur de champ a été placé sur le manche du ciseau à bois, avec une ouverture maximale du diaph. Il en résulte un manche net et un arrière-plan flou.

FIGURE 14.13
Effet de grande ouverture.

Silence, on filme !

Votre smartphone est non seulement un appareil photo, mais aussi une caméra. Il vous suffit, pour devenir vidéaste, de balayer latéralement l'écran de l'appareil photo, et enfin d'appuyer sur le bouton d'enregistrement (voir la Figure 14.14).

Pour arrêter de filmer, appuyez sur le même bouton, qui est devenu un gros carré rouge.

FIGURE 14.14
On tourne !

Votre smartphone est certainement un excellent appareil. Sur le plan de la photo et de la vidéo, c'est évident. Mais n'attendez tout de même pas des miracles pour l'enregistrement du son. Celui-ci ne peut évidemment pas être comparé avec un matériel dédié, possédant notamment un micro directionnel.

Les vidéos sont enregistrées au format MP4, ce qui veut dire qu'elles sont lisibles sur à peu près n'importe quel appareil moderne.

Une vidéo qui vient d'être enregistrée est visible en touchant la petite vignette d'aperçu, en bas et à droite, exactement comme pour une photo. Vous pouvez donc la partager ou l'envoyer en tant que pièce jointe, y compris dans un MMS. Dans ce cas, il vaut mieux limiter au maximum la qualité vidéo.

Tout en filmant, vous pouvez toucher le bouton du déclencheur afin de prendre un cliché instantané.

Les smartphones haut de gamme enregistrent dans une résolution 4K, c'est-à-dire d'une qualité deux fois supérieure à la HD. Attention à la consommation d'espace de stockage sur la carte mémoire !

Configurer la vidéo

Vous avez beaucoup moins de choix que pour les photos, ce qui est après tout normal. Voyons donc rapidement cette question :

- **Choix de la caméra :** Comme pour les photos, vous pouvez basculer ente objectif arrière et frontal (le mode autoportrait). « Je m'aime, toi non plus ».
- **Flash :** En mode vidéo, le flash devient comme une lampe torche, c'est-à-dire un éclairage continu. C'est pratique, mais bien sûr extrêmement gourmand en énergie.

Pour les autres réglages, vous devez passer par les paramètres en touchant l'icône de l'engrenage :

- **Résolution :** Illustrés sur la Figure 14.15, vous disposez de plusieurs choix qui dépendent de la qualité de votre smartphone. 4K assure une qualité optimale mais consomme beaucoup d'espace de stockage. De plus, pour profiter de cette qualité, vous devez disposer d'un écran de TV ou d'ordinateur 4K. Sur certains appareils, vous pouvez aussi choisir le type d'encodage comme H265 conseillé pour optimiser la compression 4K, et H264 un encodage plus universel plutôt réservé à la vidéo HD.

» **Grille :** Accessible depuis les Paramètres du menu, cette option permet d'afficher en surimpression de la visée une grille qui aide à la composition de la prise de vue.

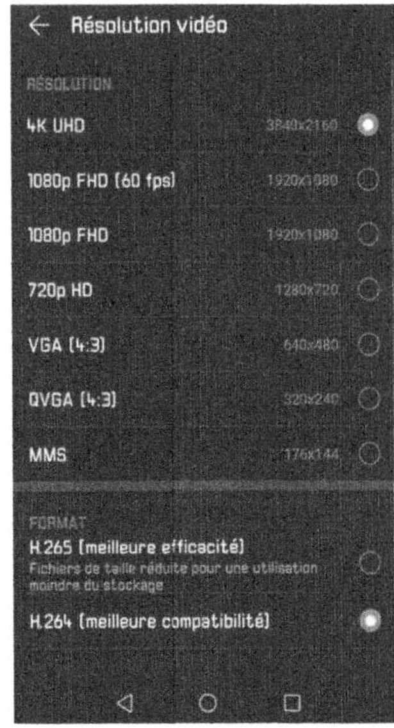

FIGURE 14.15 Choisissez la résolution du tournage de la vidéo.

Si certains smartphones disposent d'un capteur capable de filmer en 4K, évidemment, leur écran n'est pas capable d'offrir cette résolution ! Et quant aux téléviseurs 4K, ils ne sont pas tous capables de reconnaître, du moins directement, le format vidéo utilisé par le smartphone, alors qu'ils sont pourtant censés être conçus pour cela...

Une galerie de photos et de vidéos

Photos, vidéos... C'est magnifique. Et après ? C'est votre affaire et celle de l'application Google Photos.

Google Photos, votre défilé de mode

Nous avons vu que, si vous demandez à visualiser une photo ou une vidéo que vous venez de prendre, vous accédez en fait à l'application Google Photos, ou plus exactement au sous-dossier Camera du dossier DCIM dans la mémoire de l'appareil.

C'est le centre de stockage des images de votre smartphone. Vous pouvez bien entendu accéder directement à cette application depuis l'écran d'accueil ou la page Applications pour visualiser vos clichés et vos vidéos, les partager sur Facebook, ou autres, les copier vers votre ordinateur (par exemple pour imprimer vos images dans de bonnes conditions) ou vers un nuage Internet quelconque, voire les afficher sur l'écran de votre téléviseur, et ainsi de suite.

Lorsque vous ouvrez l'application Google Photos, elle vous propose non seulement les mêmes photos que celles actuellement stockées sur votre smartphone, mais aussi celles que vous y avez effacées (voir Figure 14.16).

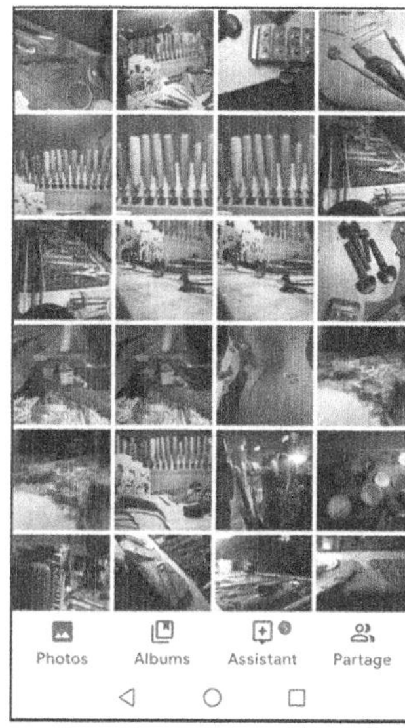

FIGURE 14.16
L'application Google Photos.

Les photos et vidéos sont stockées par défaut dans un sous-dossier appelé Camera. Il se trouve sous le classique dossier DCIM sur la mémoire interne du smartphone. Les images sont au format JPEG et les vidéos au format MP4. Pour le reste, Google Photos peut très bien afficher des tas et des tas d'autres dossiers dont vous vous demanderez certainement d'où ils viennent...

Choisir un mode d'affichage

Google Photos vous propose plusieurs modes pour afficher vos photos et vos vidéos. Pour cela, touchez le bouton Menu (celui marqué de trois traits en haut à gauche). Vous pouvez notamment choisir d'accéder à tous les dossiers de l'appareil, c'est-à-dire aux dossiers créés dans l'application Galerie d'Android. Pour consulter le contenu d'un dossier, touchez sa vignette. Ensuite, touchez la vignette de la photo à visualiser.

Vous pouvez sélectionner une photo en appuyant sur sa vignette jusqu'à ce qu'elle soit cochée. Ensuite, cochez d'autres images. Vous pouvez alors sélectionner toutes les vignettes d'un mois en touchant le petit cercle affiché à gauche de son nom comme je l'ai fait pour le mois de mars sur la Figure 14.17.

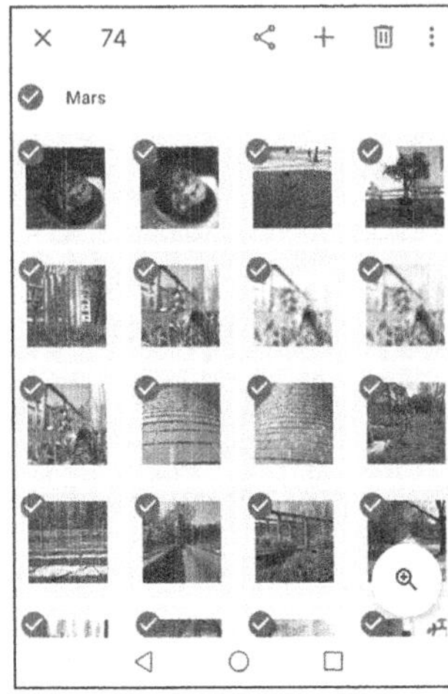

FIGURE 14.17
Toutes les photos du mois de mars sélectionnées dans Google Photos.

Une fois les photos sélectionnées, vous pouvez toucher l'icône Partager pour les envoyer par SMS, mail, ou encore les publier sur un réseau social ou les enregistrer dans Google Drive.

La zone Rechercher des photos en haut de l'écran peut aussi vous aider à mieux choisir vos photos. La recherche peut porter sur des lieux, des types d'objets ou de sites, des personnes, des albums, *etc.*

Le bouton Assistant donne accès à quantité d'options plus ou moins intéressantes (voir la partie gauche de la Figure 14.18). Ainsi, vous avez évidemment la possibilité de créer de simples albums photo, éventuellement partagés sur Google+, mais aussi de petits films, qui sont des diaporamas assez sophistiqués (voir la partie droite de la Figure 14.18), des livres de photos virtuels, de petites animations, ou encore réaliser des montages pouvant associer de deux à cinquante photos et vidéos.

N'hésitez pas à vous amuser avec tous ces outils !

Il existe encore un autre mode d'affichage, appelé Albums. Il regroupe vos photos par thèmes, lieux, ou types de prises de vue. C'est donc un raccourci vers vos créations (voir la Figure 14.19).

FIGURE 14.18
L'application Google Photos et ses outils de création.

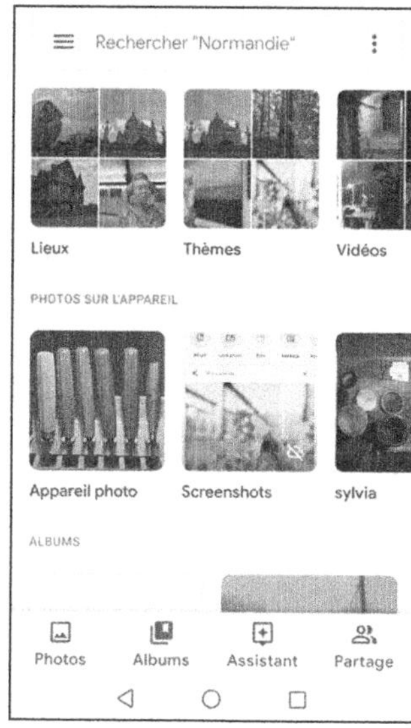

FIGURE 14.19
L'application Google Photos et ses albums.

Afficher des photos ou des vidéos dans Google Photos

Suivez ces étapes :

1. **Touchez la vignette d'une photo ou d'une vidéo.**

   Si nécessaire, faites glisser l'écran vers le haut pour parcourir les images.

2. **L'image ou la vidéo s'affiche (voir la Figure 14.20) en plein écran.**

Les vidéos disposent d'un bouton lecture en leur centre pour être lues.

3. **Orientez l'écran dans le sens qui convient le mieux.**
4. **Faites défiler les photos en effleurant l'écran vers la gauche ou vers la droite.**

5. **Agrandissez ou réduisez la taille de l'image affichée avec deux doigts, selon le classique mouvement pincer/écarter. Pour accéder au reste de l'image lors d'un zoom, effleurez l'écran dans toutes les directions.**

FIGURE 14.20
Voir des photos et des vidéos dans l'application Google Photos.

Vous pouvez aussi tapoter deux fois sur l'écran pour effectuer un agrandissement de l'image.

Pour revenir à la liste des images, appuyez sur la touche Retour du téléphone.

Les options de retouche accessibles depuis Google Photos ont déjà été détaillées plus haut dans ce chapitre.

Chapitre 15

Toute la musique que j'aime

DANS CE CHAPITRE :

- » **Votre smartphone et le multimédia**
- » **Écouter une chanson**
- » **Copier de la musique depuis son ordinateur**
- » **Acheter de la musique**
- » **Organiser sa musique en listes de lecture**
- » **Acheter, charger et regarder des vidéos**
- » **Acheter, charger et regarder des livres**

Votre smartphone Android peut diffuser de la musique. Attention, je ne parle pas ici de la note La qu'émet un téléphone fixe quand vous le décrochez et cela juste avant de composer un numéro. Je ne parle pas non plus des sonneries diverses et variées qui firent leur apparition à la fin des années 70 sur nos bons vieux téléphones fixes. Non ! Je parle d'un téléphone qui, aujourd'hui, fait office de lecteur MP3 (et mieux encore), d'écran vidéo, de liseuse ou encore de radio en ligne. Non seulement votre smartphone est capable de diffuser tout cela, mais il met en plus à votre disposition des fonctions de gestion de vos bibliothèques.

Des tubes à portée d'oreilles

Votre Android dispose de tout ce qu'il faut pour remplir vos loisirs audiophiles. Pour cela, connectez un casque ou des oreillettes à votre smartphone, démarrez l'application Play Musique, et choisissez la chanson à écouter. Si personne ne vous téléphone, vous aurez vraiment l'impression d'utiliser un lecteur MP3.

Bien entendu, si vous êtes seul(e) dans un espace quelconque, vous pouvez écouter la musique directement sur les haut-parleurs de votre téléphone. Sur les modèles haut de gamme, leur qualité est assez bluffante.

Si Play Musique est la centrale musicale par défaut d'Android, ce n'est évidemment pas la seule, et vous trouverez sur Play Store de nombreuses applications dédiées à l'écoute musicale, à la lecture de vidéos ou encore à celle de livres électroniques. En dehors de tout critère de qualité, il y a une différence majeure : c'est que Google, lui, veut vous vendre des titres et des albums, des films ou encore des livres...

Parcourir la bibliothèque des musiques

L'application Play Musique est le quartier général de vos musiques. Pour la démarrer, touchez son icône dans le dossier d'applications Google. Une autre technique consiste à faire glisser vers le bas le haut de votre écran et à taper Play m. Immédiatement, Android vous propose Play Musique comme sur la Figure 15.1.

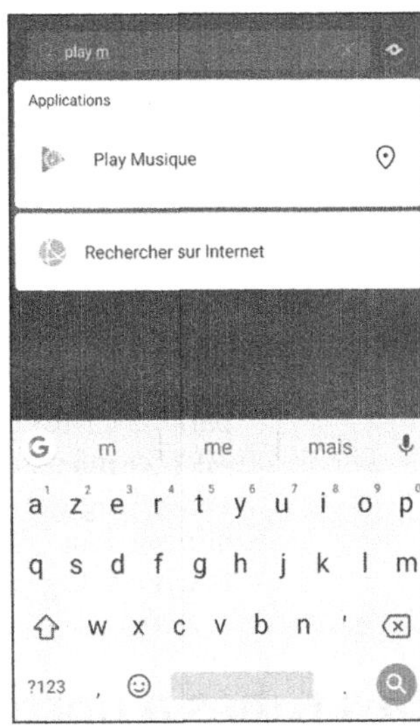

FIGURE 15.1
Rechercher et trouver Play Musique.

Quand elle le peut, Play Musique affiche une image des albums que vous avez enregistrés ou achetés, ou que vous stockez sur votre téléphone. Sur la Figure 15.2, vous constatez qu'elle affiche vos activités récentes si, bien entendu, vous avez déjà utilisé l'application.

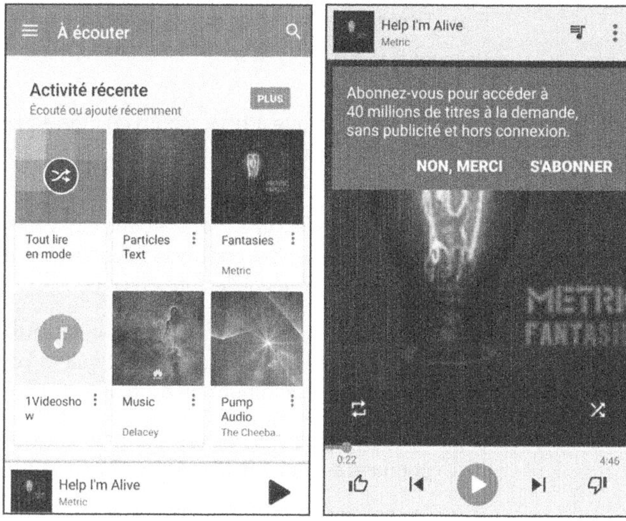

FIGURE 15.2 Vos activités récentes (à gauche), et la possibilité de vous abonner (à droite).

Dans la partie inférieure de l'écran, un encadré vous invite à vous abonner pour accéder, sans publicité et hors connexion, à 40 millions de titres.

Si vous touchez le bouton des options principales, en haut et à gauche de l'écran, puis le lien Bibliothèque musicale, vous constaterez que Play Musique organise vos titres selon différentes catégories :

- **Playlists :** Centralise les listes de lecture que vous avez créées sur Play Musique. Une liste de lecture (ou *playlist*) est un ensemble de chansons que vous avez regroupées afin de les écouter séquentiellement. En règle générale, on crée des playlists de nos chansons préférées, mais aussi par style musical, et pourquoi pas par thème.
- **Artistes :** Les musiques enregistrées dans la mémoire du smartphone sont classées dans l'ordre des noms des artistes ou des interprètes.
- **Albums :** Les musiques enregistrées dans la mémoire du smartphone sont rangées dans l'ordre des noms d'albums.

» **Titres :** C'est le même principe, mais titre par titre. Ce n'est sans doute pas le plus simple pour repérer une chanson particulière…

» **Genres :** Chaque artiste, album ou morceau est associé à un genre musical plus ou moins judicieux. C'est une autre voie pour localiser tel ou tel titre.

» **En cours de lecture :** Cet élément, que vous retrouvez en bas de l'écran, n'est pas une catégorie, mais un lien vers la chanson en cours de lecture ou en pause.

Ces catégories permettent d'organiser la musique. Vous retrouvez ainsi facilement une chanson quand vous ne connaissez plus le nom d'un album ou d'un artiste.

» La musique est stockée dans la mémoire interne du téléphone et sur la carte Micro SD (s'il y en a une).

» La capacité de stockage limite le nombre de titres installés dans votre téléphone.

» Lorsque votre téléphone ne parvient pas à identifier un artiste, il indique « Artiste inconnu ». Cela arrive généralement quand vous copiez manuellement des titres sur votre téléphone. La musique que vous achetez, que vous importez, ou que vous synchronisez avec un ordinateur contient généralement des informations sur l'artiste et l'album.

Comme votre smartphone est peut-être encore vierge de toute musique, voyons de plus près comment installer vos propres bibliothèques et comment acheter des titres ou des albums en ligne.

En avant la musique !

Le lecteur musical préinstallé sur votre smartphone, c'est donc Play Musique, dont vous avez bien compris qu'il sert d'interface non seulement vers votre collection musicale, mais aussi (et surtout ?) vers la boutique en ligne Play Store. Cette application vous permet d'écouter vos contenus musicaux et audio dans de bonnes conditions.

La méthode d'installation de fichiers musicaux décrite dans la section qui suit vaut tout aussi bien pour tout autre type de fichier : vidéo, image, document de travail, et ainsi de suite.

Copier de la musique depuis son ordinateur

Comment remplir votre smartphone de bonnes et belles musiques ? La première méthode consiste à y copier tout ou partie de votre audiothèque personnelle depuis votre ordinateur ou depuis un disque externe relié à celui-ci :

1. **Reliez le câble fourni avec votre smartphone à un port USB de votre ordinateur.**
2. **Affichez la barre des notifications et regardez la ligne qui concerne la connexion USB. Si vous lisez Transférer des fichiers (ou encore Connecté en tant qu'appareil multimédia), c'est bon. Sinon, touchez la ligne de connexion et choisissez cette option (ou son équivalent).**

   Dans le cas contraire, votre smartphone sera pris pour un simple appareil photo, ce qui ne vous aidera pas pour la musique.
3. **Touchez ensuite le bouton Accueil. Si une fenêtre Exécution automatique s'ouvre sur votre PC, cliquez sur Ouvrir l'appareil mobile pour afficher les fichiers. Sinon, ouvrez directement l'Explorateur de fichiers et faites un double clic sur le nom de votre smartphone.**
4. **L'Explorateur Windows ouvre le contenu de votre smartphone qui devrait être identifié sous le nom de son modèle avec un dossier unique appelé Mémoire de stockage interne.**
5. **Double-cliquez sur l'icône désignant la Mémoire de stockage interne, ou toute autre appellation désignant une unité de stockage externe (voir Figure 15.3).**
6. **Faites défiler ce contenu dans l'Explorateur de fichiers afin de localiser un dossier Music. Double-cliquez dessus !**

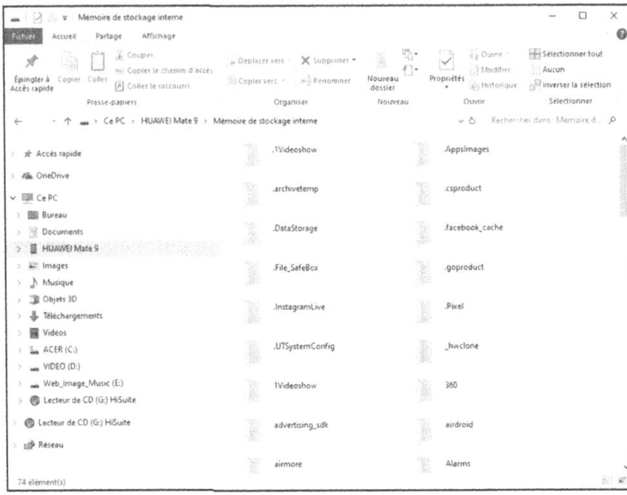

FIGURE 15.3 Le contenu du smartphone apparaît dans l'Explorateur Windows.

7. **Ouvrez une nouvelle fenêtre de l'Explorateur de fichiers.**
8. **Parcourez les disques durs de votre ordinateur et ouvrez le dossier dans lequel vous stockez vos fichiers MP3.**
9. **Copiez un dossier de musiques ou simplement quelques titres.**
10. **Revenez au dossier Music de la mémoire du smartphone que vous avez ouvert à l'Étape 6, puis choisissez la commande Coller.**
11. **Si une fenêtre vous demande de confirmer la copie, cochez la case Faire ceci pour tous les fichiers et cliquez sur Oui.**
12. **Recommencez les Étapes 9 à 11 autant de fois que nécessaire.**

Vous pourrez plus tard reprendre ces étapes pour compléter votre collection, mais aussi pour supprimer ce dont vous ne voulez plus.

En organisant bien votre collection musicale dans des séries de sous-dossiers classés par artiste et par album, vous faciliterez votre vie de mélomane.

La mémoire de votre smartphone est limitée. La possibilité d'ajouter une carte Micro SD de belle taille est évidemment un plus important. Mais n'espérez tout de même pas y copier des centaines et des centaines d'albums entiers ! Où stockeriez-vous ensuite toutes vos vidéos et vos photos ?

Accéder à la musique sans câble

Vous, ou quelqu'un d'autre, avez stocké de la musique que vous avez envie de récupérer, mais seuls le Wi-Fi et/ou le Bluetooth sont disponibles. Vous voulez donc effectuer un transfert sans fil. Voyons rapidement différents cas possibles :

- **Appareils accessibles en réseau ou en Wi-Fi :** Il vous faut pour cela installer un gestionnaire de fichiers capable de retrouver les disques, dossiers et contenus partagés sur votre réseau. Vous en trouverez sur le Play Store. Ensuite, en parcourant votre réseau, vous accéderez au contenu de votre ordinateur et pourrez donc copier de la musique sans connexion par câble.
- **Appareils disponibles en Bluetooth :** Une fois vos smartphones/tablettes ou autres équipements appareillés (voyez à ce sujet le Chapitre 18), vous pouvez faire un appui long d'un côté sur un titre puis choisir Partager, Bluetooth et enfin sélectionner l'appareil qui va recevoir le fichier (en l'occurrence, votre smartphone préféré, bien sûr). Acceptez sur celui-ci la réception du morceau, et c'est parti !

  Selon la marque et le système installé sur l'appareil source, les noms et la procédure peuvent légèrement varier.
- **Chargement depuis le nuage Internet :** Si vos fichiers sont stockés sur un nuage Internet quelconque, il vous suffit d'ouvrir l'application correspondante sur votre smartphone (par défaut, puisque vous avez un compte Gmail, vous disposez également d'un espace de stockage sur Google Drive, le bébé de Google, mais Dropbox,

par exemple, est très bien aussi). Il vous suffit alors de sélectionner ce que vous voulez copier, puis de choisir une option du genre Télécharger, Partager ou encore Exporter.

Un fichier musical (ou une photo, ou un autre type de fichier reconnu par au moins une application) n'a pas besoin d'être recopié sur votre smartphone pour être ouvert. Vous pouvez le lancer directement en *streaming*, c'est-à-dire en le lisant depuis Internet. Bien entendu, cela consomme des données, et donc potentiellement du forfait si vous n'êtes pas en Wi-Fi.

Selon votre équipement, il est possible que vous disposiez d'autres options, comme le Wi-Fi Direct. Évidemment, il reste toujours la possibilité de joindre un ou des fichiers à un e-mail et de le récupérer ensuite sur le système qui reçoit le message, mais ce n'est sans doute pas une solution idéale.

De nos jours, disposer d'un espace de stockage gratuit sur Internet est facile, et même intégré. Envoyer des fichiers sur ce nuage, puis communiquer à ses correspondants un lien pour le téléchargement est bien plus simple et efficace que l'utilisation de pièces jointes. En effet, vous ne transférez qu'une seule fois le fichier (placer un simple lien dans un message ne coûte rien), et les destinataires ne sont pas encombrés avec des pièces jointes qu'ils n'ont peut-être pas envie de télécharger...

Acheter de la musique

C'est la méthode légale pour se procurer des albums ou simplement des titres. Des géants comme Amazon, Google, FNAC, Spotify, Deezer et autres ont des catalogues énormes. Et les prix sont, du fait de la concurrence, pratiquement les mêmes partout.

Les titres individuels sont généralement vendus entre 0,99 € et 1,29 €. Le prix des albums tourne en moyenne autour de 10 €, à plus ou moins 3 € et hors promotions. Et on trouve même parfois des titres ou des albums gratuits.

La méthode d'accès peut légèrement varier, mais le principe est pratiquement le même partout. En particulier, l'opération peut généralement être réalisée depuis votre ordinateur, tout en vous permettant d'accéder à vos achats/téléchargements sur tous vos appareils connectés.

Pour ce qui suit, nous allons prendre en exemple la boutique Play Store (mais vous pouvez tout aussi bien installer par exemple l'application d'Amazon pour acheter votre musique en ligne).

Suivez donc ces étapes :

1. **Ouvrez l'application Play Musique.**
2. **Touchez le bouton des trois traits en haut à droite et, dans le menu local qui apparaît, choisissez Acheter, comme sur la Figure 15.4.**

   Souvenez-vous que vous pouvez réaliser la même opération sur votre ordinateur mais en accédant au Play Store à l'adresse https://play.google.com/store/music. Les titres achetés étant synchronisés en ligne, ils vous suivront dans vos déplacements. D'autre part, nous supposerons ici que vous avez déjà configuré votre « portefeuille » pour payer vos achats Google. Sinon, voyez la procédure à suivre dans le Chapitre 17.

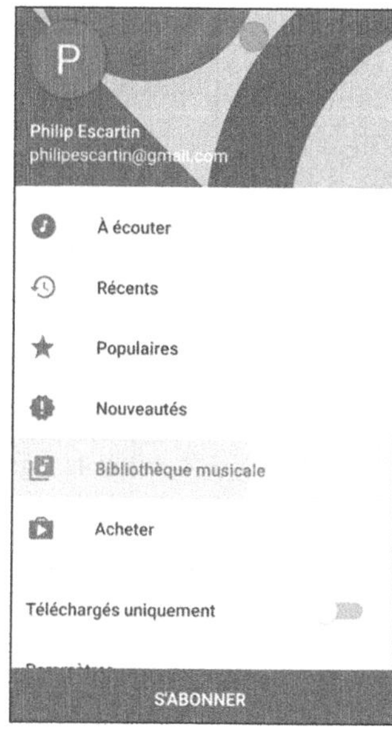

FIGURE 15.4 Acheter de la musique.

3. **Touchez une des propositions de la sélection, ou bien faites défiler l'écran vers la gauche ou vers la droite pour changer de page. Il est possible de choisir un genre particulier, un « top » quelconque, ou bien encore de lancer une recherche, exactement comme si vous vouliez trouver une application (voir Figure 15.5).**

FIGURE 15.5
Le rayon musique de Google Play.

FIGURE 15.6
Écoutez avant d'acheter.

4. **Quand vous avez trouvé le titre ou l'album voulu, touchez la vignette correspondante.**

   Pour trouver les œuvres d'un artiste, tapez son nom dans le champ Google Play en haut de l'écran. Ensuite, touchez son nom dans les propositions qui vous sont faites. Vous accéderez ainsi à tous les albums et titres vendus par Google Play et le Play Store.

5. **La page associée au titre ou à l'album va s'afficher (voir la partie gauche de la Figure 15.6).**
6. **Pour écouter un extrait, touchez le bandeau d'un titre, que ce soit dans un album ou pour un single (voir la partie de la Figure 15.6).**

   Génial, non ?

7. **Si vous piaffez déjà d'impatience, touchez le bouton qui affiche le prix en orange, puis le bouton Continuer suivi d'Acheter dans la page qui suit.**

8. **Vous allez vraisemblablement avoir à confirmer votre compte (ou créer votre portefeuille Google). Touchez ensuite le bouton OK pour confirmer.**

9. **C'est fait ! Vous pouvez maintenant écouter tout de suite votre morceau avec l'application Play Musique de votre smartphone, ou sur votre ordinateur en vous connectant au site `play.google.com` option Musique, puis Ma musique, ainsi que sur tout autre appareil Android où votre compte Gmail est déjà enregistré.**

N'oubliez pas qu'il s'agit d'un site marchand. Par conséquent, pour activer Ma musique sur votre ordinateur, vous devez avoir inscrit sur Google Play Music un numéro de carte bancaire. Si vous l'avez fait mais qu'il est devenu obsolète, Google vous demandera de mettre à jour votre carte bancaire, sinon le service ne sera pas accessible. La carte bancaire ne sert qu'à régler les achats en ligne. Le service consistant à disposer sur votre ordinateur des musiques stockées sur le smartphone et/ou achetées sur Google Play ou Play Store reste entièrement gratuit.

L'application Play Musique reconnaît immédiatement votre achat. De plus, vous pouvez du coup écouter vos morceaux un peu partout, à condition de pouvoir vous connecter avec votre compte Gmail et de disposer d'un accès Wi-Fi.

Un site comme Amazon propose une procédure comparable, si ce n'est que vous devez installer un programme supplémentaire sur votre ordinateur pour pouvoir y écouter le contenu de votre bibliothèque.

Supprimer des morceaux

Vous pouvez supprimer de votre smartphone toutes les musiques que vous n'écoutez plus. Voici comment procéder :

1. **Ouvrez Play Musique, puis touchez l'album ou le titre que vous voulez supprimer de la mémoire du téléphone.**

2. **Touchez le bouton affichant trois points verticaux à droite du titre.**

3. **Exécutez la commande Supprimer, comme sur la Figure 15.7.**

   Cette commande n'apparaît pas toujours. En fait, elle est essentiellement destinée à supprimer des titres individuels.

4. **Dans le message de confirmation qui apparaît, appuyez sur OK pour procéder à la suppression, ou sur Annuler pour faire avorter l'opération.**

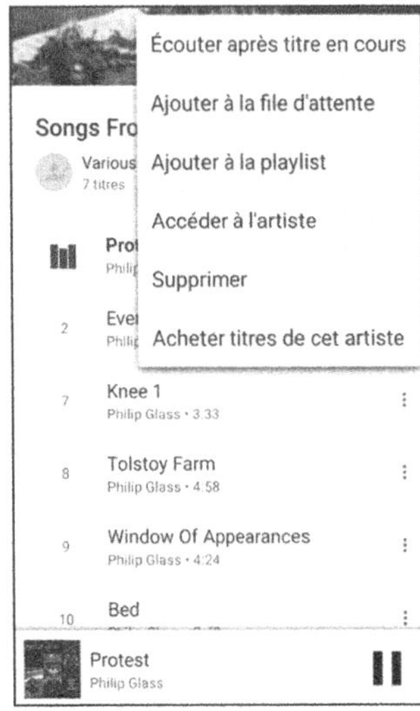

FIGURE 15.7 Supprimer un titre sur Play Musique.

5. **Dès que vous confirmez, le fichier correspondant à cette chanson est supprimé de votre smartphone.**

La suppression de chanson libère de l'espace de stockage. En revanche, vous ne pouvez pas récupérer le titre que vous avez ainsi supprimé. Pour restaurer cette chanson, vous devez la réimporter dans votre téléphone.

Écoute-moi (une histoire de playlist)

Votre bibliothèque audio étant remplie, il ne vous reste plus qu'à lancer Play Musique et à vous laisser porter par la musique.

Écouter un morceau (ou plusieurs)

Dans Play Musique, vous voyez par défaut s'afficher les titres et/ou albums de votre bibliothèque considérés comme récents, y compris vos derniers achats en date. Si nécessaire, touchez le bouton en haut et à gauche de l'écran, et choisissez l'option Bibliothèque musicale.

Pour écouter un titre, il vous suffit de faire défiler la liste vers la gauche ou vers la droite, vers le haut ou vers le bas, et de toucher la vignette ou la ligne voulue.

Qu'il s'agisse d'un titre unique ou d'un album entier, la manière de procéder est pratiquement la même. En fait, soit vous choisissez directement un titre, soit vous sélectionnez un album que vous ouvrez, puis vous touchez le nom du titre que vous voulez écouter.

Vous remarquerez que certains titres affichent la pochette de leur album, tandis que d'autres n'offrent qu'une image générique. Dans un cas, il a été possible de récupérer cette image (tout simplement parce qu'elle est enregistrée dans les fichiers MP3 eux-mêmes ou récupérable par des liens Internet), tandis que dans l'autre, l'appareil se débrouille avec ce qu'il pense être le genre musical du morceau. Malheureusement, il n'existe pas de moyen simple de personnaliser ces illustrations.

Le morceau courant s'affiche dans un bandeau en bas de l'écran. Vous trouvez à sa droite un classique bouton Lecture/Pause (voir Figure 15.7 à gauche). Mais vous pouvez changer l'affichage pour qu'il soit plus « festif ». Pour cela, touchez tout simplement le bandeau du titre actuel. Vous obtenez alors un écran semblable à celui illustré sur la partie droite de la Figure 15.8.

FIGURE 15.8 Une platine audio sur votre smartphone.

Vous disposez en bas de l'écran d'une série de boutons tout à fait classiques pour gérer votre heure musicale. En allant de bas en haut et de gauche à droite :

- **Répétition :** Relance en boucle la lecture du titre ou de la liste d'écoute.
- **J'aime/J'aime pas :** Touchez le pouce vers le bas ou vers le haut afin d'indiquer s'il s'agit d'un morceau que vous appréciez ou au contraire détestez.
- **Mode aléatoire :** Joue au hasard les titres d'une liste de lecture.
- **Piste précédente :** Joue le morceau précédent dans un album ou une liste de diffusion.
- **Jouer/Pause :** Comme sur tous les lecteurs audio.
- **Piste suivante :** Joue le morceau suivant dans un album ou une liste de diffusion.

Pour avancer ou reculer plus vite dans un morceau, faites glisser vers la gauche ou vers la droite la barre de couleur qui se trouve au-dessus de la rangée de boutons.

La lecture continue même si vous quittez Play Musique. Un bandeau supplémentaire apparaît alors dans la barre des notifications. Vous y retrouvez les boutons Précédent, Jouer/Pause et Suivant, et une croix pour arrêter. Touchez simplement le bandeau pour revenir à Play Musique.

Lorsque votre smartphone entre en veille, la diffusion musicale se poursuit, écran éteint. Ranimez-le pour afficher l'écran de verrouillage et vous constatez que l'image de la pochette de disque s'affiche. Vous avez tout de même accès aux boutons Pause, Précédent, et Suivant. Pour gérer directement la musique, il vous suffit de faire glisser vers le bas la barre des notifications.

Si, depuis l'écran de verrouillage, vous mettez la lecture en pause, vous pourrez en relancer la lecture tant que l'écran ne s'est pas remis en veille. Sinon, vous devrez déverrouiller le smartphone, et afficher Play Musique.

Pour basculer entre l'affichage plein écran du morceau courant et l'affichage des titres d'un disque ou d'une liste, touchez le bouton représentant une portée, en haut de l'écran. Il vous suffit alors de toucher le nom d'un autre titre pour changer de musique.

Créer et gérer des listes de lecture

Une liste de lecture, ou *playlist*, est un ensemble de titres provenant d'un ou plusieurs albums. Autrement dit, c'est ce qui vous permet de composer vos propres programmes musicaux.

En plus des playlists, Play Musique vous propose aussi de créer des *mix* instantanés. Un mix, c'est une sorte de playlist automatique censée correspondre à vos préférences musicales. Personnellement, je préfère décider tout seul...

Pour créer une playlist tout en y ajoutant un morceau, voici comment procéder :

1. **Accédez à la Bibliothèque musicale, et lancez la lecture d'un titre.**

2. **Touchez l'icône illustrée ci-contre pour afficher la liste des titres.**
3. **Touchez les trois points affichés à droite du titre en cours de lecture. Dans le menu local qui apparaît, choisissez Ajouter à la playlist, comme sur la Figure 15.9.**
4. **Si une ou plusieurs playlists existent déjà, choisissez celle dans laquelle ajouter votre titre. Sinon, touchez Nouvelle playlist.**

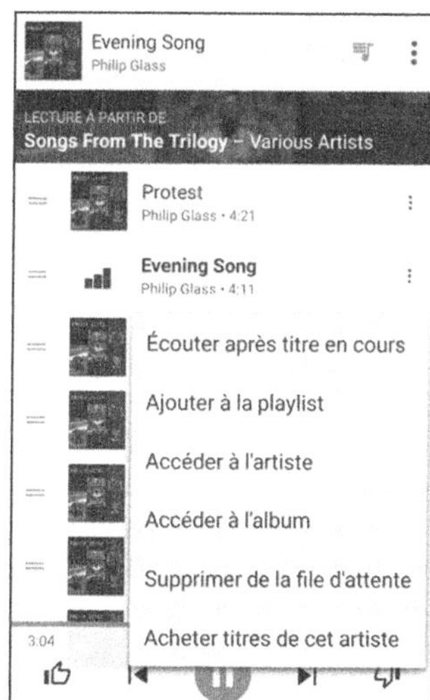

FIGURE 15.9
Créer une liste de lecture tout en ajoutant un titre.

5. **Dans la boîte de dialogue Nouvelle playlist, donnez un nom à cette liste de lecture, et tapez éventuellement une description, comme sur la Figure 15.10.**

FIGURE 15.10 Nommer la playlist.

6. **Touchez Créer une playlist.**

Vous pouvez ajouter tout un album à une playlist. Il suffit pour cela d'afficher la lecture en cours en touchant le bandeau en bas de l'écran. Ensuite, appuyez sur les trois points en haut à droite. Dans le menu local qui apparaît, choisissez Ajouter à la playlist. Dans la boîte de dialogue qui s'affiche, touchez le nom de la liste de lecture dans laquelle ajouter l'album, ou bien Nouvelle playlist si vous souhaitez créer une nouvelle liste de lecture.

Vous noterez en passant que Play Musique vous propose un peu partout de découvrir les autres albums d'un artiste, et surtout de les acheter. Commerce oblige !

Vous pouvez aussi enchaîner les morceaux sans passer par une playlist. Il vous suffit pour cela d'ouvrir un album, puis de choisir dans son menu l'option Ajouter à la file d'attente. Par défaut, votre sélection sera jouée dans l'ordre, mais ne sera pas mémorisée.

Et maintenant :

» **Pour écouter une liste de lecture :** Ouvrez le menu principal de Play Musique, choisissez Bibliothèque musicale, puis Playlists. Touchez ensuite simplement le nom de la liste que vous voulez écouter.

» **Pour supprimer une liste de lecture :** Affichez le contenu de l'onglet Playlists. Localisez la vignette de la liste de lecture à supprimer. Touchez les trois points en bas à droite de cette vignette. Dans le menu local qui apparaît, choisissez Supprimer. Confirmez *via* le bouton OK.

» **Pour supprimer un titre d'une liste de lecture :** Ouvrez la playlist. Localisez le titre à retirer, et touchez le bouton de menu placé à sa droite. Choisissez l'option Supprimer de la playlist.

La suppression d'un titre d'une playlist se fait sans confirmation de votre part. En cas d'erreur, vous devrez reprendre la procédure d'ajout du morceau à votre liste.

Bien entendu, une chanson (ou un album entier) peut appartenir à plusieurs listes de lecture. Cette opération ne duplique pas physiquement les fichiers audio. Vous ne faites que répertorier un ou plusieurs titres dans diverses listes de lecture.

Tout ce que vous pouvez faire sur votre smartphone est également possible sur votre ordinateur. Il vous suffit d'ouvrir Play Store dans votre navigateur Web (`play.google.com`). Connectez-vous avec votre compte Gmail, puis choisissez successivement Musique et Ma musique. Vous allez alors retrouver votre bibliothèque ainsi que vos playlists personnelles et celles qui ont été créées automatiquement par Play Musique.

Vidéo, s'il vous plaît !

La vidéo, c'est d'abord l'affaire de la caméra de votre smartphone (voir le Chapitre 14). Bien. Ensuite, c'est surtout une question de commerce, puisque Google propose l'application Play Films et TV, qui est une boutique dérivée de Play Store dédiée à la vente et location de films, et permettant de les visionner.

La lecture des vidéos personnelles (que vous avez vous-même réalisées avec votre smartphone) se fait *via* un module de l'application Google Photos. Vous disposez de contrôles extrêmement minimalistes : une ligne de temps sur laquelle vous pouvez faire glisser le curseur, et un mode Lecture/Pause qui apparaît quand vous touchez l'écran. Il est aussi possible d'épingler une vidéo, autrement dit de bloquer l'écran. Et c'est tout.

Évidemment, il est plus confortable de regarder une vidéo en tenant l'appareil horizontalement, en mode Paysage.

Dans le cas des films, il s'agit généralement de locations limitées dans le temps, plus rarement d'achats. Ne confondez cependant pas location effectuée sur un ordinateur, et location réalisée directement sur votre smartphone ! L'un n'est pas forcément compatible avec l'autre. En particulier, Google vous propose les deux mondes, mais vous ne pourrez relire vos films qu'avec l'application maison Play Films et TV.

Play Films et TV fonctionne selon le même principe (très commercial !) que Play Musique. Il vous propose essentiellement deux options : les films que vous louez sur Play Store (ou sur Google Play Films et TV), et les vidéos personnelles stockées dans la mémoire du smartphone, qu'elles soient prises avec la caméra de l'appareil ou transférées depuis votre ordinateur *via* le câble USB (voir la Figure 15.11). Choisissez ce que vous voulez faire dans l'un ou l'autre des deux menus qui vous sont proposés en haut de l'écran, à gauche et à droite de celui-ci.

Le format vidéo préférentiel de Play Films et TV, c'est le MP4. D'autres formats, classiques sur les appareils portables, comme le 3GP, sont également acceptés. En revanche, n'espérez rien du côté de la concurrence : pas de MOV, pas d'AVI et encore moins de MKV !

En fait, le meilleur moyen de relire vos vidéos personnelles consiste à passer par l'application maison Google Photos. Touchez le bouton Menu, en haut et à gauche, et choisissez l'option Dossiers de l'appareil. Localisez le dossier qui contient vos vidéos (par exemple Appareil photo, ou encore Movies), puis touchez le film à diffuser (voir la Figure 15.12). Les contrôles

FIGURE 15.11
Play Films et TV attend vos achats.

FIGURER 15.12
Lire une vidéo personnelle avec l'application Google Photos.

restent minimalistes, même si vous avez la possibilité de pratiquer un « découpage » si la vidéo est trop longue.

C'est aussi une liseuse !

Votre smartphone Android est aussi livré avec une autre application de la série des « Play » : Play Livres. C'est ce que l'on appelle un lecteur de livres électroniques (e-books), ou encore une *liseuse*.

Play Livres est accompagnée de quelques livres gratuits pour que vous puissiez l'essayer. Si vous avez déjà acheté des livres sur Play Store, vous les retrouverez également sur votre smartphone.

Il y a les livres payants (hélas bien souvent à des prix comparables aux publications papier), mais aussi des livres gratuits, généralement des textes tombés dans le domaine public.

Bien entendu, Play Livres est *aussi* une application Google qui a pour but de vous faire acheter des livres sur Play Store...

Utiliser Play Livres

Avant de vous lancer dans vos lectures avec Play Livres, vous devez, comme toujours, choisir le compte Gmail avec lequel doit s'effectuer la synchronisation de vos achats.

Si l'application Play Livres n'est pas préinstallée sur votre téléphone, téléchargez-la depuis Play Store (voir le Chapitre 17).

L'application organise vos livres dans une bibliothèque en suivant le même schéma que pour vos musiques (voir la Figure 15.13). Si vous revenez à Play Livres après une coupure, vous retrouverez directement la page que vous étiez en train de lire.

Lire un livre électronique

Le livre que vous tenez entre vos mains est un *vrai* livre sur papier. L'expérience de lecture sur votre smartphone ne devrait pas trop vous dépayser, même si, évidemment, les sensations physiques et le toucher sont très différents. Bien sûr, avec un véritable livre, vous pouvez lire en plein soleil et vous n'avez pas besoin de recharger la batterie pour terminer un roman...

Pour commencer votre lecture, ouvrez Play Livres et touchez la couverture d'un ouvrage présent dans votre bibliothèque pour l'ouvrir. Si cela a déjà été fait, vous revenez tout simplement à la page courante. La Figure 15.14 illustre les opérations de base proposées par l'application Play Livres.

Pour faire tourner les pages, vous pouvez au choix toucher le bord droit ou gauche de l'écran, ou encore balayer celui-ci de droite à gauche ou de gauche à droite. Dans le premier cas, vous passez à la page suivante. Dans le second, vous revenez en arrière. Une autre possibilité consiste à se servir des boutons de volume du smartphone.

- » Play Livres peut s'utiliser horizontalement comme verticalement. Mais ce n'est pas forcément plus intéressant.

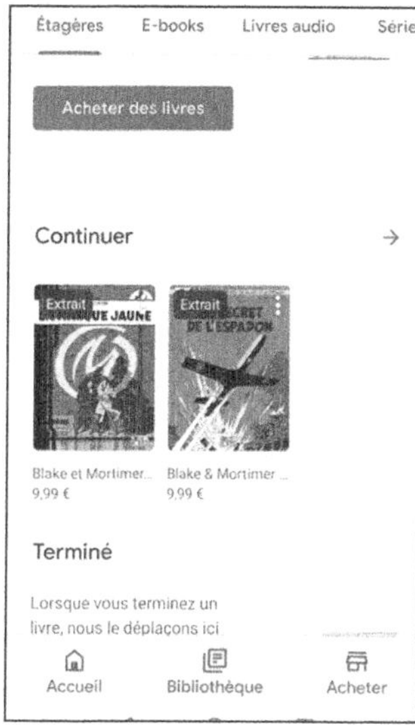

FIGURE 15.13
La bibliothèque de Play Livres.

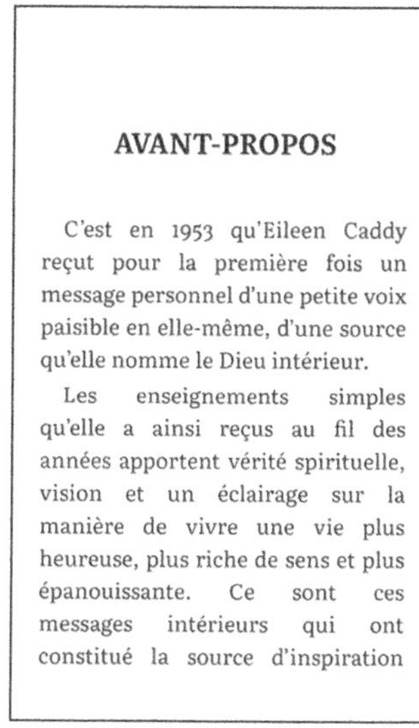

FIGURE 15.14
Lire un livre électronique dans Play Livres.

» Tapotez plusieurs fois sur l'écran pour grossir ou réduire la taille du texte. En tapotant trois fois, vous accédez à un navigateur qui permet de parcourir plus rapidement le contenu du livre, comme sur la Figure 15.15.

Play Livres offre une expérience de lecture dite *immersive*. En bon français, cela signifie que la page s'affiche sur la totalité de l'écran. Touchez l'écran vers le centre pour réafficher les contrôles et le menu de l'application :

» Servez-vous de la barre de défilement, en bas de l'écran, pour accéder rapidement à une certaine page du livre. Servez-vous du bouton situé à gauche de la barre de défilement pour choisir un chapitre du livre, un favori ou encore une note.

» Touchez le bouton en marge pour afficher la table des matières du livre (voir Figure 15.15 à gauche).

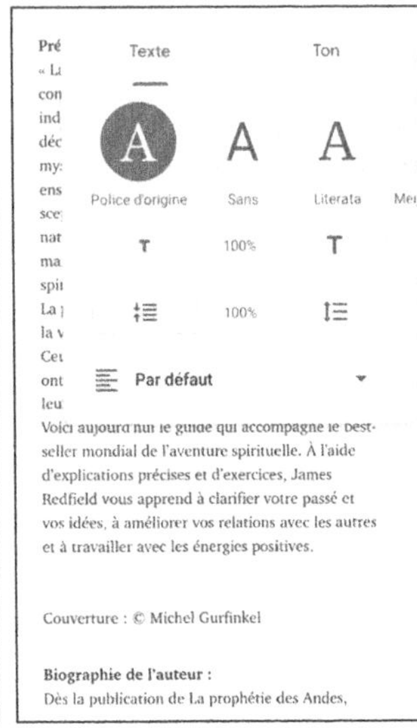

FIGURE 15.15
Naviguer rapidement dans les pages du livre.

FIGURE 15.16
Modifier l'affichage du texte.

» Touchez le bouton en marge pour modifier les options d'affichage du texte (taille, couleur, luminosité, police de caractères, alignement, *etc.*), comme l'illustre la Figure 15.16.

» Pour créer une note, faites un appui long sur le texte affiché. Dans la boîte de dialogue qui s'affiche, touchez l'icône de la note (première à gauche). Saisissez votre note dans la petite interface qui apparaît (Figure 15.17). Assignez-lui une couleur si vous le souhaitez, puis touchez Enregistrer.

FIGURE 15.17
Annotez le texte dans Play Livres.

Chapitre 16

Des applications diverses et variées

DANS CE CHAPITRE :

» **Régler l'alarme**

» **Utiliser la calculatrice**

» **Consulter ses rendez-vous**

» **Ajouter un événement**

» **Lire des informations**

Plus les téléphones cellulaires devinrent sophistiqués et plus leurs fabricants installèrent des applications élémentaires. Toutefois, les utilisateurs n'étaient pas habitués à employer un téléphone dans une autre optique que de... téléphoner. Personnellement, je me souviens n'avoir jamais touché la moindre application livrée avec mon premier téléphone mobile. Parmi les applications disponibles, notons l'alarme ou réveille-matin, une calculatrice, un agenda, et un agrégateur d'actualités, tous signés Google. Ce chapitre vous propose de découvrir ces outils.

Horloge

Votre téléphone Android est précis comme une horloge. Je veux dire en cela qu'il affiche toujours la bonne heure. Donc, c'est un réveille-matin idéal. Bien entendu, vous trouverez l'horloge dans le panneau des applications sous le nom hyper original d'Horloge.

L'application Horloge propose, en bas de l'écran, quatre boutons servant respectivement à gérer les alarmes, afficher l'heure, déclencher un chronomètre ou un minuteur (idéal pour la cuisson parfaite des œufs durs !).

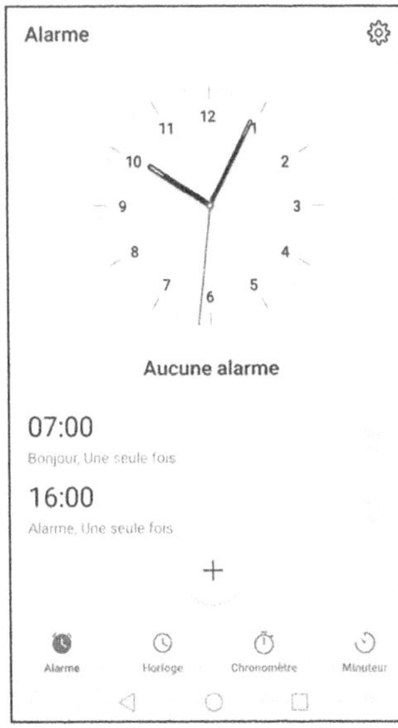

FIGURE 16.1 L'application Horloge.

La page Heure permet aussi d'afficher plusieurs fuseaux en choisissant une ou plusieurs villes du monde grâce au bouton présent en bas de l'écran. Il suffit pour cela de toucher Horloge puis le bouton +. Sélectionnez la ville à ajouter dans la liste qui apparaît.

Pour trouver rapidement une ville, tapez son nom dans le champ Rechercher en haut de l'écran. La ville apparaît dans un bandeau sous l'heure principale actuelle. Pour supprimer une ville, appuyez sur son bandeau jusqu'à ce que l'écran Modifier villes apparaisse. Touchez la croix située à droite de la ou des villes à supprimer. La ville disparaît. Validez en touchant la coche en haut à droite.

Mais la fonction la plus importante de l'application, c'est évidemment la création d'alarmes. Voici comment procéder :

1. **Depuis l'écran d'accueil, touchez l'icône Horloge.**

   Si cette application est absente de l'écran d'accueil, faites glisser le haut de l'écran vers le bas. Saisissez Horloge dans le champ Rechercher, puis touchez la vignette de cette appli.

2. **Si nécessaire, touchez le bouton Alarme.**

3. **Touchez le bouton « + », puis réglez l'heure de l'événement. Il faut pour cela faire défiler les heures et les minutes avec le doigt.**

4. **Touchez éventuellement Répétition pour indiquer la périodicité de l'alarme.**

   Choisissez alors les jours de la semaine où l'alarme sera déclenchée.

FIGURE 16.2 Définir l'heure d'une alarme.

   Par exemple, si vous utilisez votre téléphone comme un réveille-matin, vous pouvez indiquer que l'heure de l'alarme sera la même tous les jours ouvrables de la semaine.

5. **Dans le menu local Son, choisissez le type d'alarme. Il s'agit de définir ici la manière dont le téléphone va exécuter l'alarme, c'est-à-dire avec une mélodie.**

   Si vous souhaitez ajouter le vibreur, activez l'option du même nom.

6. **Donnez un nom à votre alarme en touchant l'option Libellé.**

7. **Validez cette alarme et ses paramètres en touchant la coche en haut à droite.**

   La nouvelle alarme apparaît alors dans la liste des alarmes que vous avez définies.

Lorsqu'une alarme est définie, l'icône d'un réveille-matin apparaît dans la barre des notifications.

» Pour mieux voir l'heure en cours, vous pouvez ajouter le widget Horloge sur l'écran d'accueil. Pour plus d'informations à ce sujet, consultez le Chapitre 21.

- Pour désactiver une alarme, il suffit d'afficher l'application Horloge et de pousser le bouton voulu en position désactivée. Le fait de désactiver une alarme ne la supprime pas de la liste des alarmes personnalisées.
- Pour supprimer une alarme, touchez-la afin d'ouvrir ses réglages. Ensuite, touchez le bouton Supprimer en bas de l'écran.

L'alarme ne fonctionne pas lorsque vous éteignez votre téléphone.

Calculatrice

La calculatrice est probablement l'application la plus ancienne des téléphones mobiles.

Pour l'utiliser, touchez l'icône Calculatrice de l'écran d'accueil, ou bien cherchez-la dans toutes les icônes des applications. Bien entendu, pour aller plus vite, saisissez son nom dans le champ Rechercher qui apparaît lorsque vous faites glisser l'écran du haut vers le bas. Elle apparaît sous sa plus simple expression, comme sur la Figure 16.3.

Vous pouvez faire pivoter l'écran à l'horizontale pour accéder aux fonctionnalités mathématiques avancées que vous n'utiliserez probablement jamais.

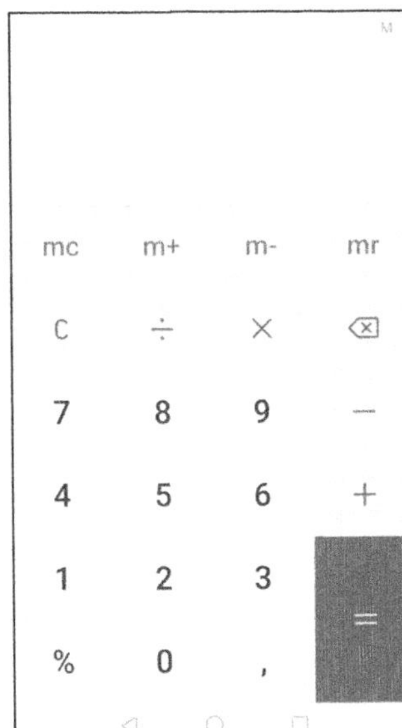

FIGURE 16.3
La calculatrice.

Agenda

Vous savez, je suis de la vieille école. J'utilise encore un bon vieux calendrier accroché au mur pour y noter l'ensemble de mes rendez-vous de la semaine, du mois, voire de l'année. Or, je commence à modifier mes habitudes. En effet, je comprends que l'utilisation de l'agenda de mon smartphone me permet de faire des économies et d'adopter une attitude écologique en évitant de jeter à la poubelle ce fameux calendrier cartonné.

Comprendre le fonctionnement de l'agenda

Comme votre téléphone est en réalité un smartphone Google, il profite de la synchronisation de vos données sur Internet. La manière la plus efficace de gérer votre emploi du temps consiste donc bien souvent à vous connecter à votre compte Gmail dans votre navigateur Web préféré (`www.google.com`). Il ne vous reste plus qu'à cliquer sur le bouton Applications, puis sur Agenda. Vous avez alors sous la main tous les outils dont vous avez besoin pour créer, éditer et supprimer des rendez-vous ou des événements.

Quand vous êtes en déplacement, avec juste votre smartphone avec vous, il vous suffit d'ouvrir l'application Agenda pour retrouver les mêmes fonctionnalités.

» Évidemment, vous n'allez pas vous battre avec votre smartphone pour gérer votre emploi du temps *via* son navigateur Web. Vous avez l'application Agenda à votre service !

» Vous pouvez installer le widget Agenda sur l'écran d'accueil pour accéder rapidement à l'ensemble de vos rendez-vous. Pour plus d'informations sur l'ajout de widgets, consultez le Chapitre 21.

Consulter ses rendez-vous

Pour afficher vos rendez-vous en cours et à venir, il suffit d'appuyer sur l'application Agenda parmi vos applications.

Le premier écran qui apparaît affiche par défaut votre planning, comme le montre la Figure 16.4 (enfin une semaine tronquée, puisqu'il s'agit des cinq jours à venir). Le mois en cours est affiché dans la partie supérieure, tandis que le jour actuel est mis en évidence dans le calendrier lui-même.

FIGURE 16.4 Par défaut, l'agenda affiche le mois en cours et la date du jour.

Utilisez le bouton Menu, situé en haut et à gauche du calendrier, pour consulter vos rendez-vous mensuels, hebdomadaires, et quotidiens.

Pour lister tous vos rendez-vous, touchez l'onglet Programmes. Faites alors défiler la liste, et touchez le bandeau d'un rendez-vous pour accéder à sa fiche.

Pour plus d'informations sur la consultation et la création des événements, consultez la section « Créer un événement », plus loin dans ce chapitre.

Touchez l'onglet Mois pour afficher le calendrier mensuel et ainsi disposer d'une vue globale de vos rendez-vous. Chaque jour ayant un rendez-vous de programmé est identifié par un point bleu. Pour passer au mois suivant, faites glisser le mois en cours vers la gauche. Pour revenir au mois précédent, faites glisser le mois actuellement affiché vers la droite.

Même sans rendez-vous, le lundi étant le premier jour de la semaine (ce qui est faux puisque le premier jour de la semaine est le dimanche, le lundi correspondant au premier jour de la semaine civile), il arbore toujours un petit point bleu.

Pour parcourir les événements d'une semaine ou d'un jour, faites simplement glisser votre doigt de haut en bas et de bas en haut. Faites défiler l'écran vers la gauche ou vers la droite pour changer de jour ou de semaine.

Créer un événement

Le calendrier n'est utile que si vous ajoutez des événements. Il s'agit de rendez-vous, de réunions, ou bien encore de dates d'anniversaire. Voici comment créer un événement dans l'application Calendrier :

1. **Dans le calendrier, commencez par toucher le jour où vous souhaitez poser un rendez-vous.**
2. **Ensuite, touchez le bouton circulaire orné d'un signe + dans le bas à droite de l'écran.**

   Le formulaire d'enregistrement de l'événement s'affiche dans l'écran Nouvel événement.

3. **Dans le champ Intitulé..., entrez la nature du rendez-vous (voir la Figure 16.5).**

   Par exemple, tapez Dentiste.

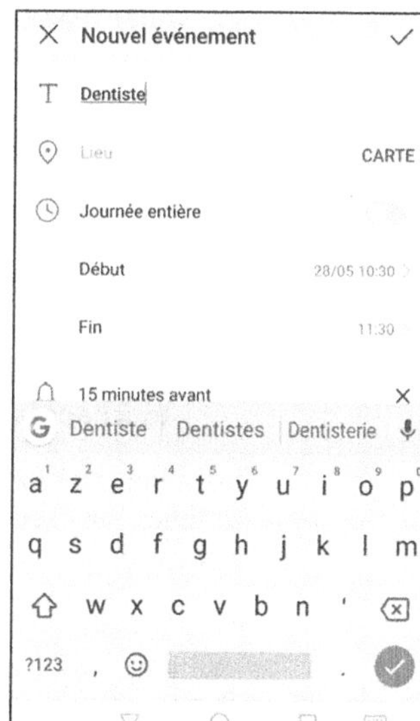

FIGURE 16.5 Créer un nouvel événement.

4. **Indiquez si l'événement aura lieu toute la journée en activant l'option Journée entière.**
5. **Indiquez l'heure de début et de fin du rendez-vous.**

   Pour cela, il suffit de toucher les champs idoines pour accéder à une fonction de datation. Dans l'agenda Google typique, vous faites défiler un calendrier pour choisir la date, et vous faites tourner les aiguilles pour définir l'heure.

6. **Remplissez tous les champs nécessaires. Par exemple, indiquez le lieu du rendez-vous.**

7. **Si plusieurs personnes sont invitées, ajoutez-les *via* l'option Invités en bas de l'écran.**

8. **Associez aussi un compte Google de manière à consulter vos rendez-vous synchronisés depuis un ordinateur ou une tablette *via* Google Agenda.**

9. **Fréquence permet d'indiquer le nombre de répétitions de l'événement, c'est-à-dire sa périodicité. Choisissez Jamais (la valeur par défaut), ou une des fréquences prédéfinies. Pour définir une fréquence particulière, touchez Fréquence personnalisée.**

10. **Pour être certain de ne pas louper votre rendez-vous, configurez un ou plusieurs rappels, c'est-à-dire une alarme qui vous avertira au jour et/ou à l'heure indiquée. Par exemple, vous demanderez d'être averti une heure avant le rendez-vous.**

    Si vous avez spécifié le lieu du rendez-vous ainsi qu'une notification par message électronique, celui-ci contiendra un lien vous permettant de calculer un itinéraire vers votre rendez-vous. Si celui-ci se trouve assez loin, vous avez évidemment tout intérêt à définir un avertissement qui puisse vous parvenir à temps…

11. **Il ne vous reste plus qu'à sauvegarder l'événement en touchant la coche en haut à droite.**

Vous pouvez modifier un événement à tout moment. Pour cela, affichez l'événement, puis touchez le bouton Modifier (le symbole de crayon) qui apparaît en bas de l'écran.

Pour effacer un événement, affichez-le, touchez le bouton de menu en haut à droite, puis la commande Supprimer en bas de l'écran. Confirmez votre décision.

Lorsque vous définissez un rappel, le téléphone vous avertit en émettant un signal sonore, ou en vibrant. Quel que soit le type d'alarme utilisé, une icône s'affiche dans la barre des notifications.

Consulter des informations

Tout bon smartphone Android devrait également proposer des applications dédiées aux informations sous toutes leurs formes. C'est le cas sur votre smartphone avec la fonction Google actualités de l'Assistant Google que vous obtenez en affichant l'écran d'accueil (touchez pour cela le bouton Accueil), puis en faisant défiler l'écran vers la droite.

Google actualités est un agrégateur d'informations dont Google sélectionne le contenu pour vous à partir de différentes sources (voir la Figure 16.6).

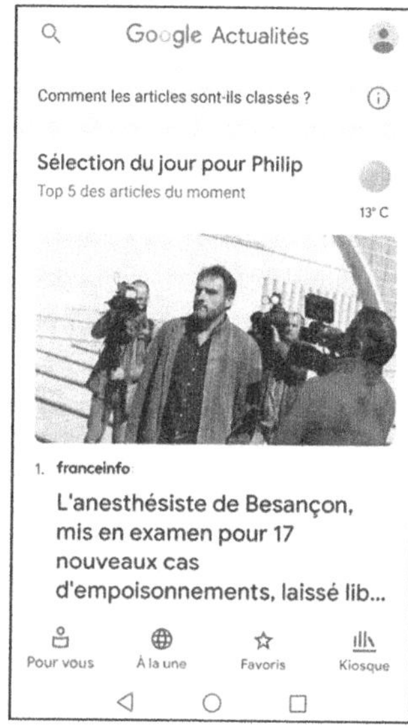

FIGURE 16.6 Google actualités de l'Assistant Google.

Toutes les applications décrites dans ce chapitre sont déjà là. Mais, bien entendu, Play Store en propose bien d'autres, dont bon nombre plus évoluées et gratuites. Rendez-vous au Chapitre 17 pour découvrir Play Store !

Chapitre 17

Des applis en veux-tu en voilà !

DANS CE CHAPITRE :

- » **Utiliser l'application Play Store**
- » **Rechercher des applications, des livres, et des films**
- » **Télécharger une application gratuite**
- » **Acheter une application**
- » **Afficher les applications téléchargées**
- » **Partager une application**
- » **Mettre à jour une application**
- » **Gérer les applications**
- » **Utiliser Play Store sur un ordinateur**

Votre téléphone Android dispose certainement d'applications préinstallées aussi diverses qu'intéressantes. Chacun d'entre vous disposant d'un modèle particulier d'une marque spécifique, il est impossible d'envisager toutes les applications installées sur votre smartphone. En effet, un téléphone Huawei proposera quelques applications propriétaires que vous ne trouverez pas sur un Samsung et réciproquement.

Mais il existe beaucoup, beaucoup, mais alors beaucoup d'applications accessibles à tout téléphone tournant sous Android. Elles couvrent des domaines aussi variés que la bureautique, des outils de maintenance ou des protections antivirus, des jeux, j'en passe et des meilleurs (et aussi des pires).

Tous ces petits programmes sont proposés sur une centrale d'achat spécialisée dans les téléphones Android et qui porte le nom de Play Store. Bien entendu, cette plate-forme est la créature tentatrice que Google jette dans les bras de votre smartphone pour vous faire dépenser le plus d'argent possible...

La caverne d'Ali Google

Play Store est plus qu'une boutique en ligne proposant des applications pour Android. C'est une véritable caverne d'Ali Baba dont le « Sésame » n'est rien d'autre que votre smartphone. Vous y découvrirez aussi de la musique, des livres, et des vidéos (films ou encore séries télévisées).

» Visitez Play Store même si vous pensez n'avoir besoin de rien. Parcourez ses rayons du bout des doigts !

» Comme vous téléchargerez vraisemblablement vos articles directement sur votre téléphone, il est conseillé de vous connecter au Play Store en haut débit.

» Connectez-vous à un réseau sans fil pour télécharger des applications, des livres, ou des films. Le Wi-Fi évite un surcoût appliqué par votre opérateur quand vous dépassez la quantité de données (ce qui pénalise les connexions 3G ou 4G des forfaits limités). Pour plus d'informations sur la connexion d'un smartphone à un réseau sans fil, consultez le Chapitre 18.

» L'application Play Store est fréquemment mise à jour. La version que vous utiliserez risque d'être différente de celle présentée dans ce chapitre.

Visiter le Store

Des applications, des musiques, des livres, et des vidéos attendent d'être téléchargés sur votre téléphone. Pour les découvrir, vous devez toucher l'icône Play Store présente sur l'écran d'accueil de votre smartphone, ou accessible depuis le panneau Applications.

Après avoir ouvert l'application, vous accédez à l'écran principal de Play Store qui ouvre en réalité Google Play, illustré sur la Figure 17.1. Vous y découvrez les principales catégories de produits (remarquez que les jeux et les mises à jour sont proposés en priorité. En effet, les jeux sont les applications les plus vendues sur le Store). Faites défiler l'écran vers le bas pour accéder à d'autres recommandations, et servez-vous des mentions Plus affichées en haut à droite de chaque catégorie ou conseil pour approfondir la question.

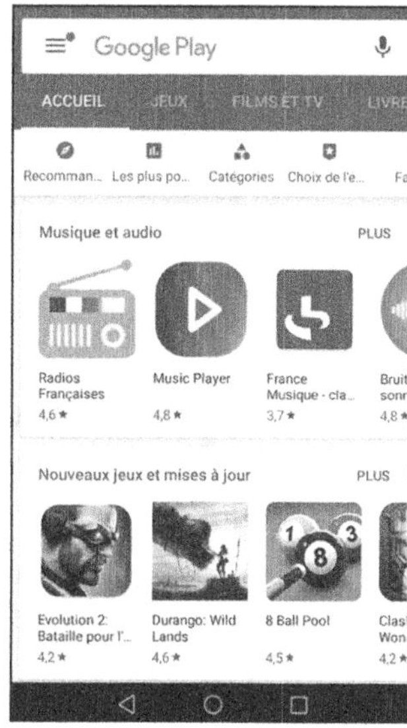

FIGURE 17.1
Découvrir Play Store.

Faites défiler horizontalement le haut de l'écran, c'est-à-dire les onglets affichés sous le champ de recherche Google Play, pour sélectionner une catégorie. Par exemple, touchez Jeux. Une nouvelle barre d'outils apparaît en dessous de celle des catégories. Touchez-y Les plus populaires. Le Play Store montre alors les jeux les plus téléchargés. Vous pouvez ensuite choisir de n'afficher que les jeux gratuits, les plus rentables, les plus « tendance », et le top des ventes. Une fois la sous-catégorie choisie, faites défiler le contenu verticalement. La Figure 17.2 montre la liste des jeux gratuits.

Si vous savez exactement ce que vous cherchez, il est plus rapide de taper l'objet de votre requête dans le champ Google Play tout en haut de l'écran. Il se transforme en champ Rechercher sur Google Play. Tapez le nom d'une application, le titre d'un film ou d'un livre, ou une courte description. Ensuite, touchez la suggestion la plus appropriée faite par Play Store, ou bien la loupe en bas à droite de l'écran.

FIGURE 17.2
Les jeux gratuits du Play Store.

FIGURE 17.3
Sur Play Store, les pages des applications sont toujours organisées de la même manière.

Pour obtenir davantage d'informations sur un élément, touchez-le ! Faites défiler le contenu de la page pour en découvrir une description, ses nouveautés, et pour lire les commentaires des utilisateurs (voir la Figure 17.3). Vous accédez également à des captures d'écran du programme, et souvent à une vidéo qui en explique les grands principes.

» Vous voyez une mention qui indique Pegi 3, ou encore Accord parental ? Il s'agit d'une norme européenne censée indiquer à partir de quel âge telle ou telle application, ou tel ou tel jeu, peut être accepté par les parents. Bon. On y croit ou pas, et on fait confiance à l'éditeur de l'application… ou pas. Mais, après tout, c'est une tentative intéressante pour alerter tout un chacun sur les risques potentiels d'une application (ou d'un jeu).

» Les musiques, les livres et les vidéos que vous téléchargez depuis le Store sont consultables avec les applications Play

Musique, Play Livres et Play Films et TV. Reportez-vous au Chapitre 16.

Trouver des applications sur Play Store

Les utilisateurs de smartphones recherchent prioritairement de nouvelles applications pour leur téléphone. Il en existe des centaines et des centaines de milliers sur Play Store, dont un grand nombre sont gratuites.

- » Les applications que vous téléchargez apparaissent en fin de liste de la dernière page d'applications de votre smartphone.
- » Toutes les applications proposées sur Play Store fonctionneront sur votre téléphone. Du moins en principe. En fait, une application qui ne serait pas compatible avec votre appareil ne devrait même pas vous être proposée.
- » Consultez les notes (étoiles) attribuées aux applications. Elles témoignent du niveau de satisfaction de leurs utilisateurs. Une application qui a reçu beaucoup d'étoiles est donc censée être d'excellente qualité. Vous pouvez également lire les commentaires laissés par les utilisateurs.
- » Un autre indicateur de qualité est le nombre de téléchargements d'une application. Pour autant, une très bonne application peut être tellement spécialisée qu'elle a peu d'utilisateurs.
- » Regardez également la date de sortie de la dernière version de l'application. Si elle est trop ancienne, c'est que son développeur l'a sans doute abandonnée. Prudence !
- » Vous pouvez également télécharger des widgets et des fonds d'écran pour l'écran d'accueil de votre téléphone. Lancez simplement une recherche sur ces termes.
- » Consultez le Chapitre 21 pour plus d'informations sur les widgets et les arrière-plans dynamiques.

Télécharger une application gratuite

Une fois que vous avez localisé l'application qui vous intéresse, téléchargez-la en suivant ces quelques étapes :

1. **Si nécessaire, activez la fonctionnalité Wi-Fi de votre téléphone.**

   Les opérations de connexion sans fil sont décrites au Chapitre 18.

   Sur certains téléphones vous pouvez indiquer que le téléchargement d'applications et leur mise à jour ne pourra se faire qu'en connexion Wi-Fi. Cela préserve les petits abonnements qui ne disposent que d'une faible quantité de données mobiles gratuites et au-delà de laquelle le mégaoctet supplémentaire est facturé.

2. **Ouvrez l'application Play Store.**
3. **Localisez l'application à télécharger en parcourant les applications ou bien en utilisant la fonction Rechercher de Play Store.**
4. **Touchez le bouton Installer.**

   Ce bouton se situe sous le nom de l'application. Comme le programme choisi est gratuit, vous n'avez rien à payer.

   Une flèche clignotante affiche la progression du téléchargement dans la barre des notifications.

5. **Une fois l'installation terminée, appuyez sur le bouton Ouvrir, comme le montre la Figure 17.4.**

   Si vous utilisez votre téléphone pendant l'installation, vous trouverez le programme en bas de la dernière page des applications de votre smartphone. Vous pouvez bien entendu l'ajouter dans un dos-

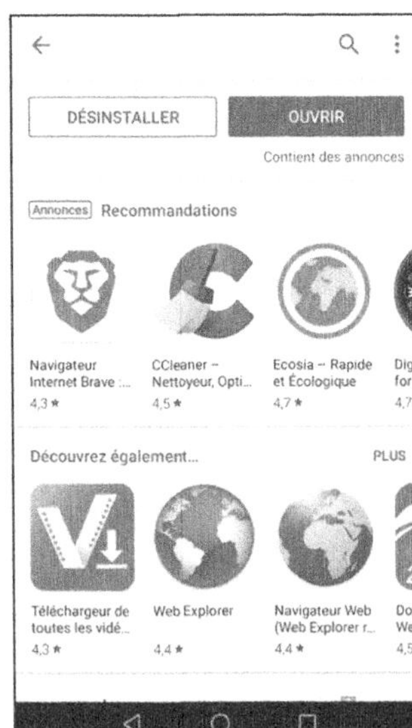

FIGURE 17.4 Ouvrez l'application téléchargée !

sier thématique, ou bien la placer dans un espace vide de l'écran d'accueil.

6. **Si vous vous êtes trompé d'application, touchez immédiatement le bouton Désinstaller pour la supprimer de votre smartphone.**

   Vous pourrez désinstaller une application à tout moment, comme expliqué dans la section « Gérer les applications » plus loin dans ce chapitre.

Suite à l'installation d'une application, plusieurs petites choses peuvent intervenir. Bien souvent, vous devez accepter les conditions d'utilisation de l'application, voire créer un compte gratuit.

Une fois la configuration initiale réalisée, vous pouvez utiliser votre application.

Consultez la liste des services utilisés par une application pour voir si elle ne risque pas de perturber le fonctionnement de certains autres programmes de votre téléphone. Par exemple, une application d'alarme qui utilise la liste de vos contacts et le service SMS de votre téléphone est pour le moins suspicieux. Méfiez-vous de son comportement.

» Vous pouvez placer sur l'écran d'accueil un raccourci vers votre application, comme cela est expliqué au Chapitre 21.

Acheter une application

Les applications les plus sophistiquées sont payantes. Les tarifs pratiqués sont sans commune mesure avec le prix des logiciels conçus pour les ordinateurs.

En fait, un bon nombre d'applications gratuites sont des versions limitées d'applications payantes, à moins qu'elles ne soient financées par des publicités plus ou moins envahissantes.

Pour vous familiariser avec la procédure de téléchargement des applications, commencez avec des programmes gratuits.

Une fois la technique acquise, tournez-vous, si nécessaire, vers des applications payantes :

1. **Si nécessaire, activez votre connexion Wi-Fi.**

   Indispensable si votre abonnement de téléphonie mobile ne vous propose qu'une petite quantité de données mobiles gratuites.

2. **Touchez l'icône Play Store.**
3. **Naviguez parmi les applications ou bien lancez une recherche.**
4. **Sélectionnez celle qui vous intéresse pour en afficher la description et lire les commentaires des utilisateurs. Consultez le prix du programme.**
5. **Touchez le bouton affichant le prix. Par exemple si l'application (ou le jeu) coûte 4,99 €, le bouton affiche cette somme au lieu d'Installer, comme sur la Figure 17.5.**
6. **Touchez le bouton Accepter.**
7. **C'est le moment de sortir votre carte bancaire. Pour un premier achat, vous devrez « ajouter une carte de crédit ou de débit » qui sera utilisée par Play Store pour débiter votre compte à chacun de vos achats.**

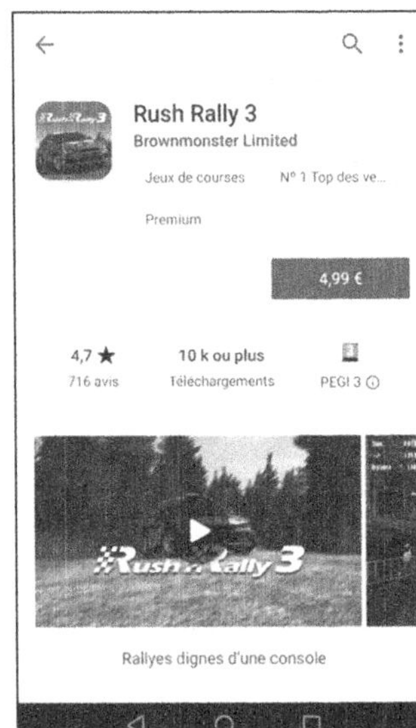

FIGURE 17.5 Une application payante.

Si vous avez utilisé une carte de type e-carte bleue, c'est-à-dire une carte qui délivre un numéro unique pour une transaction unique, le Play Store vous invitera à la mettre à jour. Bien entendu, vous ne le pourrez pas puisqu'elle ne sert qu'une seule fois. Pour continuer à payer en toute sécurité, touchez tout de même Mettre à jour et indiquez un nouveau numéro d'e-carte bleue.

8. **Saisissez les informations de votre carte, et appuyez sur Enregistrer (ou Mettre à jour).**

   La carte sera alors ajoutée et Play Store utilisera son numéro chaque fois que vous achèterez une application, de la musique, un jeu, un livre, ou un film.

   Si vous avez un compte Paypal, vous pouvez aussi l'utiliser pour payer vos achats sur Play Store. De plus, certains opérateurs permettent d'ajouter directement vos achats à votre facture Internet.

9. **Touchez le bouton d'acceptation et d'achat.**
10. **Dès que le numéro de la carte est autorisé, l'application est téléchargée et installée.**

Vous venez de changer d'avis ? Tant qu'un achat n'est pas validé, vous pouvez toujours abandonner la procédure en appuyant plusieurs fois sur le bouton Retour du smartphone.

Vous trouverez l'application dans le panneau éponyme de votre smartphone. Si vous êtes toujours dans Play Store et si vous êtes pressé de découvrir votre dernier petit bijou, touchez le bouton Ouvrir.

Google vous adressera un courriel de confirmation de la transaction. En fonction du type d'application que vous avez acheté, vous disposez souvent d'un temps de réflexion de 15 minutes

NE PAYEZ PAS DEUX FOIS UNE APPLICATION !

Vous pouvez consulter la liste des applications téléchargées depuis Play Store en touchant la barre de menu, en haut et à gauche de l'écran. Touchez ensuite l'option Mes jeux et applications.

Faites défiler le contenu de cette liste pour voir les applications à mettre à jour, celles que vous avez déjà installées, et celles qui pourraient être en attente de téléchargement.

à 24 heures pour renoncer à votre achat. Dans ce cas, vous êtes remboursé, et le programme est désinstallé de votre téléphone.

Consultez également la section « Supprimer des applications », plus loin dans ce chapitre.

Gérer les applications

Play Store est à la fois le lieu d'achat et de gestion de vos applications. C'est dans cet espace que vous mettrez à jour des programmes, les organiserez, et les supprimerez.

Consulter les applications téléchargées

Comme tout utilisateur d'un smartphone qui se respecte, vous téléchargerez de nombreuses applications, ne serait-ce que pour les tester. Pour consulter les applications téléchargées, conformez-vous aux étapes suivantes :

1. **Lancez l'application Play Store.**
2. **Touchez le bouton Menu, en haut et à gauche, puis choisissez l'option Mes jeux et applications (voir Figure 17.6 à gauche).**
3. **Faites défiler la liste des applications téléchargées. La partie droite de la Figure 17.6 illustre la structure de la page qui apparaît.**

La liste répertorie toutes les applications téléchargées et installées sur votre smartphone. Certaines peuvent être indiquées comme bénéficiant d'une mise à jour.

Partager une application

Lorsque vous adorez une application, partagez-la avec vos amis ! Voici comment procéder :

1. **Affichez la liste de vos applications *via* la commande Mes jeux et applications.**
2. **Touchez l'application que vous souhaitez partager.**

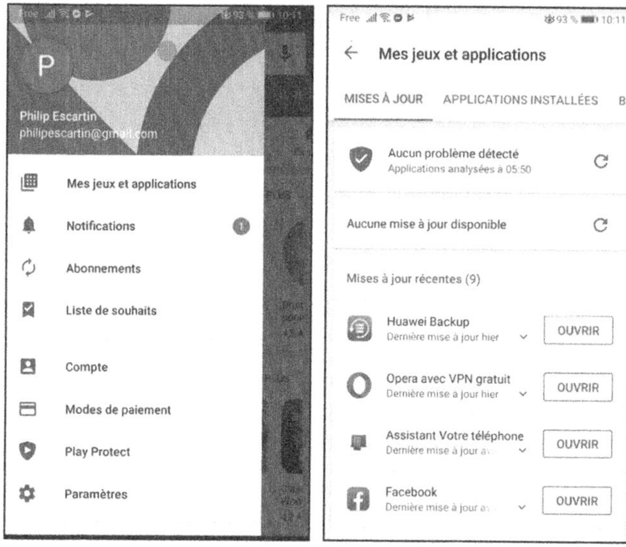

FIGURE 17.6 Les applications téléchargées.

3. **Touchez les trois points en haut à droite. Dans le menu local qui apparaît, choisissez Partager (voir la Figure 17.7).**

   Le menu Partager apparaît.

4. **Choisissez une méthode de partage.**

   Par exemple, vous pourriez opter pour Gmail ou Messages afin de partager cette application *via* un message électronique ou téléphonique.

FIGURE 17.7 Quand on aime, il faut savoir partager.

5. **Utilisez l'application ainsi choisie pour envoyer un lien vers le Play Store.**

   La suite de la procédure dépend entièrement de la méthode de partage sélectionnée.

Le destinataire du partage touchera le lien directement sur son téléphone ou sur tout autre périphérique utilisant le système Android. Il sera alors connecté à Play Store. Il pourra y télécharger l'application et l'installer.

Les diverses méthodes de partage sont étudiées tout au long de ce livre dans les chapitres correspondant aux éléments concernés.

Mettre à jour une application

Lorsque vous avez installé une application téléchargée depuis Play Store, le site envoie, mais pas toujours, une notification lorsqu'une mise à jour est disponible. Pour savoir ce qu'il en est, il suffit d'afficher la liste des applications téléchargées. Les programmes bénéficiant d'une mise à jour de leur version apparaissent dans la section Mises à jour.

Pour actualiser d'un seul coup vos applications, touchez simplement le bouton Tout mettre à jour. Acceptez les conditions d'utilisation, puis laissez le système se débrouiller.

Toute mise à jour ne signifie pas amélioration Pour des applications qui peuvent être sensibles, il est souvent préférable d'effectuer manuellement la mise à jour (ou de conserver la version actuelle). Pour cela, touchez simplement la ligne de l'application concernée. Lisez ce qui est dit sur les nouveautés, et consultez les derniers avis laissés par d'autres utilisateurs. Si vous y voyez des récriminations du genre : « Plus rien ne marche depuis la mise à jour ! », passez votre chemin Si vous êtes en confiance, touchez le bouton Mettre à jour, puis éventuellement sur le bouton Accepter.

Pour effectuer les mises à jour automatiquement :

1. **Touchez le bouton Menu, en haut et à gauche de Play Store, puis l'option Paramètres.**

2. **Dans l'écran qui apparaît, touchez la ligne qui indique Mise à jour automatique des applis.**
3. **Optez pour le mode manuel en activant Ne pas mettre à jour automatiquement les applications, ou pour une actualisation uniquement en Wi-Fi (voir la Figure 17.8).**

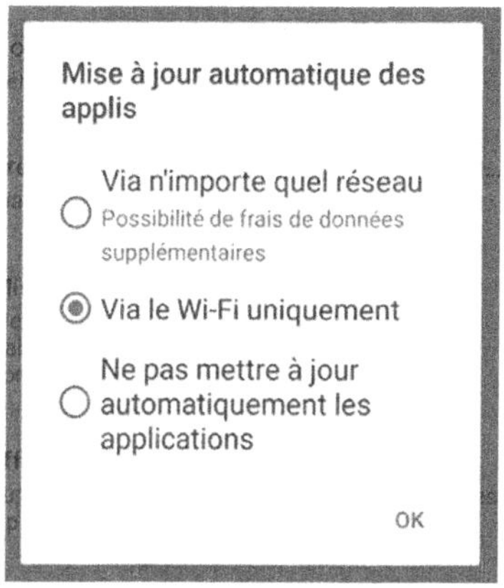

FIGURE 17.8 Play Store et ses paramètres.

La procédure de mise à jour induit un téléchargement et une installation de la nouvelle version de l'application.

La disponibilité des mises à jour peut également être affichée dans la barre des notifications sous la forme d'une icône. Touchez-la pour effectuer la mise à jour de vos applications selon la procédure décrite dans cette section.

Supprimer des applications

Vous pouvez supprimer des applications devenues obsolètes ou dont vous n'avez plus l'utilité, ou bien encore qui vous ont déçu. En d'autres termes, vous allez les désinstaller.

Pour cela, conformez-vous aux étapes suivantes :

1. **Démarrez l'application Play Store.**
2. **Touchez le bouton Menu, en haut et à gauche de l'écran, et choisissez l'option Mes jeux et applications.**

3. **Touchez l'application que vous souhaitez supprimer.**

4. **Touchez le bouton Désinstaller.**

5. **Confirmez la désinstallation en appuyant sur le bouton OK.**

6. **L'application est supprimée de votre smartphone.**

Malgré sa suppression, il se peut qu'une application apparaisse toujours dans le volet Bibliothèque de la page Mes jeux et applications. Dans ce cas, touchez simplement la croix qui se trouve en haut et à droite de son bandeau pour retirer cette référence périmée.

Play Store rembourse les applications payantes que vous désinstallez dans les 48 heures suivant leur achat.

Vous pouvez toujours réinstaller des applications payantes que vous avez désinstallées (dans la mesure où vous ne vous êtes pas fait rembourser). Vous ne serez pas débité(e) une seconde fois.

Vous n'êtes pas obligé de passer par le Play Store pour désinstaller une application. Localisez son icône dans une des pages d'applications de votre smartphone. Appuyez dessus jusqu'à l'apparition d'un menu contextuel dans lequel vous toucherez la commande Désinstaller comme le montre la Figure 17.9.

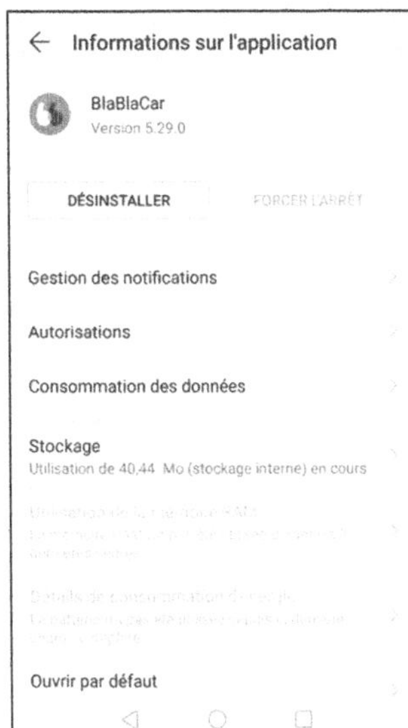

FIGURE 17.9 Désinstaller une application sans passer par le Play Store.

Gérer les applications

Votre téléphone Android possède un espace technique où vous consultez et gérez toutes ses applications. Voici comment procéder :

1. **Affichez l'écran d'accueil.**
2. **Localisez l'icône Paramètres.**

   Si vous ne la trouvez pas, faites glisser le haut de l'écran vers le bas et tapez Paramètres dans le champ Rechercher. Touchez la vignette du même nom qui apparaît dans la liste des résultats.

3. **Dans la liste des paramètres, choisissez l'option Applications, puis de nouveau Applications.**
4. **Si nécessaire, ouvrez le menu local situé juste en dessous de l'écran Applications, et choisissez Toutes les applications.**
5. **Touchez le nom d'une application.**

   Un écran d'informations apparaît (voir la Figure 17.10).

6. **En fonction des applications et de leur fonctionnement actuel, un certain nombre de boutons vont ou non être disponibles :**

   • **Forcer l'arrêt :** Touchez ce bouton lorsque vous souhaitez arrêter l'application coûte que coûte, par exemple si elle ne fonctionne pas correctement.

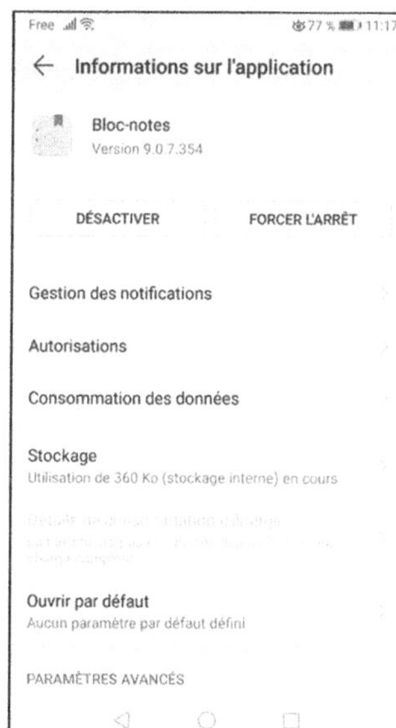

FIGURE 17.10 Gérer les applications depuis les paramètres du smartphone.

- **Désinstaller :** Touchez ce bouton pour supprimer l'application. Cette technique est une alternative à celle décrite dans la précédente section.
- **Désactiver :** Touchez ce bouton pour désactiver les applications préinstallées sur votre téléphone et que vous ne pouvez donc pas désinstaller.
- **Gestion des notifications :** Ouvrez cette rubrique si vous préférez, par exemple, que l'application ne vous signale rien du tout, ou encore qu'elle ne vous communique certaines informations. Pour ne pas recevoir de notifications, désactivez l'option Autorisation de notifier. Pour cela, faites glisser le commutateur vers la gauche de manière à ce qu'il ne soit plus affiché en bleu.
- **Autorisations :** Permet d'activer ou de désactiver l'autorisation que vous donnez à l'application d'accéder à telle ou telle fonction de votre smartphone, comme l'appareil photo, la localisation, le stockage, *etc.*
- **Déplacer carte SD :** Touchez ce bouton pour transférer l'application de l'espace de stockage interne du téléphone vers sa carte Micro SD. (Cette opération n'est possible qu'avec certains smartphones.)
- **Déplacer vers mémoire :** Effectue l'opération inverse de la précédente fonction. En d'autres termes, l'application stockée sur la carte SD est transférée dans la mémoire interne du téléphone. (Même remarque que ci-dessus : cette opération n'est possible qu'avec certains smartphones.)

Personnellement, je préfère stocker les applications dans la mémoire interne du smartphone. Ainsi, elles y restent de manière permanente. De plus, les raccourcis des applications stockées en interne ne disparaissent pas à chaque fois que vous accédez à la carte Micro SD depuis un ordinateur.

- **Stockage, puis :**
- **Effacer les données :** Vide l'espace de stockage permanent de l'application. Celui-ci peut garder la trace

de vos actions, mémoriser une adresse de messagerie et un mot de passe, *etc*. Dans le cas d'un jeu, par exemple, effacer les données vous fera repartir à zéro.

- **Vider le cache :** Vide uniquement l'espace de stockage temporaire de l'application. C'est moins violent que l'option précédente.
- **Ouvrir par défaut :** Certaines applications permettent d'enregistrer des paramètres qui seront appliqués automatiquement lors du démarrage du programme.

Play Store, avec la souris aussi

Si vous trouvez l'écran de votre smartphone trop petit, il ne vous reste plus qu'à vous mettre devant l'écran de votre ordinateur pour choisir, installer et gérer vos applications :

1. **Ouvrez votre navigateur Web habituel et ouvrez la page d'accueil du site de Play Store (`play.google.com`).**

   Vous constatez immédiatement que le site fonctionne exactement sur le même modèle que l'application Play Store de votre smartphone (voir la Figure 17.11).

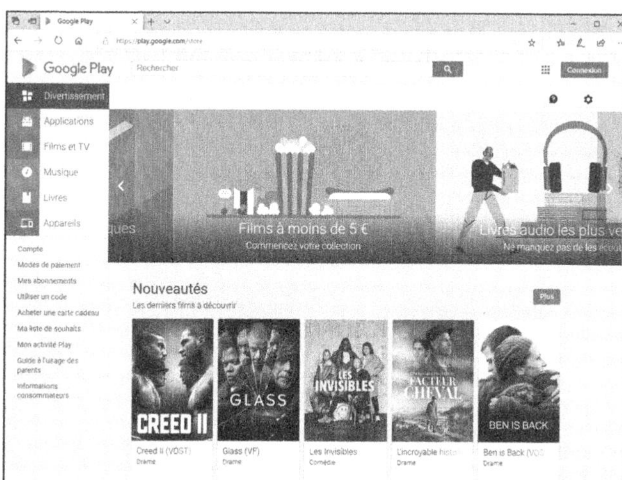

FIGURE 17.11 Play Store, c'est aussi sur votre ordinateur.

2. **Cliquez sur le bouton Connexion (engrenage en haut à droite). Saisissez votre adresse Gmail ainsi que votre mot de passe.**

   Le Play Store indique alors l'appareil Android concerné, c'est-à-dire votre smartphone (ou bien une tablette).

3. **Choisissez une catégorie et faites une recherche ou laissez-vous guider. Lorsque vous avez trouvé quelque chose qui vous intéresse (une application ou un jeu pour ce qui nous concerne ici), cliquez dessus pour ouvrir la page correspondante.**

4. **Suivez la procédure d'installation : elle se présente exactement comme sur votre smartphone.**

   En fait, il y a quelques différences. En effet, il est parfaitement possible que vous soyez l'heureux possesseur de plusieurs appareils sous Android (smartphone et tablette, par exemple). Dans ce cas, vous pourrez vérifier la compatibilité de l'application avec vos divers outils communicants, puis choisir le dispositif de destination au moment de l'installation (par exemple, certaines applications sont conçues exclusivement pour les tablettes et refuseront de s'installer sur un smartphone, ou l'inverse).

   Vous remarquerez que l'option Mes applications est également présente ici.

5. **Quand vous avez terminé, il ne vous reste plus qu'à vous déconnecter et à vous précipiter sur votre smartphone pour profiter de vos nouvelles applications…**

V

Des trucs et des machins

DANS CETTE PARTIE...

Les publicités sur les téléphones Android ne montrent que la face visible de l'iceberg en insistant sur une fonctionnalité au détriment de toutes les autres. Ainsi, votre smartphone est capable de choses que vous ne verrez probablement jamais dans des annonces publicitaires comme l'utilisation des connexions Wi-Fi et Bluetooth, les fonds d'écran animés, et toute une myriade d'activités que je vous propose de découvrir ici.

Chapitre 18

Péter un câble !

DANS CE CHAPITRE :

- » **Comprendre les réseaux sans fil**
- » **Utiliser le Wi-Fi du téléphone**
- » **Se connecter à un réseau Wi-Fi**
- » **Configurer un point d'accès portable**
- » **Partager une connexion Internet**
- » **Configurer et utiliser une connexion Bluetooth**

Il existe divers degrés de mobilité. La notion de *portable* suppose que vous puissiez déplacer un objet facilement sur quelques dizaines de mètres. Par exemple, ma première télévision était portable. Elle disposait d'une poignée me permettant de la déplacer d'une pièce à une autre de mon appartement. Son poids ne m'aurait pas permis de me balader en forêt avec elle, car outre ses dimensions, sans prise de courant et sans antenne à proximité, il aurait été bien difficile de capter des images. Le *sans fil* implique un degré de liberté supérieur, mais qui nécessite une station d'accueil toujours connectée à une prise de courant. Au-delà de cette station, le périphérique sans fil ne peut pas fonctionner. Toutefois, il existe aussi une dimension supplémentaire qui porte le nom de *réseau sans fil.* Il s'agit de la mobilité la plus aboutie que nous connaissions actuellement. Elle suppose une absence totale de câble, une importante miniaturisation des composants, et une légèreté proverbiale.

Par conséquent, votre téléphone Android est un pur produit sans fil au sens de *réseau non câblé.* (Cela doit être appréhendé hors nécessité de connecter votre téléphone à une prise de courant électrique pour recharger sa batterie.) Le plus important ici est que pour téléphoner et exécuter un certain nombre d'autres tâches, votre téléphone utilise un réseau cellulaire sans fil. Il est même capable de se connecter au réseau Wi-Fi de votre réseau local ADSL ou fibre.

Ce chapitre explique comment profiter pleinement des fonctionnalités sans fil d'un smartphone.

Le réseau sans fil Android

Bien que vous ne puissiez pas les voir, les communications sans fil sont tout autour de vous. Il suffit qu'un tel signal soit intercepté par un périphérique compatible tel qu'un téléphone cellulaire, une tablette, ou un ordinateur portable pour en apprécier l'existence. Votre téléphone utilise ces signaux pour vous permettre de discuter et de communiquer *via* Internet et par l'intermédiaire d'autres réseaux.

Utiliser un réseau numérique

Pour utiliser toutes les fonctionnalités d'un téléphone cellulaire, vous payez un abonnement auprès d'un opérateur. En général, son prix couvre deux secteurs bien spécifiques : le premier concerne le service de téléphonie en lui-même, et le second un service de gestion des données que votre téléphone Android obtient par l'intermédiaire d'Internet. On parle alors de *réseau de données cellulaires.*

Il existe plusieurs types de réseaux de données cellulaires. Lorsque votre téléphone en utilise un, une icône apparaît dans la partie supérieure de l'écran tactile. Elle permet de savoir à quel réseau accède votre téléphone. Voici quelques explications :

» **4G :** Identifie la quatrième génération des réseaux de données cellulaires dont la vitesse est approximativement égale à celle d'un accès Internet Wi-Fi. Force est de constater que ce type de réseau est particulièrement rapide. Il permet de transmettre simultanément la voix et des données. Il existe des évolutions encore plus rapides, ou

4G+. Sans même parler de la 5G pour lequel vous devrez encore patienter quelque temps.

» **H+ :** Pour HSPA+. C'est normalement plus rapide que la 3G et que la 3G+.

» **3G+ :** Comme la 3G, mais plus…

» **3G :** Identifie la troisième génération des réseaux de données cellulaires, beaucoup moins rapide que l'actuel 4G. Il permet cependant de surfer sur le Web, de regarder des vidéos sur YouTube et de télécharger des informations depuis Internet. Toutefois, la régularité du débit des données n'est pas assurée.

» **E :** Pour Edge. Il s'agit de la connexion la plus lente.

Votre téléphone utilisera toujours la meilleure technologie avec laquelle il est compatible. Par conséquent, si vous utilisez un smartphone 4G, il utilisera le réseau 4G disponible (à condition bien entendu d'avoir souscrit le bon abonnement). Si, dans la zone géographique où vous vous situez, ce réseau est indisponible, il utilisera alors un réseau 3G, 3G+ ou HSPA, à moins que vous ne soyez particulièrement défavorisé et que vous en soyez réduit à communiquer en Edge (ou, pire encore, qu'aucun réseau ne soit accessible).

» Les icônes identifiant la vitesse du réseau peuvent varier d'un téléphone à un autre, voire même d'un opérateur à un autre.

» Quand aucun réseau de données n'est disponible, vous ne voyez pas d'icône dans la barre des notifications. Dans ce cas, vous pouvez *peut-être* téléphoner, mais sans profiter des fonctionnalités offertes par les réseaux de données cellulaires.

» Sur certains smartphones, les icônes des réseaux de données cellulaires existent en deux couleurs. Bleu (ou encore vert) indique que le téléphone peut se connecter à Internet et aux services Google tels que Gmail et Maps. Lorsque les icônes sont grises (ou blanches), la connexion Internet est disponible, mais votre téléphone ne peut pas utiliser les services Google.

» L'accès au réseau de données cellulaires n'est pas gratuit. Il nécessite un abonnement spécifique. La plupart des opérateurs de téléphonie mobile proposent des forfaits adaptés aux besoins des utilisateurs. Comparez bien les offres pour choisir celle répondant à vos pratiques personnelles.

» Votre opérateur peut limiter le nombre de mégaoctets téléchargeables *via* le réseau de données cellulaires dit « données mobiles ». De ce fait, vous êtes surfacturé au-delà de la limite pour laquelle vous avez souscrit votre abonnement.

» Pour plus d'informations sur la tarification de données cellulaires, c'est-à-dire le prix supplémentaire à payer, consultez le Chapitre 20.

Comprendre le Wi-Fi

Le Wi-Fi est devenu le standard du réseau sans fil. Il est utilisé par des ordinateurs pour communiquer entre eux et pour accéder à Internet. Pour que votre téléphone Android utilise ce type de réseau, vous devez suivre une procédure à deux étapes. La première consiste à activer la fonctionnalité Wi-Fi du smartphone ; et la seconde à vous connecter à un réseau sans fil.

Activer le Wi-Fi

Voici comment activer l'accès au réseau Wi-Fi de votre téléphone Android :

1. **Ouvrez l'application Paramètres. Cette procédure ne devrait plus avoir de secret pour vous !**
2. **Dans l'écran Paramètres, repérez la rubrique Sans fil & réseaux (c'est normalement la première).**
3. **Appuyez sur la ligne Wi-Fi, puis touchez si nécessaire le bouton qui se trouve en haut et à droite de l'écran de manière à activer la connexion Wi-Fi. Le commutateur bascule en bleu.**

4. **La fonctionnalité Wi-Fi de votre téléphone mobile est maintenant active.**

L'étape suivante consiste à vous connecter à un réseau Wi-Fi détecté par cette fonctionnalité.

Vous pouvez généralement accéder aux icônes et au widget d'activation Wi-Fi dans le panneau des notifications. Pour cela, il suffit de le faire glisser vers le bas pour afficher un ensemble de boutons, dont l'activation Wi-Fi, comme le montre la Figure 18.1.

Le bouton Wi-Fi permet d'activer et de désactiver cette fonctionnalité. Lorsque l'icône est blanche, l'accès aux réseaux sans fil est possible. Lorsque cette icône est grise et barrée, l'accès en question est impossible.

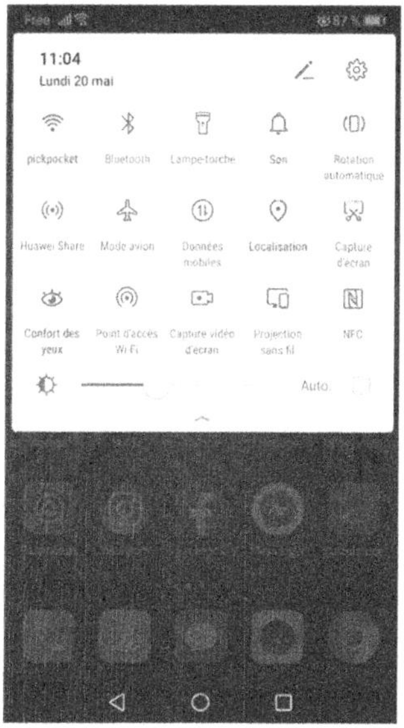

FIGURE 18.1 L'écran de contrôle des fonctionnalités sans fil.

» Lorsque vous vous connectez à Internet par une connexion Wi-Fi, aucune charge supplémentaire ne peut être prélevée par votre opérateur dans la mesure où vous ne passez pas par son réseau de données cellulaires. C'est donc l'idéal pour surfer sur Internet, transférer des fichiers ou encore mettre à jour les applications installées sur le smartphone.

» L'activation du Wi-Fi consomme de l'énergie. Par conséquent, lorsque vous êtes dans une zone où le Wi-Fi n'est pas accessible, désactivez cette fonctionnalité.

» Pour plus d'informations sur l'ajout de widgets à l'écran d'accueil de votre téléphone, reportez-vous au Chapitre 21.

Accéder à un réseau Wi-Fi

Une fois que vous avez activé la fonctionnalité Wi-Fi de votre téléphone Android, vous devez vous connecter à un réseau sans fil disponible pour pouvoir profiter d'Internet et des périphériques réseau de votre domicile, ou d'ailleurs de tout autre endroit où vous avez la possibilité d'accéder au Wi-Fi. Voici comment procéder :

1. **Si vous avez quitté la page de connexion au Wi-Fi, reprenez les étapes de la section précédente.**

   Vous pouvez aussi accéder à la liste des réseaux en appuyant longuement sur l'icône Wi-Fi de l'écran des notifications.

   Comme le montre la Figure 18.2, la section réseau Wi-Fi liste les réseaux sans fil détectés autour de vous.

2. **Appuyez sur le nom du réseau auquel vous désirez vous connecter.**

3. **Si l'accès au réseau est sécurisé, vous devez taper le mot de passe voulu (il est de type WPA ou WEP), comme sur la Figure 18.3.**

   Si vous ne connaissez pas ce mot de passe, vous ne pourrez pas l'inventer. Cela évite d'entrer dans le réseau local d'une personne habitant votre zone géographique, et qui ne vous a pas autorisé à se connecter à son réseau. Ce mot de passe ou clé de sécurité vous est communiqué par votre fournisseur d'accès Internet. *A priori*, vous seul en avez connaissance.

   Dit autrement, si vous êtes chez vous, il vous suffit de saisir la clé WPA ou WEP de votre propre box Internet.

4. **Touchez le bouton Se connecter.**

5. **Dès que vous êtes connecté à un réseau sans fil, l'icône Wi-Fi s'affiche dans la barre des notifications.**

Si votre réseau ne figure pas dans la liste, appuyez sur le bouton Menu de la page de connexion au Wi-Fi, puis sur la commande Ajouter un réseau.

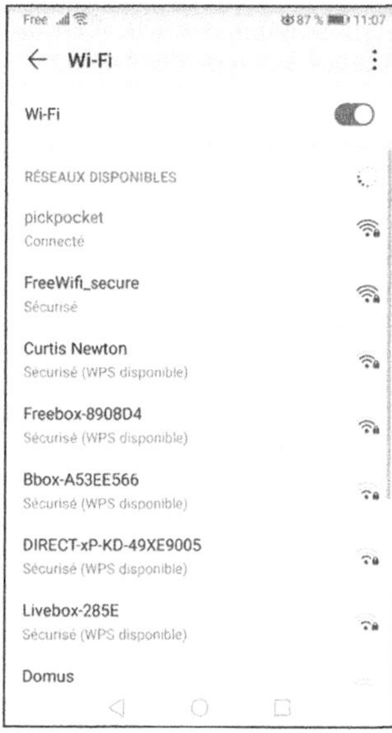

FIGURE 18.2 La chasse aux réseaux sans fil est ouverte.

FIGURE 18.3 Pour se connecter à un réseau sécurisé, vous devez indiquer son mot de passe, c'est-à-dire sa clé de sécurité.

Vous devez alors entrer le SSID du réseau, c'est-à-dire le nom sous lequel vous ou quelqu'un d'autre l'avez créé. Parfois, ce nom vous a été communiqué par votre fournisseur d'accès Internet. (Mais sachez qu'il est possible d'en changer.) Ensuite, indiquez son mode de sécurisation. Il s'agit en général d'une clé WPA.

Tous les réseaux sans fil n'exigent pas un mot de passe. Dans ce cas, on dit que le réseau n'est pas sécurisé. Si c'est le vôtre, sachez que c'est une *très* mauvaise idée.

» Certains réseaux sans fil publics sont ouverts à tous. Il suffit de vous y connecter pour accéder à Internet.

» Les problèmes de sécurité sont très importants lorsque vous vous connectez à des réseaux Wi-Fi publics, c'est-à-dire ouverts à tous. C'est souvent le cas dans des bibliothèques, des restaurants, ou encore des cafés. Dans ce cas, ne communiquez jamais d'informations personnelles lorsque vous accédez à ce type de réseau.

- Le téléphone garde en mémoire les réseaux sans fil auxquels vous vous êtes connecté. Vous n'avez donc fort heureusement pas à entrer la clé de sécurité à chaque fois.
- Pour vous déconnecter d'un réseau sans fil, désactivez cette fonctionnalité sur votre téléphone. Vous pouvez aussi demander à retirer, ou oublier, un point d'accès de la liste.
- Un réseau Wi-Fi est plus rapide qu'un réseau de données cellulaires 3G.
- En revanche, contrairement à un réseau de données cellulaires, le signal Wi-Fi est très limité en distance (en général, une centaine de mètres autour du point d'accès).

Partager la connexion

Dès que vous utilisez le signal cellulaire numérique de votre opérateur, votre téléphone Android peut accéder à Internet où que vous vous trouviez. Mais *quid* de ce pauvre ordinateur portable qui vous regarde jalousement ?

Eh bien, cette jalousie ne va pas durer très longtemps. En effet, il est possible de partager votre signal cellulaire numérique de deux manières. La première consiste à créer un point d'accès portable qui permet à tous les périphériques compatibles Wi-Fi d'accéder à Internet *via* votre téléphone. La seconde est une connexion directe entre votre téléphone et un autre périphérique.

En fonction de votre abonnement, vous risquez une surcharge tarifaire en partageant ainsi votre connexion. En effet, il est fort probable que vous dépassiez la limite du nombre de gigaoctets autorisés dans le cadre de votre forfait téléphonique.

Créer un point d'accès portable

Comme expliqué ci-dessus, la fonction de point d'accès mobile de votre smartphone Android permet de partager sa connexion de données cellulaires en créant une sorte de réseau Wi-Fi local. Ainsi, d'autres matériels comme des ordinateurs, des portables, ou des périphériques mobiles, accéderont à ce réseau Wi-Fi et utiliseront le réseau de données cellulaires du smartphone.

Cette procédure peut varier d'un constructeur à un autre, d'un modèle à un autre, voire même ne pas être disponible...

Voici comment configurer un point d'accès mobile avec votre téléphone :

1. **Désactivez la connexion Wi-Fi. En effet, il n'y a aucune utilité à créer un point d'accès Wi-Fi s'il est déjà disponible sur place.**
2. **Connectez votre téléphone à une prise secteur. Les fonctionnalités de point d'accès mobile consomment beaucoup d'énergie.**
3. **Ouvrez l'application Paramètres puis touchez la rubrique Sans fil & réseau.**
4. **Touchez Partage de connexion Internet, puis Via Wi-Fi.**
5. **Touchez l'option Configurer le point d'accès Wi-Fi.**
6. **Si nécessaire aussi, donnez un nom au point d'accès mobile, et modifiez son mot de passe (voir la Figure 18.4).**

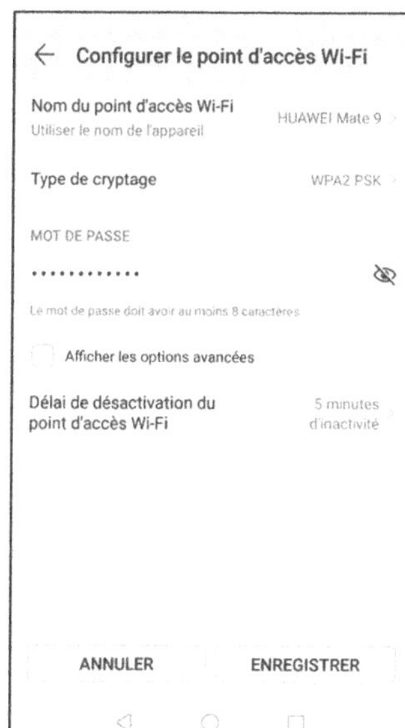

FIGURE 18.4 Configurer le smartphone en tant que point d'accès Wi-Fi.

7. **Des informations complémentaires peuvent vous être demandées comme le nom du point d'accès et son mot de passe. Vous êtes le seul juge de l'opportunité d'apporter ses modifications.**

   Notez le mot de passe. Vous en aurez besoin à chaque connexion au point d'accès portable.

8. **Touchez Enregistrer pour conserver vos paramètres et démarrer l'activité du point d'accès.**

Lorsque le point d'accès portable est actif, une icône particulière devrait s'afficher dans la barre des notifications. Vous pouvez accéder à ce point d'accès à partir de n'importe quel ordinateur ou périphérique mobile disposant d'une fonctionnalité Wi-Fi.

Pour désactiver le point d'accès, ouvrez l'application ou les paramètres de votre téléphone, et désactivez l'option Point d'accès Wi-Fi mobile.

La portée d'un point d'accès mobile est d'environ 10 mètres.

» Si vous dépassez la limite de téléchargement des données autorisées par votre abonnement, votre opérateur de téléphonie mobile appliquera une surcharge tarifaire.

» Lorsque vous n'utilisez plus un point d'accès portable, désactivez-le.

Connexion Internet directe par câble

Vous pouvez partager la connexion cellulaire numérique de votre téléphone en le branchant directement à un ordinateur et en activant cette fonctionnalité. Tous les téléphones Android ne permettent pas cette connexion directe.

Je sais ! Il est très étrange de parler d'une connexion câblée alors que l'on traite des réseaux sans fil. Toutefois, il s'agit là d'un moyen très intéressant pour que d'autres équipements puissent accéder à Internet par l'intermédiaire de votre smartphone Android. Voici comment procéder à ce partage de connexion Internet câblé :

1. **Connectez le téléphone à un autre périphérique mobile en utilisant un câble USB.**
2. **Ouvrez l'application Paramètres.**
3. **Touchez la ligne Réseau et Internet.**
4. **Activez éventuellement le Wi-Fi (voir plus haut dans ce chapitre).**
5. **Touchez Partage de connexion Internet.**
6. **Touchez l'option Via USB afin de l'activer.**

L'autre appareil identifie le smartphone comme étant un modem lui donnant accès à Internet. Une configuration avancée peut être nécessaire. Tout dépend du périphérique utilisé pour cette connexion directe. Par exemple, il peut être demandé à un PC de localiser et d'installer un logiciel spécifique pour identifier votre téléphone.

» L'activation de cette connexion directe n'impose pas la désactivation du Wi-Fi.

» Si votre forfait mobile limite le nombre de gigaoctets téléchargeables mensuellement, cette connexion directe risque d'entraîner un surcoût ponctuel de votre abonnement.

Connexion Bluetooth

Il existe un autre type de réseau informatique qui peut prêter à confusion, je veux parler ici du Bluetooth. Il n'a absolument rien à voir avec la couleur bleue et une quelconque hygiène dentaire. (Si vous ne comprenez rien à l'anglais, cette blague va irrémédiablement tomber à plat.)

Bluetooth est un protocole sans fil qui permet de communiquer entre deux ou plusieurs périphériques mobiles équipés de cette technologie. Comme la nature même d'un téléphone Android est d'être équipé en Bluetooth, il est donc capable d'utiliser des périphériques compatibles. Il peut s'agir par exemple d'une oreillette permettant de communiquer à voix haute dans la rue et de passer pour un parfait idiot ou un frimeur patenté.

Activer le Bluetooth

Avant d'utiliser une oreillette Bluetooth, vous devez activer ce protocole de communication sur votre téléphone. Voici comment procéder :

1. **Ouvrez l'application Paramètres.**
2. **Dans la rubrique Connectivité de l'appareil, touchez l'option Bluetooth puis basculez son commutateur en position activée.**

Il est en fait plus simple et plus rapide d'activer la fonctionnalité Bluetooth en utilisant les widgets de la barre des notifications. Il suffit pour cela de faire glisser le panneau des notifications pour en afficher les icônes et de toucher le bouton Bluetooth (reportez-vous à la Figure 18.1). Pour désactiver ce protocole de communication, répétez cette procédure.

L'icône Bluetooth apparaît dans la zone de notification.

Le Bluetooth consomme beaucoup d'énergie. Par conséquent, n'utilisez cette fonctionnalité que si elle est vraiment indispensable.

Appairer un appareil Bluetooth

Le Bluetooth permet à votre téléphone de communiquer avec un grand nombre de périphériques comme un autre smartphone, un ordinateur, un clavier, des enceintes, voire des imprimantes embarquant cette technologie ou encore une oreillette. Pour que votre smartphone puisse communiquer avec un appareil en Bluetooth, il faut associer, ou « appairer » les deux dispositifs :

1. **Vérifiez que le Bluetooth est bien actif sur votre téléphone et sur l'autre appareil.**
2. **Ouvrez l'application Paramètres.**
3. **Touchez l'option Bluetooth.**
4. **Appuyez sur le bouton Rechercher pour lancer une recherche des Bluetooth.**

5. **Effectuez la même opération sur l'autre appareil afin d'établir la connexion avec votre smartphone.**
6. **Sélectionnez le périphérique dans la liste des périphériques associés.**
7. **Si nécessaire, tapez le code du périphérique. Ce code se limite généralement à quelques chiffres très simples.**

Lorsque le périphérique est connecté (ou appairé), vous pouvez faire communiquer les appareils, par exemple pour échanger des fichiers ou partager une connexion Internet.

Chapitre 19

Connecter, stocker, partager

DANS CE CHAPITRE :

- **Établir une communication entre le téléphone et un ordinateur**
- **Utiliser le téléphone comme un support de stockage**
- **Synchroniser des médias**
- **Copier des fichiers entre le téléphone et l'ordinateur**
- **Comprendre le concept de stockage sur un smartphone**

Je ne pense pas que votre ordinateur soit jaloux de votre téléphone. En revanche, le téléphone est jaloux de mon imprimante laser, car elle refuse de communiquer avec lui. Mais qu'en est-il de l'ordinateur ? Eh bien, cette absence potentielle de communication peut être résolue par une connexion USB. Dès lors, les deux appareils pourront discuter comme de vieux amis et passer de longues heures l'un en compagnie de l'autre. Nous savons qu'un téléphone Android dispose d'incroyables fonctionnalités de partage qu'il pourra mettre au service d'un ordinateur. Ce chapitre en explique le fonctionnement.

La connexion USB

La manière la plus simple d'établir une communication entre un téléphone Android et un ordinateur consiste à utiliser un câble USB. Ce type de connexion est parfait, et votre téléphone est d'ailleurs livré avec un tel câble.

Connecter le téléphone à un ordinateur par USB

La communication est bien plus rapide lorsque le téléphone et l'ordinateur sont physiquement connectés l'un à l'autre par un câble USB. Ainsi, la prise USB la plus large et la plus plate se branche sur un port USB de l'ordinateur, tandis que le *connecteur micro USB* s'insère dans la prise femelle correspondante du téléphone.

La prise USB d'un ordinateur s'appelle un *port.*

Les câbles USB sont munis d'un détrompeur, c'est-à-dire d'un système qui évite de les insérer dans le mauvais sens.

» Si possible, connectez le câble USB à une prise idoine de votre ordinateur et non à un hub (concentrateur). En effet, la connexion directe sur un port USB de l'ordinateur facilite l'identification du téléphone et accélère le chargement de sa batterie.

» Si votre téléphone est livré sans câble USB, achetez-en un auprès de votre revendeur de matériel informatique. Le coût est minime.

» Lorsque vous connectez un téléphone Android à un PC, la boîte de dialogue Exécution automatique peut apparaître. Elle propose un certain nombre de tâches à réaliser avec votre téléphone. Il est aussi possible que vous voyiez une fenêtre affichant la progression de l'installation du pilote de votre smartphone. Ce pilote permet à votre ordinateur d'identifier le téléphone comme une unité de stockage amovible. Cette procédure ne devrait se produire que lors du premier branchement.

Configurer le mode de connexion USB

Un menu de configuration peut apparaître dès que la connexion USB est établie (voir Figure 19.1). Sinon, vous pouvez utiliser la notification du branchement USB pour configurer cette connexion. Parfois, elle s'établit *de facto* sans ouverture d'un menu de configuration.

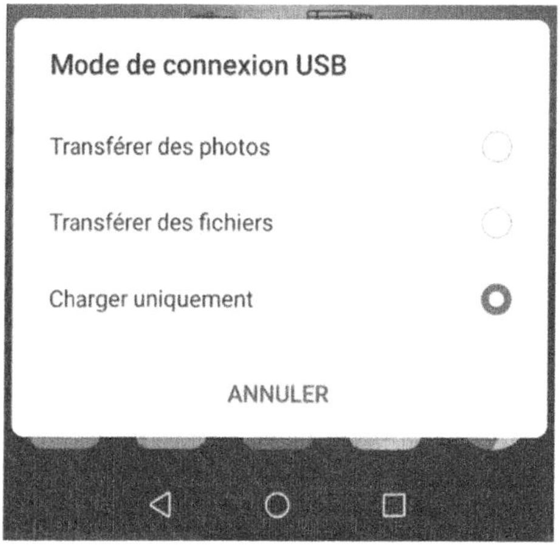

FIGURE 19.1 Choisissez le mode de connexion USB.

Le nombre d'options varie d'un téléphone à un autre. Voici les plus souvent utilisées par les constructeurs :

- **Charger uniquement :** Utilisez cette option pour limiter l'utilisation de la connexion USB au chargement de la batterie du téléphone. En fait, cette option n'existe même pas sur de nombreux smartphones, car l'appareil bascule en mode chargement de la batterie dès qu'il est connecté à un ordinateur.
- **Transférer des fichiers :** Lorsque vous choisissez cette option, l'ordinateur considère *de facto* le smartphone comme une unité de stockage amovible, au même titre par exemple qu'une clé USB ou un disque dur externe. Cela vous permet d'accéder à la totalité du contenu du téléphone (mémoire interne et carte Micro SD). Ce mode est également appelé MTP.
- **Transférer des photos :** Avec cette option, un ordinateur fonctionnant sous Windows considère votre téléphone comme un périphérique multimédia similaire à un appareil photo, à une caméra vidéo, voire à un lecteur MP3. Cette fonction permet surtout de synchroniser les photos de différents appareils. Seuls les dossiers liés aux photos (typiquement DCIM et Pictures) vont être accessibles.

Avec un PC, le plus simple consiste à activer systématiquement le mode Transférer des fichiers, le plus complet.

Les ordinateurs Macintosh ne reconnaissent que le mode Appareil photo (dit PTP). Pour effectuer des transferts en mode Multimédia (ou MTP), vous devez télécharger et installer sur l'ordinateur un programme gratuit appelé Android File Transfer. Voyez par exemple à ce sujet le site `http://www.android.com/filetransfer/`.

Lorsque vous connectez le smartphone à votre PC, une boîte de dialogue Exécution automatique peut apparaître automatiquement. Il vous suffit alors de cliquer sur le lien Ouvrir pour afficher le contenu du smartphone. Il est alors considéré comme une unité de stockage externe amovible. En revanche, il est tout à fait possible de fermer cette boîte de dialogue sans exécuter de tâche.

» L'ouverture de la boîte de dialogue Exécution automatique s'explique par le fait que nombre de smartphones Android disposent de plusieurs unités de stockage : interne et carte micro SD.

Une fois que vous avez utilisé votre téléphone selon les fonctionnalités proposées par la connexion USB, vous pouvez le « démonter » de votre système informatique, comme cela est expliqué à la prochaine section.

» Lorsque votre téléphone est utilisé comme unité de stockage externe, il est possible que certaines de ses fonctionnalités purement téléphoniques ne soient pas accessibles. Il doit s'agir d'un cas très particulier, mais vérifiez quand même ce point.

» Quelle que soit l'option de connexion USB choisie, le téléphone bascule en mode Charge. Bien entendu, pour que la batterie du téléphone se recharge, votre ordinateur doit être sous tension. Et n'oubliez pas que rien ne vaut le chargeur livré avec votre appareil.

Déconnecter le téléphone de l'ordinateur

Quel que soit votre mode de connexion USB, il est vivement recommandé de déconnecter correctement le smartphone de votre ordinateur en vous conformant à la procédure suivante :

1. **Fermez tous les programmes et toutes les fenêtres affichés sur votre ordinateur et qui sont associés à la liaison avec votre smartphone. De cette manière, aucun fichier ne restera ouvert, et aucune tâche ne se fera surprendre.**
2. **Déconnectez correctement le téléphone du système de stockage de votre ordinateur. Sur PC, vous devriez trouver une petite icône réservée aux connexions USB sur la droite de la barre des tâches. Faites un clic droit dessus, puis choisissez le nom de votre smartphone et enfin l'option Éjecter le lecteur ou Retirer en toute sécurité. Sur Mac, glissez-déposez l'icône de stockage du téléphone sur la Corbeille.**
3. **Débranchez éventuellement le câble USB.**

Voilà qui devrait suffire à ce que tout se passe bien. Du côté de votre smartphone, en effet, la connexion se coupe automatiquement et sans douleur.

Si aucune option ne vous propose d'éjecter ou de retirer le périphérique en toute sécurité, ne vous inquiétez pas. Contentez-vous de fermer toutes les fenêtres ouvertes sur votre ordinateur et qui affichent un contenu quelconque de votre téléphone. Vous pourrez alors débrancher physiquement votre smartphone Android sans vous poser trop de questions existentielles.

Synchroniser le contenu

La procédure de synchronisation suppose l'établissement d'une connexion entre un téléphone Android et un ordinateur pour échanger des informations. Cette tâche peut être exécutée automatiquement par un logiciel spécial, ou bien manuellement par vos petits doigts agiles. Toutefois, force est de constater que la méthode manuelle est fastidieuse, car relativement longue et génératrice d'erreurs.

Effectuer une synchronisation manuelle

Lorsque vous ne disposez pas d'un logiciel qui synchronise automatiquement votre téléphone et votre ordinateur, vous devez recourir à la bonne vieille synchro manuelle. Elle peut être complexe et fastidieuse. Toutefois, c'est parfois la seule méthode qui vous reste pour échanger des informations entre un smartphone et un système informatique.

Voici comment copier des fichiers entre votre ordinateur et votre téléphone Android :

1. **Connectez votre téléphone à votre ordinateur en utilisant le câble USB.**

2. **(Facultatif en fonction du modèle de votre smartphone et/ou de votre ordinateur) Choisissez l'un des modes Transférer des fichiers ou Transférer des photos (voir plus haut).**

   Sur PC, la première option devrait être conservée en permanence, car elle vous donne accès à la totalité du contenu de votre smartphone.

3a. **Sur PC, choisissez l'option Ouvrir dans la boîte de dialogue Exécution automatique. Si celle-ci n'apparaît pas, ouvrez tout simplement l'Explorateur de fichiers et faites un double-clic sur le nom de votre smartphone dans la fenêtre Ordinateur.**

   La fenêtre va afficher la ou les mémoires disponibles sur l'appareil, c'est-à-dire la mémoire interne, appelée Phone ou encore Mémoire de stockage interne dans l'Explorateur de fichiers, et l'éventuelle carte Micro SD, dénommée Card. Double-cliquez sur l'une de ces deux unités de stockage pour afficher la liste de tous les dossiers qui y sont présents.

3b. **Sur un Mac, ouvrez l'icône du lecteur amovible pour accéder au contenu du téléphone. Le Mac ouvre alors une occurrence du Finder qui affiche la totalité des dossiers stockés dans la mémoire interne du téléphone. Une seconde occurrence peut s'ouvrir pour donner accès à la carte Micro SD.**

4. **Ouvrez le contenu d'un dossier. Il peut s'agir d'un dossier de votre téléphone afin d'en copier les fichiers sur votre ordinateur, ou bien d'un dossier de votre ordinateur pour copier les fichiers sur votre téléphone.**

   Sous Windows, pour retrouver facilement des fichiers copiés de votre téléphone vers votre ordinateur, utilisez de préférence les dossiers standard Images pour les photos, Vidéos pour les vidéos, Musique pour la musique, et le dossier Documents pour tous les autres types de données.

5. **Glissez les icônes des fichiers de votre téléphone vers le dossier de votre ordinateur, comme le montre la Figure 19.2.**

FIGURE 19.2 Copier les fichiers du smartphone sur l'ordinateur.

6. **Une fois l'échange de fichiers terminé, démontez correctement l'unité de stockage externe qu'est devenu votre smartphone. Ensuite, débranchez le câble USB.**

   Sur un ordinateur Macintosh, vous devez préalablement éjecter l'icône de stockage du téléphone avant de désactiver sa fonction de stockage de masse USB.

Bien entendu, il est possible de copier des fichiers de votre ordinateur vers votre téléphone en appliquant cette procédure. Dans ce cas, les fichiers seront stockés dans la mémoire interne ou sur la carte Micro SD du smartphone. L'utilisation des fichiers dépend des raisons pour lesquelles vous les avez copiés : afficher des images ou des vidéos, transporter des documents, utiliser la galerie de photos, importer des données vCard, utiliser l'application Contacts, écouter de la musique, *etc.*

» L'emplacement de stockage des fichiers importe peu. Cependant, je conseille d'utiliser la carte Micro SD (si c'est possible), car la mémoire interne du téléphone risquerait très vite d'être saturée.

» Peu de fichiers sont stockés en racine de la mémoire principale du téléphone ou de sa carte Micro SD. Par conséquent, vous devrez ouvrir au moins un dossier pour localiser des données à échanger entre le téléphone et l'ordinateur. Servez-vous par exemple des dossiers appelés DCIM ou Pictures pour des photos, Movies pour des vidéos, Music pour de la musique, Documents ou Download pour des documents, *etc.*

Ne « touchez » pas à un dossier dont le nom ne vous paraît pas très parlant. Il est vraisemblablement lié à Android lui-même, ou bien à une application installée sur votre smartphone. En revanche, vous pouvez parfaitement créer depuis votre ordinateur un nouveau dossier dans la mémoire interne du smartphone (et si possible de préférence sur la carte Micro SD) et y stocker ce que vous voulez, dans la limite bien entendu du raisonnable.

» Pour transférer correctement les fichiers entre un ordinateur et un téléphone, vous devez savoir copier, déplacer, renommer, et supprimer des fichiers. Si vous doutez de vos capacités, ou si vous débutez en informatique, d'excellents ouvrages consacrés à Windows et à Mac OS sont disponibles dans la collection *Pour les Nuls.*

Synchroniser avec un utilitaire

La plupart des constructeurs proposent un logiciel maison pour synchroniser les données de leurs smartphones Android avec un ordinateur, ou encore de stocker ces données sur un « nuage » Internet. Je ne peux que vous conseiller de visiter le site Web du constructeur de votre propre smartphone, tant les solutions peuvent être diversifiées.

En particulier, si la synchronisation de vos contacts, de vos messages, de votre agenda ou encore de vos photos peut s'effectuer automatiquement en Wi-Fi grâce à votre compte Google, cela ne concerne en rien le stockage de vos données sur votre ordinateur ou encore sur un disque dur externe. Or, il est toujours important de conserver un double de ses données personnelles par mesure de sécurité.

Il existe évidemment des applications tierces dont le but est de vous aider à mieux gérer vos fichiers et leur transfert entre smartphone et ordinateur.

OÙ LES FICHIERS DE VOTRE TÉLÉPHONE SE CACHENT-ILS ?

Les fichiers stockés sur votre téléphone ne se baladent pas aléatoirement sur l'écran tactile. En effet, à l'instar de votre ordinateur, les fichiers en question sont organisés dans des dossiers. Certains d'entre eux sont adressés à des emplacements spécifiques des téléphones Android. En fonction de la marque de votre smartphone, le nom des dossiers et leur chemin d'accès peuvent être sensiblement différents de ceux listés ci-après :

» /Download : Ce dossier contient en particulier les fichiers téléchargés avec le navigateur Web.

» /DCIM : Dossier de stockage des photos et des vidéos.

» /Music : L'application Musique organise ici les fichiers audio de votre téléphone. Parfois, le chemin d'accès à ce dossier est *<marque de votre téléphone>*/music.

Ces dossiers peuvent exister dans l'espace de stockage interne du téléphone ou sur la carte Micro SD. Donc, lorsque vous ne retrouvez pas un fichier sur l'un de ces deux supports de stockage, cherchez-le sur l'autre.

Les mystères du stockage téléphonique

Les données stockées sur votre téléphone (images, vidéos, musiques) sont localisées dans l'espace de stockage interne du téléphone ou sur la carte Micro SD.

En général, vous utilisez des applications spécifiques pour afficher les données stockées sur votre téléphone, telles que Photos pour les images, ou bien Play Musique pour vos chansons préférées. Au-delà de cette utilisation traditionnelle d'un smartphone, des applications spécifiques vous permettront de gérer des données particulières stockées sur votre téléphone Android.

Ainsi, une des applications les plus usitées se nomme Téléchargements. Elle permet d'accéder à la liste de tous les fichiers que vous avez téléchargés depuis Internet, et cela *via* l'application éponyme ou une pièce jointe à un courrier électronique.

Android 6 ne propose pas d'application spécifique pour gérer les fichiers de votre smartphone, hormis sur les versions dites avec surcouche logicielle fournies par les fabricants de smartphones comme Samsung, LG et ainsi de suite. Il faut donc installer vous-même un gestionnaire de fichiers à partir du Play Store. Je vous conseille en particulier ES Explorateur de fichiers.

Chapitre 20

En route, mauvaise troupe !

DANS CE CHAPITRE :

- » **Comprendre la notion de *roaming* (itinérance)**
- » **Désactiver les fonctions d'itinérance**
- » **Basculer en mode hors ligne (avion)**
- » **Contacter des amis à l'étranger**
- » **Utiliser Skype**
- » **Utiliser votre téléphone Android depuis l'étranger**

Dans l'espace, personne ne vous entend crier ! Je suppose que cette exclamation vous rappelle l'accroche publicitaire d'un film. Mais lequel ? Comme ce livre n'est pas un quizz sur le cinéma, effectuez quelques recherches sur Internet pour trouver cette référence. (Indice : il s'agit du second long-métrage de Ridley Scott.) Se pose alors la question de savoir pourquoi je fais référence à un film de science-fiction ? Eh bien tout simplement pour aborder un sujet susceptible de fâcher les utilisateurs d'un téléphone mobile : je veux parler de son utilisation à l'étranger ou tout simplement en voyage.

L'itinéraire d'un Android gâté

Le terme *roaming* est utilisé par les opérateurs de téléphonie mobile français. Il s'agit de la fonction *itinérance* liée à votre forfait téléphonique. Elle induit le comportement de votre smartphone lorsque vous l'utilisez à l'étranger. De par la nature même de sa mobilité, le téléphone est un périphérique itinérant. *De facto*, vous devez en comprendre le comportement quand vous voyagez loin de vos bases.

Itinérance est un bien joli principe. En effet, il signifie que vous pouvez téléphoner avec votre smartphone depuis n'importe quel pays de notre superbe planète. Cependant, cette possibilité est contrariée par le fait que, téléphoner depuis l'étranger, entraîne généralement un surcoût de vos communications téléphoniques.

Pas de panique ! Par définition, un smartphone est un téléphone intelligent. Par conséquent, il affichera l'icône de *roaming* lorsque la fonction d'itinérance sera sollicitée. L'apparence de cette icône varie d'un téléphone à un autre.

Comment éviter la surtaxe généralement appliquée par les opérateurs de téléphonie mobile lorsque vous utilisez votre Android à l'étranger ? Une première solution consiste à ne pas téléphoner, et à ne répondre aux appels qu'une fois revenu en France. Certes, ce comportement est un peu radical. Une autre solution consiste à éviter d'utiliser les services de données numériques en mode d'itinérance en vous conformant aux étapes suivantes :

1. **Affichez l'écran d'accueil, et touchez l'icône Paramètres.**

   Si cette icône est absente de l'écran d'accueil, faites glisser le haut de votre écran vers le bas. Touchez le champ Rechercher et tapez Paramètres. Touchez la proposition Paramètres qui apparaît dans la liste des résultats.

3. **Touchez la première rubrique, Sans fil & réseau, puis l'option Réseau de données mobiles.**

4. **Vérifiez que l'option Données mobiles en itinérance est désactivée.**

   Dans le cas contraire, désactivez cette option.

Votre téléphone peut encore accéder à Internet *via* une connexion Wi-Fi, dont la configuration est expliquée au Chapitre 18.

Pour éviter une surtaxe de vos communications ou de vos messages, désactivez également les services multimédias (MMS) quand vous utilisez votre téléphone à l'étranger. Pour cela, conformez-vous aux étapes suivantes :

1. **Ouvrez l'application de votre téléphone dont vous vous servez par défaut pour vos SMS et vos MMS.**

   Le Chapitre 9 explique comment utiliser les SMS et les MMS.

2. **Si l'écran affiche une conversation spécifique, appuyez sur le bouton Retour pour revenir à l'écran principal de cette messagerie.**
3. **Touchez le bouton Menu de l'application.**
4. **Exécutez la commande Paramètres, puis Avancés.**
5. **Touchez l'option Récupération automatique des MMS.**
6. **Dans la boîte de dialogue éponyme, activez le paramètre Désactivé.**

Lorsque le téléphone est en mode Itinérance, vous n'avez parfois accès qu'aux appels d'urgence.

Le mode avion ou hors ligne

Si vous avez récemment pris l'avion, vous savez qu'il est interdit de téléphoner pour ne pas perturber les systèmes électroniques de navigation de l'appareil.

D'accord, la situation évolue, et de plus en plus de compagnies aériennes acceptent l'utilisation de téléphones en vol. Mais c'est là un point sur lequel vous devrez vous renseigner en préparant votre voyage. Si vous n'avez pas de chance, lisez ce qui suit. En fait, vous devriez lire ce qui suit dans tous les cas...

Le fait de ne pas pouvoir téléphoner dans un avion n'empêche pas d'utiliser le smartphone comme un lecteur MP3 ou une console de jeux, sans pour autant porter atteinte à la sécurité des passagers et de l'équipage. Le secret consiste à basculer votre téléphone en mode avion ou hors ligne.

Pour cela :

1. **Déroulez la barre des notifications en faisant glisser votre doigt vers le bas depuis le haut de l'écran.**
2. **Renouvelez si nécessaire l'opération pour afficher le volet de configuration rapide.**
3. **Touchez l'icône Mode avion, qui passe de grisée ou barrée à noire (ou bleue) et/ou non barrée.**
4. **(Facultatif) Appuyez sur le bouton Accueil.**

Lorsque le téléphone est en mode hors ligne (ou avion), l'icône d'un avion apparaît généralement dans la barre des notifications. L'écran de verrouillage peut également mentionner qu'aucun service n'est disponible. Pour quitter ce mode, répétez les étapes précédentes.

» Officiellement, vous devriez généralement éteindre votre téléphone cellulaire lorsque l'avion décolle ou atterrit. Pour plus d'informations à ce sujet, consultez le Chapitre 2.

» Vous pouvez également basculer votre téléphone Android en mode veille pendant toute la durée du vol. Ainsi, le téléphone redeviendra opérationnel bien plus vite que si vous l'éteignez. À ce sujet, reportez-vous au Chapitre 2.

» Il est possible que le protocole Bluetooth soit désactivé en mode hors ligne/avion. La connexion Bluetooth est étudiée au Chapitre 18.

» Le mode hors ligne n'empêche pas de créer des courriers électroniques. Bien entendu, le message ne sera envoyé qu'après désactivation de ce mode.

» De nombreuses compagnies aériennes proposent une connexion réseau sans fil à bord de leurs appareils. Pour en profiter, basculez en mode hors ligne et activez la fonctionnalité Wi-Fi, comme cela est expliqué au Chapitre 18.

QUELQUES CONSEILS EN AVION

Bien que je ne prenne pas souvent l'avion, voici quelques petits conseils sur l'utilisation de votre téléphone mobile dans cet environnement particulier :

- **Chargez le smartphone avant votre départ.** En effet, vous serez bien content de pouvoir utiliser votre téléphone pendant toute la durée du vol.
- **Emportez un chargeur.** Certains aéroports permettent de recharger votre téléphone. Parfois, des bornes USB sont à votre disposition.
- **Procurez-vous des raccords pour votre chargeur.** Le format des prises de courant n'est pas standardisé, y compris dans l'Union européenne. Vous devrez donc vous renseigner au préalable, et, si nécessaire, faire l'acquisition d'un kit vous permettant de brancher votre chargeur sur les prises du ou des pays où vous vous rendez. Mais, bien sûr, l'USB est le même partout.
- **Au contrôle de sécurité, mettez votre téléphone dans le panier.** Placez votre téléphone avec tous les matériels électroniques que vous emportez. Dans le cas contraire, vous risquez de faire sonner le portail attirant ainsi vers vous des agents de sécurité très dissuasifs.
- **Obéissez toujours à l'ordre des membres d'équipage d'éteindre votre téléphone cellulaire au décollage ou à l'atterrissage.** Ne basculez pas votre téléphone en mode hors ligne. Éteignez-le !
- **Utilisez l'application Agenda/Calendrier de votre téléphone pour connaître les horaires de vos vols.** En règle générale, j'ajoute l'heure de décollage et d'atterrissage. Pour le lieu, j'utilise les codes des aéroports. N'oubliez pas d'indiquer l'heure locale. Pour plus d'informations sur l'utilisation de l'application Agenda (ou Calendrier), reportez-vous au Chapitre 16.
- **Vous pouvez utiliser certaines applications Android spécialement conçues pour les aéroports.** Par exemple, vous pouvez scanner votre carte d'embarquement.

  Certaines applications d'organisation des détails de votre voyage sont plus sophistiquées que l'utilitaire Agenda/Calendrier de votre smartphone. Visitez Play Store et faites des recherches sur les termes avion ou voyage (airline ou travel). Le plus rapide consiste à ouvrir directement la catégorie Voyages et infos locales.

Passer un appel international

Vous pouvez utiliser votre téléphone cellulaire pour appeler des gens habitant dans d'autres pays. Toutefois, la procédure est parfois complexe et coûteuse.

Composer un numéro international

Un téléphone est une cloche que tout le monde peut faire sonner. Il suffit pour cela de composer un numéro de téléphone international pour qu'une personne vivant à l'autre bout du monde puisse discuter avec vous.

Vous devez connaître le préfixe du pays à appeler, et taper préalablement le signe +. Il indique que vous n'appelez pas votre pays d'origine. Par exemple, pour appeler la Finlande, vous devez composer +358 puis le numéro de téléphone de votre correspondant.

Pour composer le signe +, maintenez enfoncée la touche 0 du clavier téléphonique. Ensuite, tapez le préfixe du pays puis le numéro de téléphone de votre correspondant. Enfin, appuyez sur le bouton vert du combiné téléphonique.

- Lorsque vous envoyez des SMS vers ou depuis l'étranger, vous payez parfois un surcoût. En général, lorsque vous passez une frontière, votre opérateur envoie un SMS indiquant sa nouvelle tarification.
- Pour éviter de payer un surcoût, connectez-vous à un réseau Wi-Fi, et envoyez des courriers électroniques.
- Avant de téléphoner à l'étranger, prenez connaissance du décalage horaire. En effet, votre correspondant est peut-être au milieu de ses rêves alors que vous prenez votre goûter.
- Les appels internationaux entraînent des surcoûts. Informez-vous auprès de votre opérateur téléphonique.
- Le signe + n'est pas un séparateur numérique. Lorsqu'un numéro international comporte ce symbole tel que 011+20+xxxxxx, ne tapez jamais le signe + !

- » Les appels internationaux peuvent échouer pour de nombreuses raisons. Dans la plupart des cas, il s'agit d'un blocage induit par votre forfait téléphonique.
- » Le chiffre zéro peut également faire échouer un appel. Ainsi, vous ne devez pas le taper dans certains pays. Par exemple, le code du Kenya est 254. Si le numéro de téléphone de votre correspondant commence par 012, vous devez taper +25412.
- » Bien entendu, vous aurez déjà compris que la remarque précédente vaut également pour la France...
- » Il est important de savoir si vous appelez un téléphone mobile ou fixe. En effet, le surcoût appliqué par votre opérateur n'est pas systématiquement le même pour chacun de ces appareils.

Passer des appels internationaux avec Skype

L'application Skype reste le meilleur moyen de passer facilement et à moindre coût des appels internationaux avec votre téléphone Android. Si cette application n'est pas livrée en standard avec votre appareil, téléchargez-la depuis Play store.

La gratuité de l'application Skype s'explique par le fait qu'elle utilise Internet pour communiquer avec d'autres personnes réparties à travers le monde. Toutefois, il est possible d'alimenter en euros votre compte Skype pour passer des appels internationaux.

Avant tout, il vous faut créer un compte Skype spécifique (ou utiliser un compte Microsoft si vous en possédez déjà un). La procédure est simple et gratuite.

Pour téléphoner avec Skype, vous devez lancer l'application, puis toucher son bouton Appels, et enfin celui du clavier. Tapez le numéro de téléphone précédé du signe + et du préfixe du pays, comme le montre la Figure 20.1. Une fois le numéro composé, appuyez sur le bouton orné d'un téléphone.

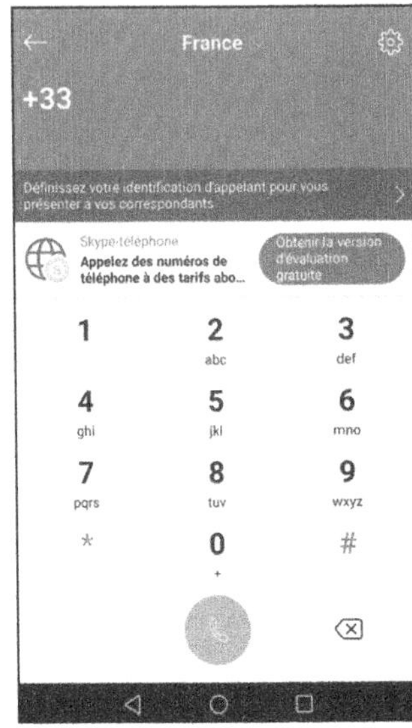

FIGURE 20.1 Appeler l'international avec Skype.

Vous avez la possibilité de couper le son du téléphone, ou de basculer la conversation sur son haut-parleur.

Une fois la conversation terminée, touchez le bouton permettant de raccrocher.

» Sauf indication contraire, vous êtes systématiquement connecté à Skype. Pour vous déconnecter, affichez votre profil, et touchez le bouton Menu de l'application (en haut et à gauche de l'écran). Dans le panneau qui apparaît, exécutez la commande Se déconnecter.

» Vérifiez auprès de votre opérateur si l'utilisation de Skype entraîne un surcoût d'abonnement.

» Notez que Google propose également une application similaire appelée Google Duo, qui est peut-être préinstallée sur votre smartphone Android. Elle permet d'appeler gratuitement des personnes présentes dans l'application Contacts, qui ont également installé Duo sur leur téléphone (donc pas de possibilité d'appeler des numéros fixes ni des contacts absents de votre carnet).

Utiliser son téléphone à l'étranger

La méthode la plus simple pour utiliser un téléphone cellulaire à l'étranger consiste à en louer un ou à en acheter un sur place. Ne riez pas, car je suis très sérieux ! Bien souvent, votre opérateur de téléphonie mobile surtaxe les appels passés depuis l'étranger. Dans certains cas, votre correspondant doit payer un surcoût quand il répond à votre appel. Donc, lorsque vous restez un certain temps à l'étranger, la meilleure solution est d'utiliser une carte téléphonique locale, ou de souscrire à un abonnement pour la durée de votre séjour.

En revanche, si vous persistez dans l'utilisation de votre téléphone mobile à l'étranger, soyez très prudent. D'abord, il y a de fortes chances pour que votre téléphone Android bascule vers un opérateur local, ce qui entraînera un surcoût des communications téléphoniques et de vos accès Internet sur le réseau cellulaire. En effet, l'activation de la fonction d'itinérance par votre opérateur se répercute sur la tarification des appels téléphoniques et de l'utilisation d'Internet.

Pour savoir si votre téléphone est opérationnel à l'étranger, il suffit de l'allumer. Vous verrez alors apparaître un autre nom d'opérateur de téléphonie. Ce nom varie en fonction de votre fournisseur local et des accords commerciaux passés avec les opérateurs étrangers.

» Vous pouvez recevoir des appels téléphoniques de l'étranger tant que votre téléphone peut accéder au réseau. Vos amis n'ont rien de spécial à faire pour vous appeler. Par conséquent, ils procèdent comme si vous résidiez dans votre pays d'origine.

» Normalement, la personne qui vous appelle ne paye pas de supplément. En revanche, votre opérateur vous facturera bien souvent une surtaxe pour tout appel entrant.

D'accord, la Commission européenne négocie avec les fournisseurs d'accès pour libéraliser les communications à l'échelon européen. Mais en attendant de voir vos appels taxés de la même manière, quel que soit le pays dans lequel vous vous trouvez, vous risquez de voir encore un peu d'eau s'écouler sous les ponts du Danube...

» Lorsque vous appelez votre pays d'origine depuis l'étranger, vous devez passer un appel international, c'est-à-dire taper le code de sortie du pays où vous résidez, auquel vous ajoutez le code régional de votre pays d'origine suivi du numéro de votre correspondant.

» En cas de doute, contactez votre opérateur téléphonique pour connaître les conditions qu'il pratique dans le pays spécifique où vous allez résider.

» Renseignez-vous sur les SMS et le téléchargement des données cellulaires quand vous voyagez à l'étranger.

» Lorsque vous utilisez votre téléphone Android sur un réseau Wi-Fi à l'étranger, aucun surcoût n'est appliqué par votre opérateur. En effet, vous utilisez un réseau local informatique exactement comme si vous étiez à votre domicile ou connecté à un point d'accès Wi-Fi public.

Chapitre 21

Personnaliser et configurer votre smartphone

DANS CE CHAPITRE :

- **Personnaliser l'écran de verrouillage**
- **Modifier l'image d'arrière-plan de l'écran d'accueil**
- **Afficher les applications favorites sur l'écran d'accueil**
- **Ajouter et supprimer des icônes et des widgets**
- **Configurer le verrouillage du téléphone**
- **Réduire le téléphone au silence**
- **Modifier les réglages du téléphone**

La personnalisation d'un smartphone Android n'est pas comme le tuning d'une voiture, en ce sens où vous n'en améliorerez pas la carrosserie. Ainsi, protéger votre smartphone avec une coque spécifique ne constitue pas une personnalisation.

Non ! L'idée maîtresse de la *customisation* de votre téléphone consiste à agir sur sa beauté intérieure. En d'autres termes, vous allez personnaliser le système d'exploitation Android en modifiant les sons, l'écran d'accueil, la sécurité, et bien d'autres choses encore. L'idée est de rendre votre téléphone unique, tout en répondant à vos besoins propres.

Et d'abord, l'écran de verrouillage

Eh oui, avant même de songer à votre écran d'accueil, sachez que votre écran de verrouillage peut lui aussi subir sa cure de personnalisation :

Pour accéder à l'écran d'accueil, vous effleurez délicatement votre écran de verrouillage pour ouvrir le cadenas. Mais ce n'est pas tout (voir la Figure 21.1) :

- » **Appareil photo :** Appuyez sur l'icône de l'appareil photo pour accéder directement à celui-ci. Faites glisser vers le centre de l'écran puis relâchez. Voilà qui est bien pratique pour ne pas manquer le cliché du siècle !
- » **Assistant Google :** Le même principe s'applique au symbole de micro. Faites glisser vers le centre de l'écran puis dictez oralement votre question. Pas besoin de plonger dans les tréfonds du smartphone pour connaître tout de suite la bonne (?) réponse.
- » **De haut en bas :** Vous affichez la barre de notification et le volet de configuration rapide, comme à partir de n'importe quel autre écran de votre smartphone.

Mais vous avez toujours la possibilité de modifier la façon dont vous déverrouillez le smartphone, et de saisir un texte destiné à s'afficher sur l'écran de verrouillage :

1. **Ouvrez l'application Paramètres.**
2. **Touchez l'option Sécurité & confidentialité.**
3. **Touchez Mode de déverrouillage.**
4. **Ensuite, touchez Changer le mode de déverrouillage de l'écran.**
5. **Tapez le code de déverrouillage et touchez suivant.**
6. **Touchez Modifier le mode de déverrouillage.**
7. **Dans la boîte de dialogue qui apparaît, choisissez un des modes proposés, comme sur la Figure 21.2.**

FIGURE 21.1
L'écran de verrouillage donne directement accès à certaines fonctionnalités.

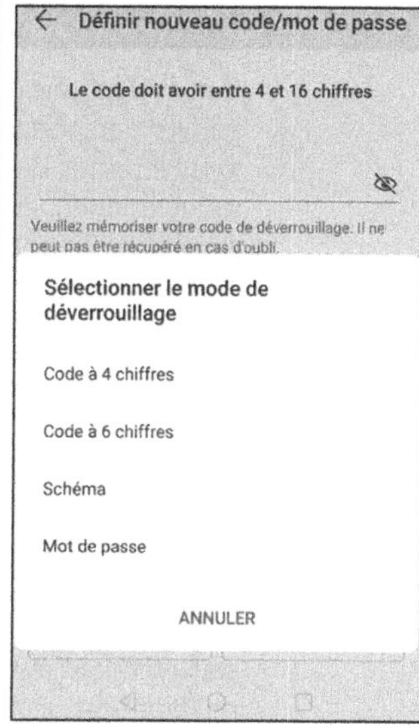

FIGURE 21.2
Pour choisir un nouveau mode de déverrouillage de l'écran.

8. **Conformez-vous aux instructions pour entrer votre nouveau code à 4 ou 6 chiffres, un schéma, ou enfin un mot de passe.**

N'oubliez pas que ce mode de déverrouillage est une alternative à d'autres modes comme la reconnaissance faciale et l'empreinte digitale. Mais, lorsque vous choisissez de déverrouiller avec un de ces deux modes, Android exigera régulièrement l'utilisation du mode de déverrouillage défini dans cette section afin de s'assurer que vous êtes bien le propriétaire du téléphone. C'est une sécurité supplémentaire.

C'est votre écran d'accueil !

Votre téléphone affiche un écran d'accueil par défaut dont vous pouvez personnaliser les widgets et les icônes afin d'avoir toujours à portée de main ceux et celles que vous sollicitez le plus souvent. Bien entendu, vous pouvez modifier l'image d'arrière-plan pour qu'elle réponde à votre humeur du jour ou à votre philosophie de la vie.

Pour changer l'écran d'accueil, commencez par l'afficher.

Les options de personnalisation de l'écran d'accueil varient d'un smartphone Android à un autre.

Personnaliser l'arrière-plan

L'écran d'accueil une image de fond que vous pouvez modifier, soit en choisissant parmi des images prédéfinies, soit à partir de l'application Google Photos. Voici comment changer le fond d'écran pour sélectionner une image personnalisée :

1. **Appuyez longuement sur une zone vide de l'écran d'accueil.**

   Vous voyez s'afficher une vue en réduction de votre écran d'accueil ainsi que quatre boutons en bas de l'écran, comme le montre la Figure 21.3.

2. **Touchez le bouton Fond d'écran.**

3. **Touchez un fond d'écran prédéfini.**

   Vous voyez des vignettes d'images que vous pouvez utiliser comme fond d'écran. La photo actuellement utilisée est cochée. Pour en choisir une autre, touchez-la. Vous pouvez alors appliquer un flou et/ou la recadrer en agissant sur les boutons qui apparaissent en bas de votre écran. Validez votre action en touchant l'icône de la coche en bas à droite. Dans le message qui apparaît, choisissez d'utiliser cette image pour l'écran verrouillé et de déverrouillage en même temps, pour l'écran d'accueil, ou pour les deux. Dans notre hypothèse, vous choisirez Écran d'accueil.

FIGURE 21.3
Choisir un fond d'écran.

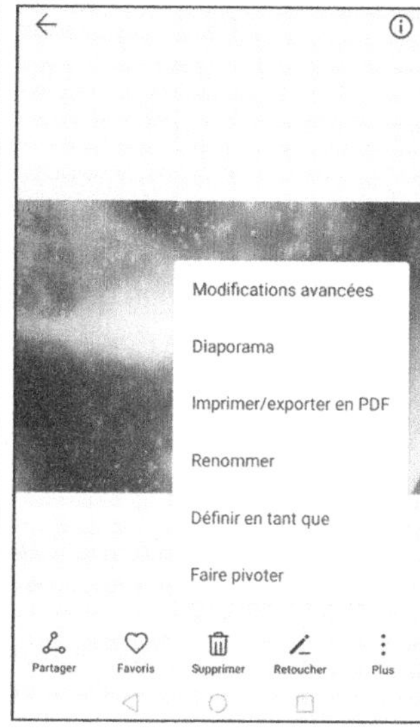

FIGURE 21.4
Pour définir une de vos photos en tant que fond d'écran.

4. **Pour utiliser une de vos photos comme fond d'écran, ouvrez l'application Galerie.**
5. **Touchez la vignette de l'image que vous aimeriez utiliser comme fond d'écran, puis touchez le bouton Plus en bas à droite.**
6. **Dans le menu local qui apparaît, comme sur la Figure 21.4, touchez Définir en tant que.**
7. **Dans les propositions qui s'affichent, touchez Fond d'écran, comme sur la Figure 21.5.**
8. **Reprenez alors cette procédure à l'Étape 3 pour recadrer et/ou flouter cette image.**

À l'Étape 7, vous constatez la présence de deux options Fond d'écran. La première est dite Galerie et la seconde Photos. Quelle est la différence entre les deux ? C'est assez simple. Galerie permet de flouter et/ou recadrer l'image, tandis que

Photos permet simplement de définir cette image telle quelle en tant que fond d'écran.

Certains fonds d'écran sont dynamiques, c'est-à-dire qu'ils peuvent s'actualiser automatiquement chaque jour ou se modifier selon les heures du jour ou de la nuit.

Voici une autre manière de procéder :

1. **Ouvrez l'application Paramètres.**
2. **Touchez l'option Écran d'accueil et Fond d'écran.**
3. **Faites votre choix parmi toutes les propositions.**

   Sur certains téléphones, il existe une option dite Déverrouillage magazine qui utilise des images du constructeur de l'appareil pour changer de photo à chaque fois que le téléphone se met en veille. Vous pouvez aussi choisir des thèmes proposés par le fabricant de votre smartphone, et bien entendu accéder aux fonds d'écran comme expliqué plus haut dans cette section.

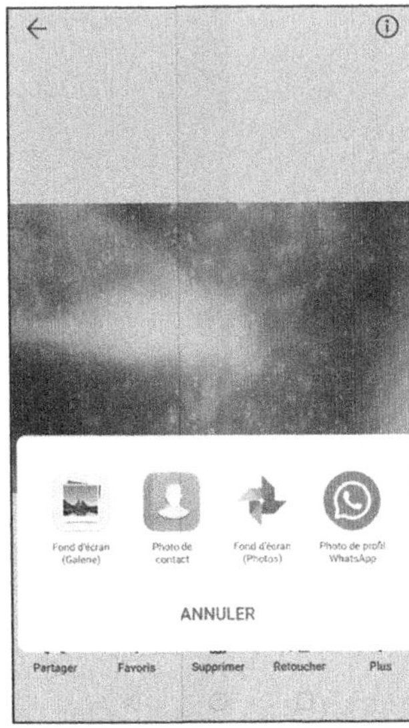

FIGURE 21.5 Valider le fond d'écran.

Sitôt votre choix effectué, vous revenez à l'écran d'accueil orné de son nouveau fond d'écran.

» Certains fonds d'écran dynamiques peuvent être paramétrés.

Les fonds d'écran dynamiques, c'est très sympathique *a priori*. En réalité, ce n'est généralement pas une si bonne idée que cela, car ces animations sont souvent très consommatrices de batterie.

- Vous pourrez trouver des quantités assez impressionnantes de fonds d'écran sur Play Store. Mais prudence, car on ne sait pas toujours où on met les pieds (ou plutôt les doigts). Après tout, une bonne photo personnelle, c'est très bien...
- Lorsque l'écran d'accueil est couvert d'icônes, il est parfois plus simple de changer de fond d'écran en ouvrant l'application Paramètres. Choisissez alors Écran d'accueil & Fond d'écran.
- L'application Zedge propose une fonction de définition de fond d'écran très intéressante. Vous la trouverez sur Play Store, dont l'utilisation est expliquée au Chapitre 17.
- Pour plus d'informations sur l'application Google Photos, reportez-vous au Chapitre 14.

Ajouter des applications à l'écran d'accueil

Vous pouvez placer sur l'écran d'accueil toutes les applications nécessaires à vos activités. Pour cela, conformez-vous aux étapes suivantes :

1. **Parmi toutes vos applications réparties sur différentes pages de votre smartphone, appuyez longuement sur l'icône de l'application que vous souhaitez déplacer vers l'écran d'accueil.**
2. **Faites glisser l'icône vers un bord de l'écran.**

   Cette action a pour effet de faire défiler les différentes pages de votre écran.
3. **Dès que l'écran d'accueil apparaît, faites glisser l'icône sur un espace vide, et relâchez-la.**

- Les smartphones Android utilisent un Dock, ou barre des favoris, qui contient les applications les plus souvent utilisées. Cette barre est affichée dans la partie inférieure de l'écran d'accueil. Pour modifier les applications de la barre, appuyez sur une des icônes qu'il contient, puis faites-la glisser quelque part sur la page courante.

» Pour combler un espace laissé vide sur la barre des favoris, faites un appui long sur l'icône de l'application que vous voulez ajouter à vos favoris, et faites-la glisser jusqu'en bas de l'écran.

» Il est déconseillé d'en supprimer l'icône Téléphone (après tout, votre smartphone sert aussi à téléphoner, non ?).

» Le déplacement des applications sur l'écran d'accueil ou sur un de ses panneaux est expliqué à la section « Réorganiser et supprimer des icônes et des widgets ».

Glisser des widgets

Les widgets sont de petites fenêtres interactives distillant généralement des informations régulièrement mises à jour. Ainsi, vous connaissez l'heure et le jour en cours, la météo, ou bien encore le titre d'une chanson en cours de diffusion. Le moteur de recherche Google est aussi un widget, et de nombreuses applications proposent à la fois un simple raccourci et un ou plusieurs widgets. Vous avez alors le choix pour agrémenter votre écran d'accueil selon vos préférences.

FIGURE 21.6
Choisir un widget.

Voici comment gérer les widgets de l'écran d'accueil :

1. **Affichez l'écran d'accueil.**
2. **Faites un appui long sur une partie vide de l'écran puis touchez le bouton Widgets.**
3. **Parcourez la liste des widgets disponibles en les faisant défiler horizontalement (voir la Figure 21.6). Quand vous en avez repéré un que vous souhaitez**

ajouter à l'écran d'accueil, appuyez longuement sur son icône.

4. **Glissez-déposez l'icône sur l'écran d'accueil qui apparaît.**

   Pour changer de page, sans relâcher l'icône du widget, faites glisser cette dernière vers la gauche ou la droite afin d'afficher le panneau de votre choix.

   Le panneau sélectionné doit comporter suffisamment d'espace vide, d'autant plus que les widgets occupent un espace plus conséquent que les icônes des applications.

Comme vous pouvez le constater, le principe est le même que pour n'importe quel raccourci d'application, à ceci près qu'un seul widget peut parfaitement remplir à lui tout seul une bonne partie de l'écran !

La quantité de widgets disponibles dépend des applications installées sur votre smartphone. Sachez que toutes les applications n'ont pas un widget associé.

- » Une même application peut proposer plusieurs widgets de taille différente.
- » Certains widgets ont une taille redimensionnable. Pour en redéfinir le format, faites un appui long dessus. Relâchez. Un cadre et des poignées rondes vont apparaître. Faites glisser ces poignées dans la direction voulue. Lorsque le résultat vous convient, touchez une partie vide de l'écran pour terminer.
- » Si tout va bien, les icônes déjà présentes sur l'écran d'accueil se pousseront pour faire de la place au nouvel arrivant.
- » Vous trouverez d'autres widgets sur Google Play dont l'utilisation est étudiée au Chapitre 17.
- » Pour supprimer, déplacer, ou réorganiser des widgets, reportez-vous à la section « Réorganiser et supprimer des icônes et des widgets » plus loin dans ce chapitre.

Créer des raccourcis personnalisés

Tout ce qui est présent sur l'écran d'accueil correspond à un raccourci. *De facto*, les raccourcis ne sont pas forcément des applications. Ainsi, vous pouvez utiliser des raccourcis qui faciliteront l'utilisation des diverses fonctionnalités ou modes d'affichage de votre téléphone.

Par exemple, j'ai installé un raccourci de l'application Maps sur mon écran d'accueil pour retrouver plus rapidement mon chemin. Je jure que je suis sobre quand j'utilise ce raccourci.

Pour ajouter un raccourci personnalisé sur l'écran d'accueil, le plus simple consiste à exécuter la procédure d'installation de widgets (voyez la section précédente). Localisez alors le widget qui correspond à ce que vous voulez faire : accéder directement à un contact ou à une adresse de messagerie, mettre en avant un itinéraire que vous parcourez fréquemment, et ainsi de suite.

Ces favoris personnels occupent le même espace qu'un raccourci d'application, soit une seule case sur l'écran.

- » Dès que vous relâchez la pression, une fenêtre va s'ouvrir pour vous demander de préciser ce que le favori doit gérer : les coordonnées d'un contact, une adresse de messagerie ou un numéro de téléphone, un certain itinéraire, et ainsi de suite.
- » Les principaux widgets de favoris fournis en standard avec les smartphones Android sont : Contacts, Gmail, Agenda ou encore Maps, et le reste à votre convenance
- » Bien entendu, le constructeur de votre smartphone ou certaines applications que vous avez installées peuvent avoir ajouté leurs propres widgets et favoris.

Réorganiser et supprimer des icônes et des widgets

Les divers panneaux de votre écran d'accueil peuvent être rapidement submergés d'icônes et de widgets. Par conséquent, il est utile de les réorganiser pour mieux les utiliser en fonction de vos besoins, mais aussi de supprimer celles et ceux qui sont devenus obsolètes.

Appuyez sur une icône de l'écran d'accueil (ou d'une autre page de votre smartphone) et déplacez-la sur toute la surface de l'écran tactile pour lui assigner une nouvelle position, comme le montre la Figure 21.7. Relâchez votre pression du doigt pour ancrer l'icône ou le widget à cet emplacement spécifique.

Les widgets se déplacent et se suppriment comme des icônes.

- » La commande Retirer apparaît dans une bulle lorsque vous appuyez longuement sur le widget, comme sur la Figure 21.8.
- » Lorsque vous supprimez une icône ou un widget, l'élément disparaît de l'écran d'accueil. Toutefois, l'application ou le widget original reste stocké dans votre téléphone mobile. Ainsi, l'application sera toujours accessible depuis le pan-

FIGURE 21.7
Déplacer une icône de raccourci (ou un widget).

FIGURE 21.8
Retirer un widget.

neau Applications, et le widget pourra être ajouté selon les procédures décrites un peu plus haut dans ce chapitre.

» Il est également possible de déposer une icône sur la barre des favoris.

» Le Chapitre 17 explique comment désinstaller des applications.

» Pour gagner de la place sur vos écrans, sachez qu'il est possible de placer vos icônes dans des groupes (ou dossiers) de raccourcis.

» Comme expliqué dans la section « Glisser des widgets », vous pouvez également redimensionner certains widgets afin de gagner de la place sur l'écran d'accueil, ou au contraire de lui donner un maximum d'importance.

» Bien souvent, le nombre total de pages qui composent l'écran d'accueil est limité (à cinq ou à sept panneaux). Mais certains smartphones ne semblent pas poser de limites impératives. Par exemple, un smartphone Google continue à créer des pages chaque fois que la précédente est pleine.

» Pour ajouter une nouvelle page, il suffit de faire glisser un raccourci sur le bord droit de l'écran.

» Inversement, pour supprimer une page, il suffit d'en retirer tous les raccourcis qu'elle contient.

» Pour réorganiser les pages, faites un appui long sur une partie vide de l'écran d'accueil. Localisez la page voulue. Faites un appui long dessus, et faites-la glisser jusqu'à sa nouvelle position. Relâchez, puis touchez l'écran pour réactiver votre accueil.

Verrouiller un smartphone Android

Votre smartphone Android est équipé d'un *verrou*. Il s'agit d'un écran qui apparaît au bout de quelques minutes pour éviter une utilisation accidentelle de certaines fonctionnalités, notamment quand le téléphone est dans votre poche.

Le verrouillage peut être complété par divers types de sécurité évitant ainsi d'utiliser le téléphone à votre insu. Cela va du simple effleurement de l'écran à la définition d'un motif graphique, en passant par le code PIN ou un mot de passe.

D'autres modes de déverrouillage peuvent ou non être proposés, comme la reconnaissance des empreintes, la reconnaissance faciale et/ou vocale (voire celle de l'iris), ou encore un certain type de mouvement.

Trouver les options de verrouillage

Pour localiser les options de verrouillage, suivez cette procédure :

1. **Ouvrez l'application Paramètres.**
2. **Dans la liste des paramètres, touchez l'option Sécurité & confidentialité.**
3. **Touchez Mode de déverrouillage pour choisir le mode de protection qui vous convient le mieux.**

LE VERROUILLAGE N'OPÈRE PAS !

Le verrouillage est actif chaque fois que vous allumez le téléphone ou le sortez du mode Veille. Toutefois, l'activation du verrouillage dépend de l'écoulement d'un certain laps de temps que vous devez définir.

Par défaut, cette durée est fixée à une certaine valeur par le constructeur (généralement, c'est autour de la minute, voire moins). Pour sécuriser davantage votre téléphone, vous pouvez réduire ce laps de temps. Pour cela, ouvrez l'application Paramètres et sélectionnez l'option Affichage. Dans le panneau qui apparaît, touchez Veille. Dans la liste des durées prédéfinies, choisissez celle au terme de laquelle le verrouillage du téléphone s'activera. Vous pouvez ensuite quitter l'application Paramètres.

Supprimer un verrouillage

Pour désactiver le mode de verrouillage courant, il n'y a pas de miracle : faites comme si vous vouliez le définir en reprenant la séquence Paramètres/Sécurité & confidentialité/Mode de déverrouillage/Changer le mode de déverrouillage de l'écran/*nom de l'option active.*

Maintenant, et c'est là où les choses deviennent délicates, vous allez devoir effectuer la manipulation que vous avez définie pour déverrouiller l'écran (tracer votre motif, saisir votre code PIN ou encore votre mot de passe). Si vous avez oublié comment faire, vous êtes mal ! Quand c'est fait, vous revenez aux paramètres de déverrouillage et vous pouvez alors définir une nouvelle procédure à votre convenance.

Créer un modèle (ou motif)

Le motif de déverrouillage est probablement le moins conventionnel, et certainement pas le plus sécurisé. En effet, pour déverrouiller votre smartphone, vous devez tracer un motif du bout du doigt. Et comme le nombre de possibilités n'est pas illimité, votre garantie est relativement minimale.

Voici comment créer un motif (ou modèle, ou encore schéma) :

1. **Accédez à l'écran de définition du mode de verrouillage en suivant les étapes décrites un peu plus haut dans ce chapitre.**
2. **Touchez l'option Schéma.**
3. **Tracez un motif en reliant au moins quatre points.**

   Les lignes que vous tracez avec le doigt ne doivent pas se croiser.
4. **Touchez le bouton Suivant.**
5. **Confirmez le motif en le traçant une nouvelle fois.**
6. **Touchez le bouton Terminer.**

Certains modèles vous demandent d'associer un code PIN au modèle, pour le cas où vous auriez oublié à quoi ressemble celui-ci...

Quand vous choisissez ce mode de verrouillage, une option de sécurité supplémentaire devrait apparaître. Elle indique quelque chose comme Faire apparaître le schéma. Autrement dit, une série de points apparaîtra sur l'écran de verrouillage pour vous guider. Pour *encore* plus de sécurité, vous devriez logiquement décocher cette option. Vous serez alors obligé de tracer le motif sans modèle. Attention aux trous de mémoire !

» Le motif de verrouillage peut partir de n'importe quel point.

» Le motif peut être aussi simple que sophistiqué.

» Lavez-vous les mains pour ne pas perturber le tracé du motif.

Définir un code PIN

Un verrouillage par code PIN nécessite de 4 à 6 chiffres de 0 à 9. Pour créer ce code, reportez-vous à la procédure d'accès aux paramètres de verrouillage étudiée plus haut dans ce chapitre. Ensuite, dans les paramètres de déverrouillage de l'écran, optez pour l'option Code PIN.

Vous devrez saisir deux fois le code de déverrouillage à utiliser afin de confirmer vos intentions.

Lorsque le téléphone sera en veille, vous devrez taper à nouveau ce code pour le déverrouiller.

» Ne choisissez pas un code trop long et compliqué. Le risque de l'oublier ou de se tromper serait trop important.

» Bien entendu, un code trop simple, par exemple celui que vous utilisez systématiquement pour ouvrir votre porte d'entrée ou pour retirer de l'argent dans un distributeur, serait une *très* mauvaise idée.

Appliquer un mot de passe

La technique de verrouillage la plus sûre et la mieux maîtrisée par les utilisateurs consiste à définir un mot de passe. Sous Android, le mot de passe doit contenir au moins une lettre en plus des chiffres et autres symboles.

La démarche est exactement la même que pour définir un code PIN. Vous devez saisir, puis confirmer, une série d'au moins quatre caractères contenant une lettre minimum.

- Le premier caractère ne peut pas être un chiffre.
- Comme pour un code PIN, un mot de passe trop long ou trop complexe est une vraie source d'erreur de saisie et/ou de trou de mémoire.
- Une pratique reconnue comme efficace consiste à associer deux mots assez courts, sans rapport entre eux.
- Autre bonne recommandation : utiliser des lettres minuscules *et* majuscules.

Divers réglages de votre téléphone

Les téléphones Android débordent d'options et de paramètres en tous genres qui permettent de singulariser votre environnement de communication mobile. L'idée maîtresse de tous ces réglages est de configurer votre smartphone pour qu'il soit adapté à vos besoins propres.

Cette section explique comment procéder à quelques réglages usuels et indispensables. Il suffit pour cela d'invoquer l'application Paramètres (mais vous en avez maintenant l'habitude).

Avec Android 9, votre smartphone offre un accès direct aux principaux réglages. Pour cela, il suffit de faire glisser la barre des notifications vers le bas, puis de répéter le même geste. Dans les paragraphes qui suivent, j'indique quelle est la procédure générique, autrement dit celle qui passe par l'application Paramètres.

- **Luminosité :** Accédez au paramètre Affichage et faites glisser le curseur Luminosité pour définir le niveau de luminosité de l'écran. Vous pouvez aussi opter pour un réglage automatique en activant l'option Ajustement automatique. Dans ce cas, l'appareil utilise un capteur de lumière pour définir le niveau de luminosité à appliquer en fonction des conditions d'éclairage ambiantes. Cependant, je trouve que ce mode automatique a tendance à trop assombrir l'écran.

Nous savons que les écrans LED sont mauvais pour les yeux. En effet, ils émettent une lumière bleue qui peut abîmer la rétine. Pour éviter cela, certains smartphones proposent une fonction dite « confort des yeux ». Lorsque vous l'activez (notamment depuis l'écran des icônes de fonctionnalités accessible en faisant glisser le haut de l'écran vers le bas), le smartphone applique une température de couleur chaude, donc plus jaune pour reposer vos yeux. Lorsque vous n'activez pas cette fonction, vous pouvez régler la couleur avec l'option Température de couleur du paramètre Affichage, comme sur la Figure 21.9.

» **Veille :** Cette option de la page Affichage (*via* les Paramètres avancés) permet de définir le laps de temps d'inactivité qui doit s'écouler avant que l'écran du téléphone ne s'éteigne (donc ne passe en mode veille).

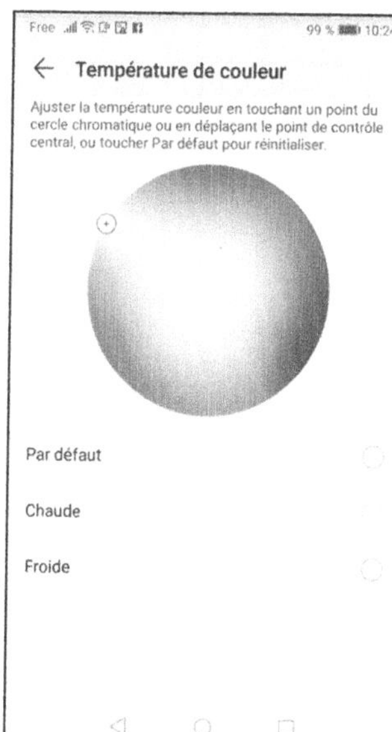

FIGURE 21.9
Appliquer une nouvelle température de couleur.

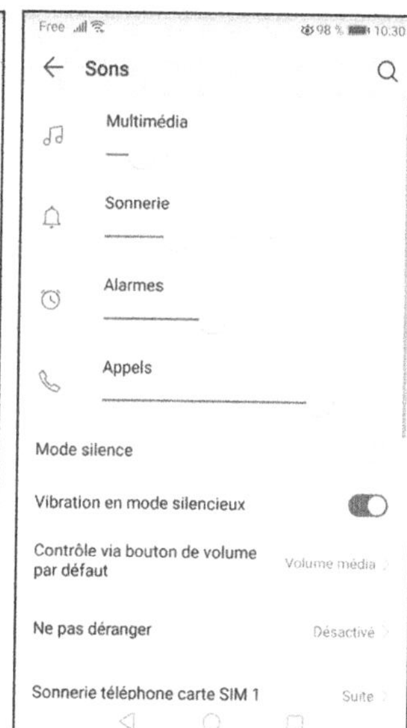

FIGURE 21.10
Régler le volume sonore du smartphone.

» **Volume sonore :** Accédez au paramètre Son puis faites glisser les curseurs de volume pour la sonnerie, l'alarme et les contenus multimédias (voir la Figure 21.10), et les appels. Un aperçu audio se fait entendre pour chaque option.

Pour connaître les autres options de réglage du volume, lisez la section « Régler le volume » du Chapitre 3. Mais n'hésitez à parcourir les nombreuses options associées aux sons et aux notifications. C'est sans danger.

Pour éviter d'entendre votre téléphone émettre à chaque instant des tas de sons et autres vibrations, jetez un coup d'œil à la rubrique Plus de paramètres pour le son en bas de la page Son. Regardez aussi du côté de la rubrique Notifications, vous choisirez les applications desquelles vous souhaitez recevoir des notifications sonores.

» **Configurer le clavier :** Accédez aux paramètres Système puis Langue & saisie. Les options varient bien entendu d'un smartphone à un autre. Touchez le nom du clavier utilisé, comme Clavier Swiftkey, et Gboard, et activez ou désactivez les réglages à votre convenance.

Index

G

H

I

J

K

L

M

N

R

S

T

Imprimé en France par EPAC Technologies
N° d'impression : 4550414335319
Dépôt légal : février 2020